Aufbruch ins
Morgenland

ZS Sachbuch
Eine Kooperation der ZS Verlag Zabert Sandmann GmbH
und der Elisabeth Sandmann Verlag GmbH.
www.zsdebatten.com

Innenlayout: Kuni Taguchi, Georg Feigl
Umschlaggestaltung: Georg Feigl
Herstellung: Karin Mayer, Peter Karg-Cordes
Lithografie: Christine Rühmer
Druck und Bindung: Mohn media Mohndruck GmbH, Gütersloh

1. Auflage 2009
ISBN 978-3-89883-230-4

Herausgegeben von Bernhard v. Dadelsen

Aufbruch ins
Morgenland

Weltreligion Islam:
Geschichte, Kultur, Gesellschaft

ZABERT
SANDMANN

Die Kaaba ist als zentrales Heiligtum des Islam das Ziel der großen Pilgerreise, die
jeder Muslim in seinem Leben unternehmen soll. Sie befindet sich im Innenhof
der Moschee im saudi-arabischen Mekka und gilt als erstes Gotteshaus, das von
Adam, dem ersten Propheten, erbaut wurde. Dann geriet sie jedoch in Vergessenheit, bis eine göttliche Fügung schließlich bewirkte, dass Abraham und sein Sohn
Ismael sie neu entdeckten und wieder aufbauten.

INHALT

Auf seiner im Koran beschriebenen Nachtreise trifft Mohammed auf Abraham, Moses, Jesus und andere Propheten. Diese persische Miniatur aus dem Mittelalter zeigt alle beim gemeinsamen Gebet.

Ende des 18. Jahrhunderts ließ der Kurfürst Karl Theodor von der Pfalz die Moschee von Schwetzingen erbauen. Sie war jedoch nie als islamisches Gotteshaus gedacht, sondern als Sinnbild der Toleranz gegenüber der fremden Religion und Kultur. Generell war es zu dieser Zeit in Mode, Motive orientalischer Kunst und Architektur aufzugreifen.

Das Bild auf der Doppelseite zuvor zeigt Beduinen auf ihrem Weg durch die östliche Sahara. Die Beduinen sind Muslime und betrachten Ismael, den Sohn von Abraham und seiner Sklavin Hagar, als ihren mythischen Stammvater.

Vorwort

as Morgenland ist von überragender Bedeutung für den Westen – davon sind die Autoren dieses Buches überzeugt. Faszinierend und mitunter schillernd sind die historischen Gründe hierfür.

Aber was ist das eigentlich – das »Morgenland«? Geografisch meinen wir damit die islamische Welt, wie sie sich von Marokko über Nordafrika, den Nahen Osten, Iran, Irak bis nach Mittelasien erstreckt. Auch seine heutigen Einflussgebiete oder einstigen Zentren wie Indien oder auch Andalusien gehören in historischer Sicht natürlich dazu.

Doch hinter dem Begriff verbirgt sich mehr als in der neutralen Bezeichnung »Orient«, die nicht viel mehr als eine Richtung und die vage geografische Region bezeichnet. In »Morgenland« schwingt viel mit: Es ist eine spezifisch europäische Sicht, die sich in dem Wort ausdrückt. Die poetische Wortschöpfung verdanken wir dem Reformator Martin Luther. Er hat sie bei seiner Übersetzung des Neuen Testaments gebildet (»die Weisen aus dem Morgenland ...«). Seitdem dient das Wort »Morgenland« zur Erhöhung, ja manchmal geradezu Verklärung der islamischen Welt; so, als ob Morgenland und Abendland zusammengehörten, nicht wie entgegengesetzte Seiten einer Medaille, sondern wie eine verlockende Erweiterung des Horizonts – eine ganz konkrete Utopie jenseits der eigenen Grenzen. Und so schwingt auch heute noch Neugierde, ja manchmal Sehnsucht mit, wenn wir dieses Wort gebrauchen.

Folglich interessieren wir uns in diesem Buch auch für zwei Dinge: Für die Geschichte des Morgenlands seit der Verkündung des Islam, seiner Religion. Und dafür, wie wir, der Westen, diese Geschichte sehen, wie wir Anteil haben, beeinflusst werden und auf das Morgenland reagieren. Kurzum: Uns fesseln die gemeinsamen Ursprünge und Berührungspunkte zwischen islamischer und christlicher Welt. Wo inspirierten sich die Kulturen gegenseitig – und wo wandten sie sich voneinander ab, bekämpften sich? Welche Entscheidungen, Abgrenzungen, Missverständnisse führten zu der heutigen angespannten Situation zwischen christlichem Abendland und islamischem Morgenland?

Denn der verheißungsvollen Aura des Morgenlands steht die bittere Realität in Deutschland entgegen. Wir haben ein massives »Islamproblem«; Soziologen beklagen gar, dass sich die Situation kontinuierlich verschlechtert. Die große Mehrheit der Deutschen pflegt ein negatives Islambild und empfindet ihn als »eine fremde, bedrohliche Welt« (Heiner Bielefeld: »Das Islambild der Deutschen«. Berlin 2008).

Offenbar bringen viele Menschen islamische Kulturen mit Fundamentalismus, Gewaltneigung und der Entrechtung der Frau in Verbindung. Umgekehrt klagen Menschen mit muslimischem Familienhintergrund über Diskriminierungen, die sich aus dem hier so negativen Image des Islam ergeben. Mit diesem bitteren Befund stehen die Deutschen vor einer großen gesellschaftspolitischen Herausforderung.

Der Weg der Verständigung geht über geistige Brücken, über Koexistenz und Gemeinsamkeiten. Daniel Gerlach zeichnet in seinem Artikel »Wie der Islam nach Europa zurückkam« das jahrhundertealte friedliche Interesse an unseren Nachbarn, den Muslimen, nach. Am Islam und seinem Verhältnis zur christlichen Welt kann man sehen, wie Kulturen sich inspirieren. Wie immer wieder ein religiöser, geistiger und künstlerischer Austausch besteht. Nur so bleiben die Kulturen vital und interessant. »Die bedeutendsten Zivilisationen gründen auf dem Zusammenfluss von verschiedenen Kulturen.« (Ilija Trojanow) Auch wenn sich der Westen heute viel auf seine Toleranz einbildet, kann er es mit der religiösen Vielfalt von al-Andalus oder dem frühen Bagdad noch nicht aufnehmen.

Dabei gibt es – nicht nur früher, sondern auch heute noch – grundlegende Gemeinsamkeiten. Nicht nur in ihren gemeinsamen Wurzeln sind Orient und Okzident eng miteinander verbunden: Christentum und Islam schöpfen aus erstaunlich ähnlicher Literatur und Gründungsmythen. »Du bist der Wunsch meines Vaters Abraham und das Gebet meines Bruders Jesus«, lässt der Mohammed-Biograf Ibn Ischaq seinen Propheten sagen. Die Überschneidungen der Kulturen im 7. Jahrhundert n. Chr., zu Beginn der islamischen Zeitrechnung, sind groß. Erst langsam bildet sich unter den Jüngern Mohammeds das Bewusstsein einer Religion des Islam – am Anfang wurde man wohl eher wie eine Sekte des Christentums gesehen. In »Gottes Zeichen – Die Geburt des Islam« schildert Gernot Rotter diese unglaublich vielfältige Welt zwischen Mekka, Mittelmeer und persischem Golf. Heute würden wir sagen: eine multikulturelle Welt, in der Christentum, Islam und »heidnische« Stämme gleichsam Tür an Tür lebten. Und erst Generationen später, um die Zeit der einheitlichen Edition des Korans, war der Islam eine Religion mit eigener Identität.

Dass die großen Eroberungen der Araber nicht ohne Blutvergießen stattgefunden haben, soll hier gar nicht bestritten werden. Aber es ist spannend zu sehen, wie der neue Glaube den Interessen vieler Nachbarn entgegenkam: beispielsweise der Unzufriedenheit angesichts der gängelnden Übermacht des christlichen Byzanz. Die arabischen Eroberer waren oft genug pragmatische, »moderne« Staatslenker: Es zahlte sich aus, die Verwaltungen und Kultur der neuen Untertanen bestehen zu lassen.

Ohne die Araber hätten wir heute nur ein vages Bild von der Antike – unser Kapitel »Schwerter des Geistes – Die Blüte von Kultur und Wissenschaft« erzählt, wie die antiken Autoren im europäischen Mittelalter vom Islam gerettet wurden: Übers Arabische hat sich die griechisch-römische Kultur erhalten. Und mehr noch: Als das christliche Westeuropa scheinbar »schlief«, schickte sich der muslimisch geprägte Orient an, die weltweite Führungsrolle auf den Gebieten der Technik, Verwaltung, Wissenschaft und Künste zu übernehmen. Unser Autor Friedrich Klütsch will dabei ein bequemes Urteil korrigieren, das neuerdings wieder gern und oft geäußert wird: dass nämlich die arabische Kultur weniger eigenständige Leistungen hervorgebracht hätte, als vielmehr den Erkenntnisstand der antiken Wissenschaft bewahrt, aber nicht erweitert hätte.

Gern wird den Arabern ihre schöpferische Leistung aberkannt – als ob Kreativität ein Privileg des aufgeklärten Westens sei. Klütsch zeigt, wie im ethnischen und religiösen Gemisch des Morgenlands geistige Höchstleistungen erreicht wurden und wie sie zur Grundlage der 500 Jahre später im Westen einsetzenden Dynamik der Neuzeit werden sollten. Die Ingenieursleistungen, die Wissenschaft der Mathematik und der Algebra haben Europäer inspiriert, ihr Wissen über Medizin und Anatomie hat die europäischen Hochschulen über Jahrhunderte fasziniert. Das war den Arabern vor einem Jahrtausend durchaus selbst klar: Mit Recht betrachteten sie sich als die fortschrittlichere Kultur. Sie staunten beispielsweise über die rabiaten medizinischen Heilmethoden der »Franken«, der Kreuzfahrer, die sie in ihrem Land erlebten. Darüber gibt es unterhaltsam authentische Berichte wie den des syrischen Diplomaten und Schriftstellers Usama ibn Munqidh (»Ein Leben im Kampf gegen Kreuzritterheere«). Wenn man seine realistischen Geschichten heute liest, ist man erstaunt über die Neugier, die Anteilnahme und das sichere Urteil der Muslime im 12. Jahrhundert. Die Franken? Wenn es sein musste, half man ihnen gern in medizinischen Angelegenheiten – hoffnungslos rückständig wie sie waren.

Schlagartig holte der Westen im 15. und 16. Jahrhundert auf. Die letzten Berber mussten Spanien verlassen, und für den Westen begann das Zeitalter der Entdeckungen – die ohne die Muslime stattfanden. Die Supermächte der damaligen Zeit – Indien, Iran, das Osmanische Reich – brachen in den folgenden Jahrhunderten zusammen, nun wurde die »Rückständigkeit« der islamischen Kultur manifest. »Zeit der Prüfung – Die islamische Welt in der Neuzeit« nennt Daniel Gerlach sein Kapitel über das Morgenland der letzten Jahrhunderte – und ihn interessiert, wie hier etwas auseinanderbrach: das Verhältnis zwischen Islam und Christentum verhärtete sich. Der Westen expandierte, sammelte Reichtum und Kapital an. Der Islam verharrte. Die jahrhundertealten Fragen sind aktueller denn je: Stand der Islam dem wirtschaftlichen Aufschwung entgegen? Warum hat es der technische Fortschritt plötzlich so schwer? Verhinderte das Bilderverbot die Weitergabe von Wissen, verdrängte der Koran wichtige neue Literatur? Wir schildern die verschiedensten Antworten auf die westliche Dominanz – und auf die Herausforderung, die aus der eigenen Geschichte kam: die Wahhabiten und die saudischen Stammesführer schmiedeten im 18. Jahrhundert eine konservative Allianz. Ihre puristische, militante Rückbesinnung auf die angeblichen Werte der Gründerzeit übt bis zum heutigen Tage große Anziehungskraft aus.

In der Frühzeit des Islam konnte man die ordnenden Werte und Vorstellungen der neuen Religion gut sehen. »Fallstricke des Teufels und Glanz im Auge des Propheten« nennt Daniel Gerlach sein Essay über die »Frauen in der islamischen Geschichte«: bemerkenswert, wie rechtlich gesichert die Stellung der Ehefrauen ist. Die islamische Kultur brachte Kämpferinnen, Intellektuelle und einen eigenen Feminismus mit großem Einfluss auf Politik und Gesellschaft hervor. Die Religion ist nicht aus sich heraus diskriminierend. Es sind archaische Traditionen und die überlebten Rollenerwartungen einer patriarchalischen Gesellschaft, die die Frauen herabwürdigen.

Wenn wir heute Freiheit und Demokratie in der islamischen Welt einklagen, ist es nötiger denn je, ihre völlig verschiedenen Kulturen kennenzulernen. In Europa argumentieren wir in unseren Urteilen über das Morgenland gern unhistorisch und aus dem eigenen Wertesystem heraus. Besonders der Begriff der »Aufklärung« wird hierzulande gern zu einer Vokabel des Kulturkampfes – und damit zu einer oft zu hörenden Polemik, die Europäer hätten die Aufklärung bereits »hinter sich«, während »der

Islam« damit noch kaum begonnen habe. In seinem Artikel »Die islamische Welt – unfähig zu Aufklärung und Demokratie?« stellt Gernot Rotter die Grundlagen klar. Aufklärung in Europa hatte seinen Preis. Die Millionen zivilen Toten des Dreißigjährigen Kriegs waren nur ein Schritt auf dem konfliktreichen Weg zu Vernunft, individueller Freiheit und Gleichheit in Europa. Sie von der islamischen Welt blanko einzufordern, wäre einmal mehr arrogant und unproduktiv. Zudem muss man wissen, dass die heutige, gewissermaßen verzweifelte Situation nicht gänzlich neu ist. In steter Regelmäßigkeit gab es in der islamische Welt Zeiten der reaktionären Abschottung.

Wir sind uns darüber im Klaren, dass man den derzeitigen Konflikt zwischen dem Westen und dem Islam nicht kleinreden kann. Die Situation in vielen Ländern ist, wie jeder interessierte Mitbürger weiß, »ausweglos verfangen« (Bahman Nirumand: »Der Unerklärte Weltkrieg«. Berlin 2007) In Afghanistan und Pakistan häufen sich die Terroranschläge, im Irak herrscht Bürgerkrieg zwischen Sunniten und Schiiten, in Palästina ist die Lage seit Jahren zunehmend ausweglos. Der Iran ist zur Regionalmacht aufgestiegen, strebt nach der Atomwaffe und könnte in der Zukunft einen globalen Konflikt provozieren. Der gesamte Nah- und Mittelosten befindet sich in einer höchst unstabilen Lage. Angesichts dieser Umstände stellt sich die Frage nach einer friedlichen Alternative immer dringlicher.

Dieses Buch begleitet die Morgenland-Dokumentationen der ZDF-Reihe »Terra X«. Der jahrzehntelange Erfolg dieser Qualitätsmarke macht es möglich, auch aufwendige, global konzipierte und mitunter langwierige Projekte anzugehen – »Morgenland« verdankt viel dem guten Image dieser klassischen Reihe. Deshalb gebührt allen Dank, die in »Terra X« seit Jahren für hochkarätige Dokumentationen über die Weltkulturen arbeiten.

Die Filmemacher von »Morgenland« haben mit Enthusiasmus nach den Dreharbeiten dieses Buch geschrieben. Dabei war es immer ihr Ziel, unmittelbare journalistische Erfahrung mit faszinierender Erzählung und Analyse zu verbinden.

Dass dieses Buch über das Morgenland nun die ZDF-Filme begleitet, ist Gernot Rotter, unserem wissenschaftlichen Berater, und den Reportern und Autoren Daniel Gerlach, Georg Graffe und Friedrich Klütsch zu verdanken.

Bernhard von Dadelsen

WIE DER ISLAM NACH EUROPA ZURÜCKKAM

Wie der Islam nach Europa zurückkam

von Daniel Gerlach

Ein Regierungschef, ein Bischof und viele Journalisten waren gekommen, um zur Eröffnung dieser prachtvollen Moschee im neo-osmanischen Stil zu gratulieren. Ein philharmonisches Orchester spielte, und auch die Stadträte stellten sich ein – aufrichtig gut gelaunt, denn sie hatten dem Projekt von vornherein zugestimmt und sich nicht in ideologischen Grabenkämpfen aufgerieben. Weil ein solches Festereignis einen Namen braucht, fanden die Medien auch einen: »das Wunder von Marxloh«, wie die mit EU-Geldern geförderte Merkez-Moschee nun genannt wurde.

Wer sich ein Zentrum der Blüte islamischer Kultur vorstellt, denkt dabei wahrscheinlich an Cordoba, Samarkand, das mittelalterliche Bagdad oder Delhi, die einstige Hauptstadt des Mogulreichs. Gewiss nicht an Duisburg-Marxloh. Der Industriestandort am Rhein – Kokereien, Schienenwerke und die Hallen des Stahlgiganten ThyssenKrupp zeugen von einer Zeit, in der Marxloh seinen Beitrag zum Wirtschaftswunder leistete – kämpft heute mit sinkenden Einwohnerzahlen.

Der Anteil der Migranten mit ausländischer Staatsangehörigkeit lag im Jahr 2006 bei rund 34 Prozent – überwiegend türkische oder türkischstämmige Muslime. Es lag nahe, eine große Moschee dorthin zu bauen, wo die Gläubigen wohnen. Auch zeigten sich die Organisatoren – das Projekt unterstand, wie viele Moscheebauten, dem Dachverband Türkisch-Islamische Union (DITIB) – besonders stolz auf ihren Erfolg, verschiedene Gesellschaftsgruppen einzubinden. Schon in einer frühen Phase hatte man einen Beirat mit Vertretern der Parteien, Kirchen und Verbände Marxlohs gegründet.

Die Merkez-Moschee in Duisburg-Marxloh wurde 2008 feierlich eröffnet. Sie bietet Platz für 1200 Gläubige und ist damit eine der größten Moscheen in Deutschland.

Das Foto auf der Doppelseite zuvor zeigt die Mezquita von Cordoba.

»Wenn Türken und Heiden kämen«

Heute zählt die Merkez-Moschee wahrscheinlich zu den ästhetisch attraktivsten Bauwerken dieses Industriegebiets. Dennoch steht sie nicht nur für ein gelungenes Projekt deutscher »Islam-Politik«, sondern auch für ein Phänomen, das Vertreter muslimischer Verbände bei aller Begeisterung

für das »Wunder von Marxloh« kritisieren: In Deutschland entstehen Moscheen vor allem dann ohne großen Widerstand, wenn sie in Industriegebieten und an Stadträndern gebaut werden. Am Hamburger Michel, am Berliner Gendarmenmarkt oder an der Münchner Leopoldstraße können sich viele Deutsche eine Moschee nicht vorstellen, abgesehen davon, dass an diesen Plätzen wenig verfügbarer Baugrund vorhanden ist. Minarette stören am wenigsten, wenn sie backsteinernen Schornsteinen Gesellschaft leisten.

Der Islam hat in Deutschland durchaus Tradition, er ist sogar streng genommen älter als der Nationalstaat selbst. Berühmte Herrscher der deutschen Geschichte gaben sich dem Islam gegenüber gastfreundlich. Der Preußenkönig Friedrich der Große, heute für seine aufklärerische Haltung und religiöse Toleranz gerühmt, ließ im Jahr 1740 verkünden: »Alle Religionen seindt gleich und gut, wan nur die Leute, so sie profesieren, ehrliche Leute seindt, und wen Türken und Heiden kämen und wollten das Land pöplieren, so wollen wir sie Mosqueen und Kirchen bauen.«

Der alte Fritz hätte es sich nicht träumen lassen, dass dieser Spruch rund 270 Jahre später in einer öffentlichen, hitzigen Debatte um die kulturelle Zukunft Deutschlands wieder aufgegriffen werden würde. In dieser Diskussion geht es nicht nur darum, wie sichtbar islamische Gotteshäuser sein und wie sie das Bild unserer Städte prägen dürfen. Es geht auch um die Befürchtung, dass Muslime, die sich mit der deutschen Kultur und ihren Werten und Normen nicht bedingungslos identifizieren, Parallelgesellschaften entwickeln. Dass sie ihr Leben nach einer Religion ausrichten, die tiefer in gesellschaftliche und private Dinge eingreift als viele andere Religionen, und dass sie dadurch mit dem westlichen Lebensmodell in Konflikt geraten. Auch besteht die Befürchtung, dass die Inhalte, die ihnen in religiösen Schulen vermittelt werden, nicht ausreichend kontrollierbar sind und sie sich dadurch noch weiter als bisher von unserer Kultur entfernen könnten.

Grundsätzlich hat der »Moscheen-Streit« in Deutschland aber viel Gutes zutage gefördert. Denn am Ende fordert er jeden Bewohner und vor allem die Politiker dieses Landes heraus, sich über den Stellenwert von Religion in der Gesellschaft immer wieder aufs Neue Gedanken zu machen und diese auch zu artikulieren. Sich auf Positionen festzulegen, denn Verbindlichkeit ist nun einmal eines der höchsten Güter in Deutschlands politischer Kultur.

Moscheebauten müssen öffentlich genehmigt werden. Automatisch entsteht dadurch der Eindruck, dass sie staatlicher Billigung bedürfen – ob die Mehrheit der Bürger in der jeweiligen Stadt sie gutheißt oder nicht. In Deutschland wird auch um den Bau von Autobahnen, Kraftwerken oder den Transrapid gestritten. Und auch in solchen Fragen geht es nicht selten um Weltanschauungen. Aber beim Thema Moschee-Bau scheinen Gedanken zu Grundsätzlicherem gewälzt zu werden.

Es geht um Symbolik, Macht und die Frage, wer den Islam in Deutschland eigentlich vertreten darf. Viele Versuche der Bundesregierung, mit islamischen Verbänden einen runden Tisch zu bilden und zu hinterfragen, was Islam in Deutschland eigentlich bedeutet und welche Ansichten die hiesigen Muslime mehrheitlich vertreten, waren bislang von bescheidenem Erfolg gekrönt. Deutschland hat wenig Erfahrung mit solchen Verfahren, denn bei uns sind Volksreligionen traditionell gut organisiert – von Kirchen, die straff und solide verwaltet sind, Einfluss auf die Gesellschaft ausüben, Steuern einnehmen, Sozialeinrichtungen tragen und über Grundbesitz verfügen.

Im Gegensatz zu Frankreich ist Deutschland kein laizistisches Land, das Religion und Staat, Kirche und Politik strikt voneinander trennt. Die Kirchen sitzen in den meisten öffentlichen Gremien und haben in bedeutenden Bereichen wie etwa Bildung, Erziehung oder Medienaufsicht ein gewichtiges Wort mitzureden.

Diesen Umstand haben die großen muslimischen Meinungsführer jedoch nie kritisiert – im Gegenteil: Für viele von ihnen ist der hohe Stellenwert, den die Religion im öffentlichen Leben der Bundesrepublik einnimmt, ein Segen. Das geht so weit, dass Islam-Funktionäre wie Wolf Ahmad Aries vom islamischen Shura-Rat meinen, dass das deutsche Modell nicht nur eines der wenigen sei, in denen Muslime in einer demokratisch-westlichen Gesellschaft ihren Glauben befreit leben könnten, sondern darüber hinaus ein Vorbild für viele Staaten in der islamischen Welt werden müsse – »das derzeit einzige Modell«, sagte Aries sogar auf einer interreligiösen Konferenz.

Dennoch fällt es leicht, Stimmung gegen den Islam zu machen. Manche Hinterbänkler aus der Politik überschlagen sich vor Kreativität, wenn sie von muslimischen Einwanderern einen Eid auf die schwarz-rot-goldene Fahne und das Grundgesetz fordern – ein Ritual, das man bisher keinem Deutschen abverlangte, der nicht danach begehrte, ein hohes Staatsamt zu bekleiden.

Mit großem Misstrauen begegnen manche Politiker und Medien auch jenen geschliffenen Verbandsmännern, die für sich in Anspruch nehmen, die Interessen der Muslime zu vertreten. Im besten Fall hält man sie für Strategen, die den Einfluss ihres Verbandes überproportional zu seiner eigentlichen Mitgliederstärke ausbauen wollen. Auch der türkische Staat mischt über den Religionsverband DITIB mit, deshalb ist man auch vor Einflussnahme aus dem Ausland auf der Hut.

Im schlimmsten Fall wird den Verbandsleuten vorgeworfen, sie grinsten den Deutschen freundlich ins Gesicht, während sie im Hintergrund

MAX VON OPPENHEIM – DSCHIHAD MADE IN GERMANY

von Georg Graffe

Auf den ersten Blick wirkt das Archiv des Auswärtigen Amtes in Berlin wie das gigantische Lager eines Schuhgroßhandels. Die Dokumente aus über 100 Jahren deutscher Außenpolitik werden in Tausenden weißer, genormter Pappkartons verwahrt, die endlose Regalreihen füllen. In einem dieser Kartons schlummert weitgehend unbeachtet eine gedruckte »Denkschrift« aus dem Jahr 1914, damals als »streng geheim« klassifiziert. Die 136 Seiten umfassende Abhandlung trägt den Titel »Die Revolutionierung der islamischen Gebiete unserer Feinde«. Der Autor Max Freiherr von Oppenheim entwirft darin den detaillierten Plan, die im Koran verankerte Idee des Dschihad, des »Heiligen Krieges« für die deutsche Politik im Ersten Weltkrieg strategisch zu nutzen: »In erster Linie haben wir gegenwärtig an unsere Selbstverteidigung zu denken, den Islam für uns auszunutzen und diesen jetzt nach Kräften zu stärken«, heißt es in der Denkschrift. Der Autor wird noch konkreter: Waffen sollen nach Indien geschmuggelt, die Ölfelder von Baku am Kaspischen Meer in Brand gesetzt, der Suezkanal vermint und feindliche Politiker von »fanatischen Glaubenskrie-

Als der Dschihad noch nicht in aller Munde war, avancierte bereits ein Kölner Archäologe namens Max von Oppenheim – hier 1930 neben einem seiner Fundstücke – zum Vordenker des Heiligen Kriegs der Muslime.

gern« ermordet werden. Muslimische Glaubenskrieger für den Kaiser – der Plan war so kühn wie einfach: Der Kalif und die Muftis im verbündeten Osmanischen Reich sollten dazu gedrängt werden, offiziell zum Heiligen Krieg gegen die Ungläubigen aufzurufen. Damit hoffte Oppenheim, Millionen von Muslimen in Afrika und Indien gegen die Kolonialmächte England und Frankreich, die Kriegsfeinde Deutschlands, zu mobilisieren.

Der Schöpfer des Plans, Max Freiherr von Oppenheim, kam 1860 in Köln in wohlhabenden Verhältnissen zur Welt. Sein Vater Albert, Gesellschafter des renommierten jüdischen Bankhauses Salomon Oppenheim, war zum katholischen Glauben konvertiert und ließ auch seinen Sohn taufen. Schon früh begeisterte sich der umtriebige Max für den Orient und unternahm nach bestandenem Juraexamen Reisen in den Nahen Osten. Mit der Ausgrabung des Siedlungshügels Tell Halaf machte er sich international als Archäologe einen Namen.

Schon im Oktober 1914 lag Oppenheims Denkschrift dem Kaiser vor, der die darin entwickelten Vorschläge guthieß. Oppenheim erhielt Geld, Personal und Räume zum Aufbau einer Geheimdienststelle in Sachen Dschihad – mitten in Berlin. In der Mauergasse 45 waren fortan 40 bis 50 deutsche und orientalische Mitarbeiter damit beschäftigt, Propagandamaterial zu entwickeln, mit dem die islamische Bevölkerung von Marokko bis Georgien gegen ihre Kolonialherren aufgewiegelt werden sollte.

Der Plan Oppenheims schien zunächst aufzugehen. Enver Pascha, der mächtige Mann des Osmanischen Reiches und Verbündeter der Deutschen, veranlasste im November 1914 den Kalifen von Konstantinopel, den Heiligen Krieg gegen Engländer und Franzosen zu verkünden.

Enver Pascha war dabei ein wichtiger Verbündeter der Deutschen.

Dass seine Botschaft auch in der islamischen Welt gehört wurde, dafür sollte Oppenheims Berliner »Nachrichtstelle für den Orient« sorgen.

Männer, die die feindlichen Kolonien infiltrierten, Widerstandszellen aufbauten, Propagandamaterial verteilten, Sabotageakte ausführten, aufwiegelten, fand man, so hoffte man, in deutschen Kriegsgefangenenlagern. Nicht weniger als 30 000 muslimische Soldaten aus den Reihen der französischen, britischen und russischen Armeen fielen den Deutschen im Lauf des Krieges in die Hände. Man zog sie im sogenannten »Halbmondlager« nahe Berlin zusammen und indoktrinierte sie mithilfe türkischer und arabischer Geistlicher. 1915 wurde dort sogar eine Moschee eingeweiht – es war die erste auf deutschem Boden. Sie musste allerdings bereits Mitte der Zwanzigerjahre wegen Baufälligkeit wieder abgerissen werden.

Doch wie die Moschee stand auch Oppenheims Initiative auf keinem soliden Fundament. Denn in einem Punkt hatte sich der Kölner Bankierssohn entscheidend getäuscht. Der Kalif war als Repräsentant der türkischen Unterdrückung bei den arabischen Völkern des Orients verhasst. Statt gegen ihre christlichen Kolonialherren zu rebellieren, nutzten die arabischen Stämme des Nahen Ostens die Gunst der Stunde und kämpften auf der Seite der Briten gegen die osmanische Herrschaft.

Ein Kampf, in den ein Engländer eingriff, der sich ebenfalls zunächst als Archäologe einen Namen gemacht hatte: Thomas Edward Lawrence. Als »Lawrence von Arabien« brachte er es zu Weltruhm. Mithilfe einer kleinen Beduinentruppe entriss er den Türken den strategisch wichtigen Hafen von Aqaba und trug so zum Untergang der osmanischen Armee bei.

und oft mithilfe zwielichtiger Elemente an der Einführung der Scharia zwischen Rhein und Oder feilten.

Oft wird dabei übersehen, dass die islamischen Verbände genau das tun, was man ihnen versucht hat beizubringen, damit sie gute Demokraten werden: Sie gründen Interessenverbände, sammeln Geld, lancieren Kampagnen, beeinflussen die Medien, organisieren Demonstrationen. Kurzum: Sie machen Lobbyarbeit nach dem Vorbild von Gewerkschaften, Fahrgastverbänden oder der Pharmaindustrie. Berücksichtigt man den Umstand, dass die islamischen Vereine in den allermeisten Fällen keine Milliardenumsätze generieren, ist ihre Öffentlichkeitswirksamkeit erstaunlich. Das Thema Islam scheint den Deutschen eine Herzensangelegenheit geworden zu sein, sonst wäre man auf das »Wunder von Marxloh« nicht so stolz.

Die Ursprünge des »Euro-Islam«

Als 1926 die Mosquée de Paris ihre Pforten öffnete, feierte man sie in Frankreich als Symbol für die religiöse Gleichberechtigung der im Land lebenden Muslime.

Das letzte Mal, dass ein Moscheebau in einer europäischen Stadt mit ähnlicher Begeisterung aufgenommen wurde, liegt weit zurück und trug sich an der Seine zu – im Jahr 1926. Marxloh ist nicht Paris – vor diesem Hintergrund scheint jeder Vergleich von vornherein unsportlich. Denn damals eröffnete auf der östlichen Rive Gauche die Mosquée de Paris ihre Pforten, gebaut nach Plänen des Architekten Maurice Mantout. Heute gehört dieses Viertel zu den beliebtesten der Stadt, die Place Monge und die idyllische Einkaufsstraße Rue Mouffetard, mehrere Universitäten und Museen liegen in unmittelbarer Nähe zur Moschee.

Mit ihrem eleganten maurischen Stil, angelehnt an große Vorbilder in den Städten Tunis und Fes, zählt sie bis heute zu den unumstrittenen Meisterwerken islamischer Architektur auf dem Kontinent. Die Initiative für den Bau einer Prachtmoschee ergriff bereits im Jahr 1895 ein Komitee berühmter Männer, darunter der Napoleon-Nachkomme Victor Prinz Bonaparte und Théophile Delcassé, der in der Dritten Republik zahlreiche Ministerposten bekleidete.

Zur Einweihung am 16. Juli 1926, zwei Tage nach dem höchsten französischen Nationalfeiertag, trafen sich der Präsident der Republik und der eigens angereiste marokkanische Sultan Moulay Youssef in Paris. Das Eintreffen des orientalischen Herrschers, der in einer schwarzen, offenen Citroën-Karosse vorfuhr, wurde sogar filmisch festgehalten. In Frankreich neigt man bekanntlich zu großen symbolischen Gesten: Die Republik, die zu dieser Zeit zahlreiche muslimische Gebiete in Übersee als Kolonien oder Protektorate verwaltete, zeigte sich als Freundin der Muslime und ihrer Würdenträger. Sie trug dem Anspruch Rechnung, dass immer mehr

Muslime in Paris lebten und diese ihre Religion so frei ausüben sollten wie ihre katholischen Nachbarn.

Nordafrikanische Unabhängigkeitsaktivisten wie der Marokkaner Messali Hadsch kritisierten den Akt als Augenwischerei. Frankreich wolle damit von dem Umstand ablenken, dass es muslimischen Völkern in den Kolonien nicht das zugestand, was seinen eigenen Bürgern als höchstes Gut galt: *liberté, égalité, fraternité* – Freiheit, Gleichheit, Brüderlichkeit, die Universalwerte der Französischen Revolution.

Tatsächlich gab es in den 1920er Jahren großen Handlungsbedarf für die Religionspolitiker, und viele Muslime klagten zu Recht über ihre unklare Situation – besonders in Algerien, das seit 1830 eine französische Kolonie war. Im Gegensatz zu den algerischen Juden, die 1891 mit dem sogenannten »Crémieux-Dekret« uneingeschränkt zu französischen Staatsbürgern gemacht wurden, stellten sich Muslime erhebliche Hürden in den Weg: Wer in den Genuss einer Staatsbürgerschaft gelangen wollte, musste sich ausschließlich dem französischen Recht und Gesetz unterstellen. Damit wurde islamisches Recht ungültig. Doch wer als Muslim die Scharia – den »rechten Weg« des Glaubens – ablehnte, war streng genommen kein Muslim mehr. Zugespitzt bedeutete dieses Dekret, dass man seinen Glauben und die damit verbundene Lebensweise gegen einen Pass eintauschen musste.

Die Parameter sind heute andere, das Problem dasselbe: Man kann als Muslim ohne weiteres Staatsbürger eines europäischen Landes werden. Dennoch dreht sich die öffentliche Debatte immer wieder um die Frage, wie islamisches Recht mit unserer Gesetzeswelt vereinbar ist. Von Muslimen wird ein Bekenntnis zum Grundgesetz, oder in Frankreich zur Verfassung, verlangt. Kein Islam-Funktionär, der ernst genommen und seinen

Die Architekten der Mosquée de Paris orientierten sich an den prunkvollen Moscheen in Tunis und Fes und schufen mit der »Großen Moschee« ein Bauwerk, das bis heute zu den schönsten islamischen Gotteshäusern auf europäischem Boden zählt.

HAHAL UND HARAM –
ERLAUBTES UND VERBOTENES
IM ISLAM

von Georg Graffe

Halal bedeutet im Arabischen soviel wie »rein«, das heißt, etwas ist erlaubt. Halal entspricht in etwa dem aus dem jüdischen Bereich bekannten Begriff koscher. Das Gegenteil von *halal* ist *haram* und bezeichnet Verbotenes. Im alltäglichen Leben gläubiger Muslime spielen die Begriffe vor allem bei Speisen eine Rolle.

Der Koran enthält hier eindeutige Vorschriften: »Verboten ist euch das von selbst Verendete sowie Blut und Schweinefleisch und das, worüber ein anderer Name angerufen ward als Allahs; das Erdrosselte; das zu Tode Geschlagene; das zu Tode Gestürzte oder Gestoßene und das, was reißende Tiere angefressen haben, außer dem, was ihr geschlachtet habt; und das, was auf einem Altar [als Götzenopfer] geschlachtet worden ist ...« (Sure 5, 3). In der muslimischen Tradition – auch dies entspricht jüdischem Brauch – hat sich die Methode durchgesetzt, Tiere durch das Aufschneiden der Halsschlagader und Ausbluten zu töten. Zum Bereich des Haram gehört bekanntermaßen auch der Alkohol.

Halal und *haram* spielen aber noch in andere Lebensbereiche hinein. Eine Vorschrift aus dem

Alkohol gehört für gläubige Muslime wie diese Thailänderin, die für ein Verbot von alkoholischen Getränken demonstriert (2005), zum Bereich des »haram«, des Verbotenen.

Koran, die in den meisten muslimischen Ländern heute noch sehr ernst genommen wird, ist das Verbot des Zinsnehmens: »O die ihr glaubt, nehmt nicht Zins, der die Schuld übermäßig mehrt; und fürchtet Allah, auf dass ihr Erfolg habt.« (Sure 3, 130)

Damit sind im Grunde wesentliche Geschäftsfelder von Banken ausgeschlossen. Ebenso ist es einem gläubigen Moslem unmöglich, einen Kredit aufzunehmen, für den er Zinsen zahlt. Da aber nach muslimischer Rechtsauffassung Gewinne aus Verkäufen, Vermietung und Verpachtung kein Problem darstellen, hat das moderne *Islamic Banking* eine Reihe von Kniffen erfunden. So erhält der Käufer eines Hauses, der den Erwerb mithilfe eines Bankkredites tätigen will, nicht etwa die nötige Summe und zahlt danach Zinsen, sondern er erwirbt das Haus zu einem erhöhten Preis von der Bank und zahlt ihn danach in Raten ab. Ein frommer Trick, um die Jahrhunderte alten Bestimmungen des Korans mit den Erfordernissen des Wirtschaftslebens im 21. Jahrhundert zu versöhnen.

Job behalten möchte, würde das Gegenteil behaupten. Fraglich ist dabei nicht, nach welchem Recht Menschen öffentlich handeln und – bei Vergehen – verurteilt werden. Die öffentliche Debatte geht vielmehr darum, welchen Werten sie sich verpflichtet fühlen: Ob sie im Privaten, also dort, wo die Staatsorgane wenig Einblick haben, ihren Töchtern Zwangsehen verordnen, sie körperlich misshandeln, zum Kopftuchtragen zwingen oder ihnen den schulischen Schwimmunterricht verbieten.

Davon abgesehen können muslimische Staatsbürger oder Ausländer in Europa nicht frei entscheiden, nach welchem Recht sie leben wollen. Wer gegen das Gesetz verstößt oder sich verfassungsfeindliches Verhalten zuschulden kommen lässt, wird dafür zur Verantwortung gezogen. Wenn vom sogenannten »Euro-Islam« die Rede ist, kann damit nicht nur ein Islam gemeint sein, der mit europäischen Rechtsnormen kompatibel ist, sondern einer, der garantiert, dass Muslime in Europa ihren Glauben als vollwertige Bürger leben können und sich mit ihrer europäischen Heimat identifizieren.

Eine Wortschöpfung wie »Euro-Islam« lässt viele Interpretationsspielräume zu: Einige Muslime sehen darin auch die Möglichkeit einer autonomen Selbstverwaltung ihres Zivillebens. Andere legen den Schwerpunkt auf eine Reform der islamischen Werte, die letztendlich auf eine zeitgemäße Interpretation des Korans und der prophetischen Traditionen hinausläuft. Europa kann und will seine Gesetze nicht dem Islam anpassen – so kommt es, dass Muslime, die in Europa leben wollen, bestimmte Traditionen aufgeben müssen: Die Erlaubnis zur Vielehe gehört dazu. Was vielen Europäern nicht klar ist: In zahlreichen muslimischen Ländern haben sie es längst getan.

In Tunesien ist die Vielehe per Gesetz verboten, in keinem muslimischen Land gibt es faktisch mehr das Bilderverbot, in Syrien oder im Libanon dürfen auch Muslime unbehelligt Alkohol trinken – um nur einige der plakativsten Konfliktthemen zu berühren. Die Interpretation des Islam nach modernen Ansprüchen findet also bereits statt, auch wenn es in den meisten mehrheitlich muslimischen Ländern noch viele Themen gibt, die einer Neuinterpretation bedürfen.

Der Begriff »Euro-Islam« fördert jedoch noch ein anderes interessantes Detail zutage: Man geht zunächst nicht davon aus, dass es sich beim Islam überhaupt um eine europäische Religion handeln könnte. Sonst bräuchte das Wort den Zusatz »Euro« nicht. Islam wird in Europa – auch bei wertfreier Betrachtung – als etwas Fremdes angesehen.

Gerade aus Sicht vieler konservativer Politiker in Deutschland ist Europa aus dem »christlichen Abendland« entstanden. Traditionell geht dieser Kulturbegriff mit dem katholischen, lateinisch sprechenden Europa einher – jenes Raumes, der aus der Verschmelzung des römischen Erbes mit den Traditionen der keltogermanischen Völker entstand und durch den Katholizismus in eine Form gegossen wurde.

Nach dieser Definition wäre der Islam etwas völlig Uneuropäisches. Dabei wird oftmals vergessen, dass auch Russland, Serbien, der südöstliche Balkan und schließlich Griechenland zu Europa gehören. Denn diese Länder sind mehrheitlich orthodoxen Glaubens, also Anhänger der sogenannten Ostkirche, und Erben des Großreichs von Byzanz. 1453 wurde dieses Imperium von den osmanischen Eroberungen formell beendet. Kulturell bestand es fort, und niemand im Westen Europas wäre vor einigen Jahrhunderten darauf gekommen zu behaupten, dass die »Byzantiner« etwas mit dem lateinischen Abendland gemein hätten. Zwischen beiden Kulturen standen Welten: religiöse Schismen, verschiedene Sprachen und schließlich die unzerstörbare Überzeugung der jeweiligen Seite, die Bessere zu sein.

Für einen Westeuropäer machte es wenig Unterschied, ob er es mit einem Muslim oder einem Ostkirchler zu tun hatte. Beide Religionsgruppen lebten über Jahrhunderte hinweg in Südosteuropa, und sie tun es bis heute, auch wenn die Muslime dort heute deutlich in der Unterzahl sind. Aber wann in der Geschichte hörte der Islam auf, eine europäische Religion zu sein oder als solche angesehen zu werden?

Rosen an der Donau – Kaffee an der Themse

Westlich der Margaretenbrücke, die in Budapest über die Donau führt, liegt eine Anhöhe inmitten eines Wohnviertels. Seit Ungarn der EU angehört und sich in der Hauptstadt eine bürgerliche Mittelschicht zu Wohlstand aufgeschwungen hat, zählt die Gegend um den Rószadomb, was auf Deutsch »Rosenhügel« bedeutet, zu den besseren Adressen.

Dem ungarischen Nationalkomponisten Bela Bartók wurde auf dem Rosenhügel ein Denkmal errichtet – nicht weit entfernt können Besucher seine einstige Villa besichtigen. Gelegentlich finden dort Streichkonzerte statt. An lauen Sommerabenden, wenn Fenster und Türen der Villa geöffnet sind, klingt die Musik dann bis zum Grab eines Mannes, dessen Berühmtheit die Bartóks bei Weitem übertrifft – allerdings eher jenseits des Bosporus: Gül Baba wurde er genannt, »Vater der Rosen«.

Gül Baba gründete einen Derwisch-Konvent, also einen Ordensbund, dessen Anhänger sich die mystische Vereinigung mit Gott zur Lebensaufgabe gemacht hatten. Als Zeichen seiner frommen und gütigen Gesinnung zierte stets eine frische Rose seinen Turban.

Im Jahr 1541, als Gül Baba starb, soll Sultan Sulaiman der Prächtige, einer der berühmtesten Herrscher des Osmanischen Reiches, ihn eigenhändig zu Grabe getragen und zum Schutzpatron der Stadt erklärt haben. So zumindest lautet die Legende, die mit dafür sorgte, dass der Rosenhügel zu einem der wenigen muslimischen Wallfahrtsorte in Europa wurde –

in einer Zeit, in der der Islam von sich behaupten konnte, eine europäische Religion zu sein.

Der größte Teil Südosteuropas stand damals unter der Herrschaft der Osmanen. Von deren kulturellen Errungenschaften profitieren die Bürger Budapests heute vor allem, wenn sie am Wochenende das Hamam besuchen. Auch der Kaffee, den die türkischen Soldaten bei der gescheiterten, zweiten Wiener Belagerung 1683 in Säcken hinterlassen haben sollen, zählt zu diesen Annehmlichkeiten. Vom islamischen Erbe ist auf dem europäischen Kontinent allerdings verhältnismäßig wenig übrig geblieben.

Nur im europäischen Teil der Türkei sowie in Albanien und den einstigen jugoslawischen Teilgebieten Bosnien-Herzegowina, Montenegro und Kosovo lebt bis heute eine muslimische Bevölkerungsmehrheit, die man als Resultat der osmanischen Eroberungen betrachten kann. Auch unter Rumänen, Bulgaren, Ungarn, Griechen und Moldawiern gab es Menschen, die im Laufe der Osmanenherrschaft zum Islam übertraten. Die meisten jedoch – das lässt sich anhand der osmanischen Steuerregister nachvollziehen – scheinen ihren christlichen Glauben behalten zu haben.

Herrschaftsresidenzen wie Belgrad, Budapest, Skopje oder Saloniki entwickelten sich seit dem 15. und 16. Jahrhundert auch zu Zentren der muslimischen Kultur. Die Osmanen besaßen viel Routine im Umgang mit nichtmuslimischen Minderheiten. Sie gewährten ihnen eine gewisse zivilrechtliche Verwaltungsautonomie und erkannten religiöse Würdenträger als kommunale Oberhäupter an. Sie kassierten Steuern von Nichtmuslimen, eröffneten ihnen Karrieren in Staatsapparat und Militär – wobei allerdings letztere Laufbahn nicht immer freiwillig begonnen wurde. Vor allem im 16. Jahrhundert war es üblich, dass in der Saison der Knabenlese Söhne christlicher Familien zwangskaserniert und zu Elitesoldaten ausgebildet wurden. »Janitscharen« nannte man diese gefürchtete Einheit, was sich vom türkischen *yeni ceri* – »neue Truppe« ableitet.

Gewiss hatten die mehrheitlich orthodoxen Christen auf dem Balkan Grund, sich über Diskriminierungen zu beschweren. Aber in welchem europäischen Fürstentum wäre es ihnen besser ergangen? Im zaristischen Russland, das die gleiche Glaubenskonfession verteidigte, lebten Bauern bis ins späte 19. Jahrhundert hinein noch in Leibeigenschaft – ein Regime, das den Osmanen nicht bekannt war.

Das späte 18. und frühe 19. Jahrhundert stand insgesamt im Zeichen einer allmählichen Verdrängung des Islam aus Südosteuropa. Mit Ende der Napoleonischen Kriege und der Restaurationszeit begann der zweite Anlauf der europäischen Staaten, Kolonialreiche zu errichten und ihre Flaggen an fremden Küsten in den Boden zu rammen. Die Truppen und Verbündeten der britischen East India Company unterwarfen Indien, im Jahr 1830 besetzten die Franzosen Algerien. Diese Entwicklung setzte sich

Diese Statue von Gül Baba, dem Gründer eines Derwisch-Ordens, ziert den Platz vor seinem Grabmal in Budapest und wird nach wie vor von vielen Muslimen besucht.

bis Ende des Jahrhunderts fort: In Asien, Westafrika, Südosteuropa und schließlich auch im Nahen Osten gaben europäische Mächte den Ton an. Auch das orthodoxe Russland drängte nach Süden, eroberte weite Teile Zentralasiens und des Kaukasus.

Für das Verhältnis zwischen Islam und Christentum war diese Entwicklung einschneidend: Erstmalig standen Millionen Muslime unter der Herrschaft christlicher Mächte.

Wie bereits am Fall Frankreichs deutlich wurde, taten sich die europäischen Mächte beim Umgang mit muslimischen Untertanen eher schwer als leicht. Aber es sollte Jahrzehnte dauern, bis sie begriffen, dass die Berührung mit der islamischen Welt auch Folgen für ihre eigene Kultur haben würde.

Im Jahr 1812 erlaubte das Londoner Parlament die Ausübung des Islam im Vereinigten Königreich. Zwei Jahre zuvor hatte ein muslimischer Angestellter der East India Company mit Namen Sake Dean Mahomet in London das Hindoostane Coffee House eröffnet. Doch erst um das Jahr 1900 verzeichneten die Behörden eine größere Zahl muslimischer Einwanderer, die offenbar mit der Absicht kamen, dauerhaft zu bleiben: Es handelte sich um jemenitische Seeleute aus der britisch besetzten Hafenstadt Aden. Auch in den Zentren der europäischen Zivilisation, den großen Universitäten, gewöhnte man sich erst sehr allmählich an die Anwesenheit muslimischer Kommilitonen. Die meisten kamen jedoch nicht als Einwanderer, sondern um das Geheimnis des europäischen Fortschritts zu ergründen und sich diesen zunutze zu machen.

Berliner Flirts und französische Entgleisungen

In der muslimischen Welt war es um das Wissen von Europa bis ins 19. Jahrhundert überaus schlecht bestellt. Ähnlich wie US-Präsident Bill Clinton einmal zugab, dass es ihm schwerfalle, das Kosovo auf einer Landkarte zu finden, konnten die osmanischen Sultane Deutschland, die Niederlande oder Polen nicht auseinanderhalten. Mit der Industrialisierung in Europa und dem Bedürfnis nach Modernisierung im Orient wandelte sich dies. Muslimische Reisende interessierten sich für die verschiedensten Bereiche der europäischen Gesellschaft: Militär, Justiz, Politik, Presse und – vor allem – das Verhältnis der Geschlechter.

Einige Europareisende hinterließen Tagebücher, so etwa der persische König Nasreddin Schah aus dem Geschlecht der Qadscharen. Was das Regieren anbelangte, besaß Nasreddin weder Interesse noch Talent, aber seine Freude an der Beobachtung war offenbar groß. In den 1870er Jahren kam der glühende Verehrer Bismarcks nach Berlin, wo er auch den

ISLAMISCHE MYSTIK – DIE DERWISCHE

von Georg Graffe

Nicht anders als in der christlichen Welt gibt es auch unter den Muslimen Gottsucher, denen die Befolgung religiöser Vorschriften nicht genügt. Jenseits der Gebete und ritualisierten Glaubensformen versuchen sie, Gott unmittelbar zu begegnen. Auch der Weg, der dorthin führt, ist bereits in der christlichen Tradition vorgezeichnet: die Mystik. Das griechische Wort *mystikos* bedeutet »geheimnisvoll« und wurde schon in der Antike auf die Rituale von Sekten angewendet, die Außenstehenden unverständlich blieben. Hinter der Mystik steht die Vorstellung, dass die Welt in ihren bunten Farben, mit ihren sinnlichen und materiellen Verlockungen, der menschliche Leib mit seinen Bedürfnissen und Begierden, das Bewusstsein, das sich permanent um das eigene Ich dreht, wie eine Mauer zwischen Gott und dem Menschen stehen. Diese Mauer gilt es einzureißen.

Das Ziel der tanzenden Derwische ist die Vereinigung mit Gott.

Die islamische Mystik ist unter dem Begriff Sufismus bekannt geworden.

Im Lauf der Jahrhunderte bildeten sich Sufigemeinschaften heraus, die christlichen Mönchsorden durchaus vergleichbar sind und unterschiedliche Regeln und Rituale haben. Sie stehen meistens unter der Leitung eines spirituellen Führers, der den Ehrentitel »Scheich« trägt. In Europa wurden die frommen Männer schon früh unter dem persischen Wort »Derwisch« bekannt, was eigentlich »Bettler« bedeutet. Tatsächlich zogen viele Derwische – ganz im Stil der christlichen Bettelorden – als Besitzlose durchs Land.

Askese und Kasteiung des Leibes sind ein traditioneller Weg, Gott zu begegnen. Ein anderer Weg führt in die entgegengesetzte Richtung, aber zum selben Ziel: der Weg der Ekstase. Am bekanntesten sind die tanzenden Derwische, die sich minutenlang in großer Geschwindigkeit um die eigene Achse drehen, ohne dabei das Gleichgewicht zu verlieren – eine extreme körperliche Übung, die einen veränderten geistigen Zustand erzeugt: die Trance. In ihr erlebt der Derwisch die Auflösung der Schranken des Ich und die Vereinigung mit Gott.

Eine andere noch extremere Form religiöser Ekstase praktizieren die Rifais, die sogenannten »heulenden Derwische«, die sich absichtlich Schmerzen zufügen. Ähnlich extreme Ausdrucksformen der Frömmigkeit sind bis heute auch aus Indien bekannt, weshalb Forscher davon ausgehen, dass sie ursprünglich von dort über Persien in den arabischen Raum gelangten.

deutschen Kaiser Wilhelm I. kennenlernte und sich wunderte, dass »dieser alte Herr« noch mit Balletttänzerinnen flirtete. Überhaupt fiel ihm auf, dass »diese Frauen der Ungläubigen ein recht zudringliches, augendienerisches und zungengewandtes Geschlecht« seien. Auch die Botschafter der Osmanen und Perser berichteten immer wieder vom seltsamen Umgang der Europäer mit den Frauen – etwa, dass Kaiser Franz Joseph I. von Österreich-Ungarn jedesmal, wenn eine vornehme Dame seinen Fiaker kreuzte, anhielt und den Hut zog.

Die aufschlussreichsten Memoiren erstellte der ägyptische Scheich Rifaat at-Tahtawi, der im Auftrag des Paschas von Kairo nach Paris reiste und dort die erste arabische Studentenmission betreuen sollte. Als Rifaat at-Tahtawi seinen ersten Sommer in Paris erlebte, war er noch keine 30 Jahre alt. Der Spross einer großbürgerlichen Familie war kein Langzeitstudent auf der Suche nach sich selbst, sondern ein Theologe, Philosoph und Sprachforscher, der seine Fähigkeiten bereits als Dozent an der renommierten Kairoer Hochschule Al-Azhar unter Beweis gestellt hatte. Kurzum: ein gefestigter Charakter.

»Zu ihren schlechten Eigenarten gehören«, so schrieb Tahtawi über die Franzosen, »die geringe Sittsamkeit vieler ihrer Frauen und der Mangel an Eifersucht seitens der Männer in Dingen, die bei Muslimen Anlass zur Eifersucht wären.« Tahtawi präzisiert in seinen Beobachtungen nicht, um welche Dinge es sich handeln könnte. Er vermerkt immerhin, dass ein Franzose seine Frau verlassen würde, wenn ihr Unzucht mit einem anderen nachgewiesen worden sei, obwohl »unerlaubter Geschlechtsverkehr bei ihnen als Makel und Laster, nicht aber als eine Todsünde gilt.«

Ohne Zweifel: Mit dem geheimnisvollen Tatbestand, der die Eifersucht des Arabers entfachen würde, kann nur der »Flirt« gemeint sein. Auch auf dem europäischen Kontinent gibt es für diesen Anglizismus kein Äquivalent – je nach Ansicht der Beteiligten kann das Flirten bekanntlich sehr unterschiedliche Formen annehmen.

Das arabische Wort *tahababa* bedeutet in etwa »sich zum Lieben anreizen«. Eine andere Übersetzung für Flirt wäre *mughazala* – in diesem Fall geht es ums Einweben, Seidenspinnen oder »Zuckerwatte drehen«. Die Absicht, den Flirtpartner zu erotischen Handlungen zu veranlassen, steckt in beiden Worten, auch wenn *mughazala* nahelegt, dass einer den anderen herumkriegen will, Letzterer jedoch noch unentschlossen ist.

Tahtawi war der Begriff des Flirtens unbekannt, doch er spürte offenbar, dass es im Umgang der Geschlechter etwas gab, das Paris von seiner Heimat unterschied – auf sehr subtile Weise. Auch im Orient kam es vor, dass sich Frauen, die nicht verheiratet waren – noch fataler war das Gegenteil – mit anderen Männern »zur Liebe anreizten« oder einander »Zuckerwatte drehten«. Aber die Grenzen der Eifersucht lagen anscheinend anderswo. Im Frankreich der Restaurationszeit war die bürgerlich-romantische Liebe eine eher neue Erfindung – Tahtawi erlebte sozusagen ihre Einführung in Paris und erlag dem Irrtum, sie dort für traditionell und normal zu halten.

Was Tahtawi fühlte, wenn er an einem Sonntagnachmittag im Mai an der Pariser Promenade stand und zusah, wie sich kokette Französinnen mitten im Gespräch, als ob nichts wäre, das Haar aufsteckten? Es kann nichts anderes gewesen sein als Neugier, Begeisterung und das brennende Verlangen, die französische Kunst der *mughazala* zu lernen. Vielleicht ist es dem Scheich niemals gelungen, weshalb er selbst oft Eifersucht verspürte und zu dem Schluss kam, dass all dies für einen anständigen Mann nichts sei.

In seiner offiziellen Stellungnahme hielt er fest, dass die Männer in Paris die »Sklaven der Frauen sind, gleichgültig ob diese schön sind oder nicht. Sie haben keine schlechte Meinung von ihren Frauen, obwohl deren Entgleisungen recht zahlreich sind«. Wahrscheinlich – wenn auch nicht bewiesen – ist, dass Tahtawi in Paris den einen oder anderen Korb kassierte.

Bekannt ist, dass niemand so formvollendet Körbe gibt wie die Pariserinnen – so zweideutig, dass sich ein Optimist allemal noch eine zweite Chance ausrechnet. Tahtawi wusste das, denn ein weiser Franzose hatte ihm folgenden Rat gegeben: »Man lasse sich nicht durch die Weigerung einer Frau täuschen, wenn man mit einem bestimmten Begehren an sie herantritt, und schließe daraus nicht auf ihre Keuschheit, sondern auf ihre reiche Erfahrung.«

Söhne der Imperien

Rifaats ehemalige Universität, die Pariser Sorbonne, steht bis heute für eine Bildungstradition, die darauf ausgelegt ist, Ausländer an Frankreich zu binden und ihnen die französische Kultur mit nach Hause zu geben. Allerdings waren es ausgerechnet ehemalige Studenten der Sorbonne, die dort die Freiheit kennenlernten und französische Philosophie studierten, die sich irgendwann gegen Frankreich wandten. Zu den prominentesten und radikalsten Sorbonne-Abgängern zählen sicher der syrische Nationalist Michel Aflaq, der in den 1930er Jahren in Paris studierte und später das französische Mandat im Nahen Osten bekämpfte, oder in den 1960ern der Sudanese Hassan at-Turabi, der wegen seiner wortgewandten Schriften bis heute als »Lenin des Islamismus« angesehen wird.

Was aber geschah mit jenen Muslimen aus allen Teilen der Welt, die es als Pflicht, Ehre und Karrierechance ansahen, in den Dienst der europäischen Mächte zu treten? In zahlreichen Kolonialkriegen, vor allem aber

*In beiden Weltkriegen kämpften Muslime
in den Truppen ihrer Kolonialherren. Die in
den nordafrikanischen Kolonien Frankreichs angeworbenen Soldaten nannte man
Zuaven. In einer an orientalische Trachten
erinnernden Uniform zogen sie für Frankreich in den Ersten Weltkrieg.*

im Ersten und Zweiten Weltkrieg gaben Muslime aus Indien, West- und
Nordafrika für die Kolonialmächte das Wertvollste, das sie besaßen: ihr
Leben. Seit einigen Jahren wird die Rolle der nordafrikanischen Muslime
bei der Befreiung Frankreichs von der Naziherrschaft in den Jahren 1944
und 1945 wieder leidenschaftlich diskutiert – es ging dabei nicht zuletzt
um die Tatsache, dass der französische Staat muslimischen Veteranen im
Ausland lange keine Pensionsansprüche zuerkannt hatte. Den höchsten
Blutzoll leisteten Muslime jedoch im Ersten Weltkrieg, auf den Schlacht-
feldern von Gallipoli, Verdun, Ypern und an der Somme. Die alliierten Ge-
neralstäbe müssen sich wohl den Vorwurf gefallen lassen, dass sie die
Truppen der algerischen Zouaves, der senegalesischen Tirailleurs oder der
Bengal Infantry oft genug als Kanonenfutter einsetzten.

Im Übrigen fiel die Entscheidung, die große Pariser Moschee zu bauen,
wenige Wochen nach Ende der Höllenschlacht von Verdun, die rund
378 000 Menschen das Leben gekostet hatte – darunter geschätzte 28 000
Muslime, die für die Entente gefallen waren.

Bis heute – oder vielleicht eher: heute wieder – ist die Tatsache, dass
der Groß- oder Urgroßvater für Frankreich auf den Feldern der Ehre geblieben ist, für viele junge Muslime ein Moment der Identität, mit dem
gewisse Ansprüche verbunden sind. Doch obwohl diese Männer für
Frankreich gekämpft hatten, dauerte es lange, bis man sie und ihre Nachkommen als vollwertige Bürger anerkannte – ähnlich wie bei den schwarzen GIs, die für die USA in zwei Weltkriege zogen.

Im laizistischen Frankreich gibt es bis heute nur einen Grund, einen
Menschen nach seiner Religionszugehörigkeit zu fragen, und zwar beim
Eintritt in die Armee. Das Militär muss wissen, ob ein Soldat im Todesfall
ein Kreuz, einen Davidstern oder einen Halbmond aufs Grab bekommt.

»DER ISLAM IST NICHT DER EINZIGE WEG«

Ayatollah Seyyed Abbas Hosseini Ghaemmaghami über das Verhältnis von Religion und Kultur, den Islam in Europa und den Weg zu einer »idealen Gesellschaft«.

Ayatollah Ghaemmaghami, Sie sind Muslim, Iraner und Schiit. In der islamischen Welt, die von Westafrika bis Südostasien reicht, existieren so viele verschiedene Gruppen, dass man sich als Europäer manchmal fragt: Gibt es eigentlich einen einzigen Islam oder mehrere »Islame«?

Wenn Religionen in eine Gesellschaft hineinkommen, dann ist es natürlich, dass sie bestimmte kulturelle Traditionen übernehmen. Das ist nicht unbedingt negativ zu sehen. Die iranischen Schiiten haben zum Beispiel einen großen Anteil an der Entwicklung der islamischen Welt. Große Wissenschaftler, Experten der Philosophie, Mathematik und Medizin stammten aus dem persischen Kulturraum. Wenn wir die islamische Welt betrachten, sehen wir, dass das Zusammenwirken von Tradition und Kultur sehr gute Früchte getragen hat. Und auch wenn der Islam an sich als eine klare Einheit zu verstehen ist, gibt es sehr unterschiedliche Erscheinungsformen.

Der Islam hat sich also an verschiedenen Orten der Welt anders entwickelt, obwohl die Offenbarung des Koran überall gleich ist?

Ja. Wenn eine Religion nicht als Fremdkörper empfunden wird, brauchen die Menschen nicht zu denken, dass sie alle Traditionen aufgeben müssen, um dieser Religion anzugehören. Wenn wir den Iran betrachten, finden wir dort viele vorislamische Traditionen. Der Iraner an sich hat nicht das Gefühl, dass er durch den Islam seine mehrere Tausend Jahre alten Traditionen beiseitelegen musste. Er kann Iraner und Muslim sein. Ein Problem ist aber, dass viele kulturelle und traditionelle Gegebenheiten von der Gesellschaft als religiöse Gebote, Pflichten und Zeremonien angesehen werden. Viele Elemente der Tradition sind aber nicht unbedingt kompatibel mit den religiösen Bestimmungen.

Ich muss sehr deutlich darauf hinweisen: Viele Verhaltensweisen von Muslimen, die heute in der Kritik stehen, haben ihre Wurzeln nicht in der Religion, sondern in der jeweiligen Kultur. Das gilt zum Beispiel für die Position der Frauen. Deren oftmals schlechte Behandlung durch Muslime hat eigentlich nichts mit Religion zu tun.

Das Islamische Zentrum der Imam-Ali-Moschee in Hamburg, das Sie vertreten, existiert seit den 1960er Jahren, es ist also eines der ältesten muslimischen Kulturzentren in Deutschland überhaupt. Wie erklären Sie sich, dass der Islam den Menschen hier noch immer fremd geblieben ist?

Bedauerlicherweise werden die Muslime in Europa vielfach mit dem in Verbindung gebracht, was in ihren Herkunftsländern geschieht. Das bedeutet, dass das Bild der europäischen Muslime eigentlich außerhalb Europas entsteht. Dort werden – oftmals im Namen des Islam – schlimme Dinge getan, die ihren Schatten auf die hiesigen Muslime werfen.

Sind Islam und europäische Kultur denn miteinander vereinbar?

Genauso wie ich der Überzeugung bin, dass man die Religion Islam getrennt von den kulturellen Entwicklungen betrachten muss, so glaube ich, dass die Muslime hier in Europa ihre eigene Lebensweise entwickeln müssen, ohne dass sie aus dem Kreis der islamischen Gemeinschaft auszutreten brauchen. Die Muslime in Europa müssen europäische Muslime werden.

Auch in Europa leben viele unterschiedliche muslimische Gruppen. Die Schiiten, zu denen Sie gehören, glauben an den Imam Mahdi – eine Erlöserfigur, die irgendwann kommen wird, um die Menschen zu Gott zu führen. Was hat es damit auf sich?

Die Existenz des Imam Mahdi wird mehrheitlich von den Muslimen anerkannt und ist nichts speziell Schiitisches. Der Unterschied besteht darin, dass die Schiiten glauben, der Imam Mahdi sei bereits geboren. Demnach wurde er entrückt und lebt im Verborgenen weiter. Wie andere Persönlichkeiten der religiösen Geschichte ist ihm ein sehr langes Leben geschenkt.

Und wann wird dieser Erlöser nach schiitischer Auffassung kommen?

So wie Gott dem Menschen in keiner Angelegenheit seinen Willen aufzwingt, so ist auch die Rückkehr des Mahdi nicht terminiert. Er wird kommen, wenn die Menschen bereit dafür sind. Wenn die Menschheit gerecht ist und keine Unterdrückung mehr herrscht. Dann wird der Mahdi sie zu Gott führen.

Solche messianischen Erlösungsgedanken gibt es auch in anderen Religionen.

Ja, diese Sichtweise ist nicht ausschließlich islamisch. In Christentum und Judentum, auch im Buddhismus und Hinduismus sind derartige Ideen zu finden. In allen Weltreligionen ist das Bild von der Zukunft des Menschen positiv und hell erleuchtet. Man glaubt, dass Armut, Krankheit und Ungerechtigkeit irgendwann von der Welt entweichen werden. Wenn die Menschen bereit sind, weil sie ein neues System des Zusammenlebens entwickelt haben, dann wird ein Zeichen Gottes erscheinen. Aus Sicht des Christentums ist das der Zeitpunkt der Wiederkunft Jesu Christi. Dieses erwähnte Zeichen Gottes wird nur dann eintreffen, wenn die ideale Gesellschaft von den Menschen tatsächlich gewollt ist. Natürlich wird der Wunsch der Menschen nach dieser idealen Gesellschaft nicht über Nacht entstehen, sondern durch eine recht weitläufige Entwicklung.

Betrachtet man den gegenwärtigen Zustand unseres Planeten, so sind wir von dieser idealen Gesellschaft ziemlich weit entfernt.

Ich bin dennoch überzeugt, dass auf dem Weg zu einer solchen Gesellschaft schon große Schritte unternommen wurden. Vor ein paar Jahrzehnten gab es in Europa noch den Faschismus. Inzwischen haben viele Staaten die »Charta der Menschenrechte« unterzeichnet. Die Vereinten Nationen wurden gegründet, und es sind Schritte unternommen worden, um ein erneutes Aufflammen des Faschismus zu verhindern.

Dennoch gibt es genügend Atombomben, um den ganzen Globus mehrfach zu vernichten. Und einige Staaten rüsten sich gerade zu neuen Nuklearmächten auf.

Ja, aber damals, in der Ära des Faschismus, hätte man diese Waffen wahrscheinlich benutzt, heute ist man eher nicht dazu bereit. Ich sage nicht, dass die Bereitschaft zu Gewalt nicht mehr vorhanden sei. Und ich sage auch nicht, dass wir garantieren können, dass nie mehr ein zweiter Hitler auftaucht. Ich sage nur, dass sich die Wahrscheinlichkeit dessen erheblich reduziert hat. Also nähern wir uns der idealen Gesellschaft doch.

Wie sieht diese Gesellschaft denn aus, die ja – im eigentlichen Sinne des Wortes – eine Utopie ist?

Ayatollah Ghaemmaghami

In dieser idealen Gesellschaft wird niemand mehr sterben, weil er arm ist oder keine Gesundheitsfürsorge hat. Das ist im Sinne Gottes und entspricht ja auch unserem menschlichen Ideal. Jeder Schritt zur Bekämpfung von Gewalt, Armut und Krankheiten ist ein Schritt hin zur idealen Gesellschaft.

Ist denn die muslimische Welt bereit, diese Schritte zu unternehmen? In den meisten Ländern des Islam sehen wir genau dies: Gewalt, Armut und Unterdrückung.

Diese ideale Gesellschaft ist keine Herausforderung allein für die Muslime, sondern für die ganze Menschheit. Es ist übrigens ein Irrglaube vieler Muslime, dass diese ideale Gesellschaft eine muslimische sein muss. Bei der Entwicklung der Gesellschaft müssen alle Weltanschauungen mitwirken. Und natürlich muss auch die islamische Welt ihren Teil beitragen. Darüber hinaus ist es in keiner Weise als ideal zu betrachten, dass diese Gesellschaft von einer einzigen Religion geleitet wird. Sie muss pluralistisch sein und soll nicht die Rechte eines Menschen beschränken, weil er Muslim, Christ oder Jude ist. In dieser idealen Gesellschaft wäre etwas wie der Holocaust nicht denkbar. Sie werden mir beipflichten, dass es keinen vernünftigen Menschen gibt, der diesen Zustand nicht ersehnt.

Die Offenbarung des Islam ist also nur eine Etappe auf dem Weg dorthin?

Auch der Islam ist nur ein Mittel, um zu dieser idealen Gesellschaft zu gelangen. Der Islam ist nicht der einzige Weg. Aber als Muslim finde ich natürlich, dass er einen direkten und schnellen Zugang bietet. Das heißt allerdings nicht, dass nicht auch das Christen- und das Judentum einen solchen Weg aufzeigen. Aber es ist klar, dass ich als Muslim meinen Weg bevorzuge, aus einer Vielzahl von Gründen. Genauso wie ein Christ oder Jude einen Weg wählt, der seinem Selbstverständnis entspricht. Keiner hat das Recht zu sagen: »Mein Weg ist der einzig richtige.«

Interview: Daniel Gerlach

GOTTES ZEICHEN –
DIE GEBURT DES ISLAM

Gottes Zeichen – Die Geburt des Islam

von Gernot Rotter

Ex oriente lux? Ex oriente terror? Aus dem Orient das Licht? Aus dem Orient der Schrecken?

Das Bild, das sich das christliche Abendland in der Vergangenheit von der islamischen Welt gemacht hat, war stets großen Wandlungen unterworfen und schwankte zwischen zwei Extremen. Einerseits wurde der Islam als Bedrohung empfunden und dies vor allem, als die Araber im 8. Jahrhundert gewaltsam nach Spanien vordrangen oder türkische Heere im 16. und 17. Jahrhundert Wien belagerten. Viele empfinden auch heute die zahlreichen muslimischen Immigranten als Gefahr, und die westlichen Medien, die oft genug die islamische Welt nur auf Terror und Gewalt reduzieren, schüren bewusst oder unbewusst diese Ängste. Dass auch das Abendland – mit den Kreuzzügen im 11.–13. Jahrhundert, mit der Inquisition gegen Muslime (und Juden) im Spanien des 15. Jahrhunderts, mit seinem Kolonialismus des 19. und 20. Jahrhunderts einschließlich der heutigen, oft als erniedrigend empfundenen, politischen und kulturellen Bevormundung – im Orient eine gewisse Skepsis gegenüber dem Westen erzeugt hat und immer noch erzeugt, wird von uns dabei gerne übersehen.

Andererseits gab es bei uns auch Phasen, z. B. in Klassik und Romantik, in denen der alte wie der neue Orient (dann gern als »Morgenland« bezeichnet) zahlreiche Bewunderer hervorbrachte. *Ex Oriente Lux* (»aus dem Orient das Licht«) war ihr Slogan. Dieser »Orientalismus« im 18. und 19. Jahrhundert beeinflusste nicht nur die Malerei, sondern auch die Mode und die Architektur. Und bis heute finden sich im Westen immer wieder Orientschwärmer, deren Orientbild meist ebenso einseitig und unkritisch ist wie jenes der Orient- und Islamhasser.

Zum Islam bekennen sich auf der Welt heute etwa geschätzte 1,3 bis 1,8 Milliarden Menschen und ihre Zahl wächst. Rund 50 Staaten in Asien, Afrika und Europa sind überwiegend von Muslimen verschiedener Konfessionen bewohnt. Und Millionen von Muslimen leben und arbeiten inzwischen in Europa in unserer Mitte.

Das Bild auf der Doppelseite zuvor zeigt die Prophetenmoschee in Medina/Saudi-Arabien.

Der Berg des Tariq – Die Fremden, die vom Himmel fielen

Die erste Begegnung Europas mit dem Islam fand schon im Jahre 711, rund 80 Jahre nach dem Tode Mohammeds, statt und war bereits eine unfriedliche. Im Frühjahr 711 tauchte an der Südspitze Spaniens eine Schar fremder Reiter unter Führung eines gewissen Tariq auf. Der war kein Araber, sondern ein islamisierter Berber, wie überhaupt der Großteil seines nach und nach landenden, kleinen Heeres aus Berbern und nur aus wenigen Arabern bestand. Nach diesem Tariq trägt der Felsen Gibraltar noch heute seinen Namen (verkürzt aus Dschabal Tariq = Berg des Tariq). Der in Toledo residierende Westgotenkönig Roderich, der sich nur mühsam gegen rivalisierende Adlige durchsetzen konnte und wohl mehr die fränkischen Angriffe von jenseits der Pyrenäen fürchtete, war auf diesen neuen Gegner nicht vorbereitet.

So mag ein wahrer Kern in der Legende stecken, dass der Überbringer der Nachricht vom Auftauchen des muslimischen Heeres geäußert haben soll: »Wir wissen nicht, ob die Fremden vom Himmel fielen oder aus der Erde kamen.«

Seit dem 8. Jahrhundert war das Bild der Europäer von den Arabern stark negativ geprägt – eine Auswirkung des Einmarsches der Muslime nach Spanien. Von diesen Eroberungen zeugt u. a. der Name »Gibraltar«. Übersetzt bedeutet er »Berg des Tariq« – nach dem islamischen Eroberer, der den Felsen 711 einnahm.

Auf der Südspitze Gibraltars steht mit der Ibrahim-al-Ibrahim-Moschee die südlichste Moschee auf europäischem Boden.

Fest steht, dass die Muslime das gegen sie aufgebotene Heer Roderichs im Juli 711 vernichtend schlugen. Roderich selbst fand dabei den Tod. Wenige Wochen später nahmen die Eroberer Toledo ein, womit die Herrschaft der Westgoten in Spanien endete und die Muslime ihren ersten Vorposten in Europa begründeten. Doch noch zwei Jahrzehnte nach dem ersten Eindringen der Muslime hatte man in Spanien noch keinerlei Vorstellung von deren Religion. Ein christlicher Chronist schrieb um 730 in Spanien in lateinischer Sprache, dass »einer namens Mohammed die Herrschaft über sie innehatte, geboren aus dem vornehmsten Stamm dieses Volkes, ein durchaus kluger Mann, der sehr weit vorausplanen konnte«. Von einer neuen Religion allerdings schrieb er nichts. Das Phänomen, dass der Glaube der muslimischen Eroberer den Eroberten lange Zeit unklar blieb, wird uns noch im Osten selbst beschäftigen. Die Mehrheit ging wohl davon aus, dass es sich lediglich um eine besondere Spielart des Christentums handelte, wie es bis vor Kurzem der Arianismus gewesen war, zu dem sich die Westgoten bekannt hatten und von dem Christus nicht als Sohn Gottes, sondern lediglich als ein von Gott ausgezeichneter Mensch und Prophet angesehen wurde.

»Verstoße diese Magd und ihren Sohn!« – Der alttestamentliche Gott schickt die Araber in die Wüste

Doch woher kamen diese Araber, die sich als Muslime bezeichneten und ihre Herrschaft bereits über ganz Nordafrika und den Vorderen Orient ausgedehnt hatten? Was war dies für ein Glaube, der sie antrieb und sich auch unter den Berbern zu verbreiten begann? Er kam wie einst Judentum und Christentum aus dem Westen des Vorderen Orients, von der Arabischen Halbinsel. Diese Halbinsel besteht mit Ausnahme des sogenannten Fruchtbaren Halbmondes (Palästina/Israel, Libanon, Syrien und Irak) fast nur aus Wüsten und Steppen. Von alters her lebten in diesem Landstrich eng verwandte Völkerschaften, die man unter der Bezeichnung Semiten zusammenfasst und deren ebenso eng verwandte Sprachen zur semitischen Sprachfamilie gehören. Die heute bekanntesten semitischen Völker sind Juden und Araber.

Aber nicht nur ihre Sprachen eint die beiden Völkerschaften, sondern ihrer beider Stammvater ist jener Abraham (arabisch: Ibrahim), der beiden als Begründer ihres strengen Monotheismus gilt, der zentralen Grundidee sowohl des Judentums wie des Islam. Im Alten Testament, im 1. Buch Mose, das auf der Basis jahrhundertealter Überlieferungen um 500 v. Chr. niedergeschrieben wurde, wird geschildert, wie Abraham auf Geheiß Gottes aus Harran (welches bei Urfa in Anatolien liegt und heute nur noch aus Ruinen besteht) ins Land der semitischen Kanaaniter zog und zum Stammvater von Juden und Arabern wurde. In Kanaan offenbarte Gott Abraham, der bereits neunzig Jahre alt war, dass ihm künftig das Land der Kanaaniter zu eigen sein solle und dass er mit seiner ebenfalls schon betagten Frau Sara einen Sohn zeugen werde. Sara glaubte dies nicht, sondern forderte Abraham auf, sich seine ägyptische Sklavin Hagar zu nehmen, mit der Abraham daraufhin Ismael zeugte. Danach wird aber auch Sara schwanger und gebiert Isaak. In Gen. 21, 9–14 heißt es: »Eines Tages beobachtete Sara, wie der Sohn, den die Ägypterin Hagar Abraham geboren hatte, umhertrollte. Da sagte sie zu Abraham: ›Verstoße diese Magd und ihren Sohn! Denn der Sohn dieser Magd soll nicht zusammen mit meinem Sohn Isaak Erbe sein.‹ Dieses Wort verdross Abraham sehr, denn es ging doch um seinen Sohn. Gott sprach aber zu Abraham: ›Sei wegen des Knaben und deiner Magd nicht verdrossen! Hör auf alles, was dir Sara sagt. Denn nach Isaak sollen deine Nachkommen benannt werden. Aber auch den Sohn der Magd will ich zu einem großen Volk machen, weil auch er dein Nachkomme ist.‹ Am Morgen stand Abraham auf, nahm Brot und einen Schlauch mit Wasser, übergab beides Hagar, legte es ihr auf die

Schulter, übergab ihr das Kind und entließ sie.« Und etwas später, nachdem Hagar und ihr Sohn dank Gottes Hilfe überlebt haben, heißt es weiter (20–21): »Gott war mit dem Knaben. Er wuchs heran, ließ sich in der Wüste nieder und wurde ein Bogenschütze.«

Schon früh wurde diese Schilderung dahingehend interpretiert, dass die Nachkommen der in die Wüste geschickten Sklavin Hagar und ihres Sohnes Ismael die Araber seien. Dass gewisse orthodoxe Kreise im heutigen Israel die Meinung vertreten, dass den Arabern deshalb aufgrund dieses göttlichen Ratschlusses für immer nur die Wüste als Wohnraum zustehe, wirkt leider bis in die aktuelle Politik hinein fort.

Auch die Araber sehen Ismael (arabisch: Isma'il), den Sohn Abrahams (arabisch: Ibrahim) und Hagars (arabisch: Hadschar), als ihren Urahn an. Von einer Verdammung in die Wüste wissen sie nichts.

Dagegen schildert der Koran (37, 99–113) auch, dass Gott als Prüfung von Abraham verlangte, seinen Sohn Isaak zu opfern, und dies erst im letzten Moment verhinderte. Da, so der Koran, Isaak selbst bereit war, Gottes Willen durch seinen eigenen Tod zu erfüllen, offenbarte Gott nach der koranischen Version: »Und wir verkündeten ihm [d. h. Abraham] Isaak und dass er ein Prophet sein werde, einer von den Rechtschaffenen. Und wir erteilten ihm und Isaak unseren Segen. Unter ihrer Nachkommenschaft gibt es nun welche, die fromm sind, aber auch welche, die offensichtlich gegen sich selber freveln.« Es erübrigt sich fast anzumerken, dass heutige islamische Fundamentalisten die Israelis als jene unter den Nachkommen Isaaks ansehen, »die offensichtlich gegen sich selber freveln«.

In einem Punkt weicht der Koran völlig vom Alten Testament ab, nämlich dort, wo er Abraham als jenen schildert, der mit Unterstützung durch Ismael in Mekka die Kaaba als Pilgerstätte für die Gläubigen errichtete (2, 124–41; 3, 65–8; 4, 125; 12, 26–9, 78), der Islam wird sogar schlicht als »die Religion Abrahams« bezeichnet. Nach islamischer Vorstellung war Abraham der eigentliche Begründer des Islam, der später von den Arabern wieder zugunsten des Polytheismus aufgegeben sowie von Juden und Christen in ihren Heiligen Schriften verfälscht wurde, während der Koran die Araber wieder zum Islam zurückbrachte. Judentum und Islam treffen sich bezüglich Abraham erst wieder in ihrem Glauben, dass ihr gemeinsamer Stammvater in Hebron begraben wurde. Dass heute beide um diese Stadt im Westjordanland erbittert streiten, anstatt sie zu einer Stätte friedlichen gemeinsamen Gedenkens zu erheben, ist nur ein kleiner, aber symptomatischer Mosaikstein im tragischen Nahostkonflikt.

Mohammed

Nach islamischer Vorstellung war es Mohammed, dem mit dem Koran der ursprüngliche Glaube Abrahams erneut offenbart wurde, um die abgefallenen arabischen Stämme wieder zu bekehren. Wer war dieser Mann? In welcher Umgebung lebte er? Wie kam es zur Offenbarung an ihn? Und woher wissen wir dies alles?

Im Koran wird Mohammed zwar mehrmals von Gott namentlich direkt angesprochen und auch zweimal als Prophet genannt, doch über seine Lebensumstände lässt sich bestenfalls indirekt etwas erschließen. Die älteste zusammenhängende Biografie Mohammeds, die sich erhalten hat, stammt aus der Feder des Ibn Ishaq, der in Medina um das Jahr 704, rund siebzig Jahre nach Mohammeds Tod, geboren wurde und um 767 in Bagdad starb. Er konnte zwar keine Zeitgenossen Mohammeds mehr befragen, doch viele seiner älteren Gewährsleute, die er selbst zu jeder einzelnen Nachricht als Quelle immer nennt, hatten noch Kontakt zu ihnen.

Von Ibn Ishaq und anderen frühen Überlieferern erfahren wir, dass Mohammed um das Jahr 572 in Mekka geboren wurde. Mekka liegt am Westrand der Arabischen Halbinsel, rund 80 Kilometer vom Roten Meer entfernt in einem wüstenartigen Kessel zwischen zwei Bergzügen. Landwirtschaft und Viehzucht waren hier nicht möglich. Haupteinnahmequellen der Stadt, die an der Karawanenroute zwischen Südarabien und Syrien lag, waren der Handel und die Pilger, die alljährlich zur Kaaba strömten und sich auf den eigens dafür eingerichteten Märkten für ihr Leben in der Wüste versorgten. Verehrt wurden in der Stadt damals unter anderem die drei Göttinnen al-Uzza, al-Lat, und Manat, doch auch Allah war ihnen und den anderen heidnischen Stämmen als eine Art Obergottheit seit Jahrhunderten bekannt.

Sprachlich ist *allah* aus *al-ilah*, »der Gott«, entstanden, wie auch die genannte Göttin al-Lat eine Kurzform von *al-ilahat*, »die Göttin«, ist. Und das Wort *el* oder *il* erscheint schon in den ältesten semitischen Schriftzeugnissen (z.B. in Ebla in Syrien 2300 v. Chr.) als Schöpfergott oder als Vater der anderen Götter. Auch *elohim* (eigentlich: »Götter«) für »Gott« im Alten Testament geht auf dieses Wort zurück. Und aus diesem Grund ist es ein unsinniger Exotismus, wenn wir von Allah statt von Gott sprechen. Die christlichen Araber beten schließlich auch zu Allah, und kein Araber würde einem Franzosen unterstellen, dass sie an einen Götzen namens *dieu* glauben.

Mohammed wurde in die Sippe Hashim geboren, die seit alters gewisse Monopole bei der Versorgung der Pilger an der Kaaba innehatte, politisch aber keine führende Rolle mehr in Mekka spielte. Sein Vater starb bereits kurz vor oder nach seiner Geburt, und auch seine Mutter verlor er

Im vorislamischen Heidentum verehrten die arabischen Stämme nicht nur einen Gott. In Mekka spielte vor allem eine weibliche »Dreifaltigkeit«, bestehend aus al-Uzza, al-Lat und Manat, eine zentrale Rolle. In Palmyra (Syrien) bildeten die Götter Baalshamen, Aglibol und Malakbel eine männliche Trinität. Sie sind auf diesem Relief dargestellt.

in jungen Jahren, worauf er zunächst bei seinem Großvater und dann bei seinem Onkel Abu Talib aufwuchs. Zusammen mit diesem begleitete Mohammed erstmals eine Karawane nach Syrien.

Bahira, der Mönch

Bei Ibn Ishaq findet sich dazu die Legende, dass die Karawane in Bosra, einer einst bedeutenden Stadt im Süden Syriens, bei einem christlichen Mönch namens Bahira vorüberkam. Dieser lud die Reisenden zu einem Gastmahl ein. Als er bemerkte, dass diese aber den Knaben Mohammed als Wache bei ihrem Gepäck zurückgelassen hatten, forderte er sie auf, ihn auch zu holen. Er hatte nämlich in einem »alten Buch«, das die Mönche in der Klause von Generation zu Generation vererbten, von den Merkmalen gelesen, die den künftigen Propheten auszeichnen würden. Und diese Merkmale erkannte er nun an Mohammed. Zu Abu Talib sagte er: »Überaus Großes wird mit deinem Neffen geschehen!«

Laut dieser Legende soll den Christen also die Ankunft eines neuen Propheten in Gestalt Mohammeds bereits bekannt gewesen sein, auch wenn sie dies später bestritten.

Mohammeds Berufung

Als junger Mann fiel er »wegen seiner Ehrlichkeit und Zuverlässigkeit« der wohlhabenden Kaufmannswitwe Chadidscha aus der Sippe Asad auf, in deren Auftrag er als Händler ein weiteres Mal eine Karawane nach Syrien begleitete. Chadidscha, obwohl wesentlich älter als Mohammed, wurde seine erste und bis zu ihrem Tod einzige Ehefrau. Sie gebar ihm mehrere Kinder, doch nur drei Töchter überlebten.

Im Alter von 40 Jahren, so die islamische Tradition, zog sich Mohammed häufig in die Einsamkeit des Berges Hira zurück, um zu meditieren. Eines Tages geschah dort laut Ibn Ishaq Folgendes: »Als ich schlief, so erzählte der Prophet später, trat der Engel Gabriel zu mir mit einem Tuch wie aus Brokat, worauf etwas geschrieben stand, und sprach: ›Lies!‹ ›Ich kann nicht lesen‹, erwiderte ich. Da presste er das Tuch auf mich, so dass ich dachte, es wäre mein Tod. Da ließ er mich los und sagte wieder: ›Lies!‹ Dies wiederholte sich noch ein drittes Mal, bis Mohammed schließlich fragte: »Was soll ich lesen?« und Gabriel antwortete: »Lies im Namen deines Herrn, des Schöpfers, der den Menschen erschuf aus geronnenem Blut! Lies! Der Edelmütigste ist dein Herr, Er, der das Schreibrohr zu gebrauchen lehrte, der die Menschen lehrte, was

Die syrische Stadt Bosra war einst nicht nur ein wichtiges Handelszentrum der antiken Welt. Auch in der islamischen Überlieferung spielt sie eine Rolle. Hier soll ein christlicher Mönch den jungen Mohammed als künftigen Propheten erkannt haben. In Bosra hat sich aus dem Mittelalter auch die Moschee Mabrak an-naqa (»die Stelle, wo das Kamel niederkniete«) erhalten, in der ein Stein verehrt wird, der angeblich einen Fußabdruck von Mohammeds Kamel zeigt. Die Überreste der Stadt gehören zum Weltkulturerbe der UNESCO.

sie nicht wussten.« Diese Worte (= Sure 96) gelten als der Beginn der Offenbarung.

Mohammed selbst war sich zunächst laut Ibn Ishaq seiner göttlichen Sendung nicht sicher. Doch als er sich seiner Frau anvertraute, bestärkte ihn diese. Vor allem ihr Cousin Waraqa ibn Naufal, der sich zum Christentum bekehrt hatte und »die heiligen Schriften las«, soll ihm begeistert zugeredet haben: »Du bist der Prophet dieses Volkes. Der Engel Gabriel ist zu dir gekommen, wie er zu Moses kam.«

Es folgte rund ein Jahrzehnt der Prüfung und Bewährung. Weitere Offenbarungen schlossen sich an, in denen es vor allem um den barmherzigen, aber auch richtenden, strafenden und belohnenden Schöpfergott und um das Jenseits ging. Und immer wieder lag die Betonung auf dem einzigen und alleinigen Gott und die Ablehnung jeder anderen Gottheit neben Gott – ein Bekenntnis zu einem strikten Monotheismus und die Ablehnung des bisherigen Polytheismus der Mekkaner. Die kürzeste Sure, die in Mekka von Gott dem Propheten offenbart wurde, drückt dies in aller Klarheit aus (Sure 112): »Sprich: Er ist Gott, ein Einziger. Gott, der Ewige. Er hat nicht gezeugt und ist nicht gezeugt worden. Und keiner ist ihm gleich.«

Zwar wuchs Mohammeds Anhängerschaft, blieb aber insgesamt klein. Und der Unmut der Mekkaner nahm zu, die ihn zunächst als Zauberer, Wahrsager, Geschichtenerzähler oder schlicht als Verrückten beschimpften, schließlich aber zu massiveren Druckmitteln griffen und z. B. gegen seine ganze Sippe einen Boykott beschlossen, wodurch Eheschließungen mit ihren Mitgliedern unterbunden wurden und sich die alltägliche Versorgung immer schwieriger gestaltete. Ein Teil seiner Anhänger suchte deshalb sogar Zuflucht beim christlichen Negus in Äthiopien. Gewiss

ISA IBN MARYAM –
JESUS IM KORAN

von Georg Graffe

Der Koran macht keinen Hehl daraus, dass ihm jüdische und christliche Überlieferung – Thora und Evangelien – vertraut sind. Im Gegenteil. Mohammed wird ausdrücklich in eine Reihe mit Adam, Abraham, Moses und Jesus gestellt. Sie alle gelten als Propheten Gottes.

Allerdings wurde die Überlieferung von ihrem Leben nach Auffassung des Korans verfälscht. Die Verkündigungen des Erzengels Gabriel an Mohammed rücken diese teilweise falschen Berichte wieder zurecht. Daher wird Mohammed auch als »Siegel der Propheten« bezeichnet, als derjenige, der die Verkündigung des Glaubens an den einen Gott zu einem endgültigen Abschluss gebracht hat.

»Jesus, dem Sohn der Maria« (arabisch: Isa ibn Maryam), widmet der Koran viele Verse. Bemerkenswerterweise übernimmt das heilige Buch der Muslime sogar die berühmte Stelle aus dem Lukasevangelium, in der der Erzengel Gabriel Maria die jungfräuliche Geburt eines Sohnes ankündigt. Der Koran schildert die Szene folgendermaßen: »Da

Jesus von Nazareth – hier auf einem Mosaik in der Hagia Sofia in Istanbul dargestellt – ist auch im Islam nicht unbekannt. Er wird im Koran an mehreren Stellen als »Isa ibn Maryam«, also als Jesus, Sohn der Maria, ausdrücklich genannt. Bibel und Koran weisen an mancher Stelle sogar überraschende Gemeinsamkeiten auf.

sandten Wir Unseren Geist zu ihr, und er erschien ihr in Gestalt eines vollkommenen Menschen. Sie sprach: ›Ich nehme meine Zuflucht vor dir bei dem Allerbarmer; lass ab von mir, wenn du Gottesfurcht hast.‹ Er antwortete: ›Ich bin nur ein Gesandter deines Herrn, auf dass ich dir einen reinen Sohn beschere.‹ Sie sprach: ›Wie soll mir ein Sohn werden, wo mich kein Mann berührt hat und ich auch nicht unkeusch gewesen bin?‹ Er antwortete: ›So ist's; dein Herr aber spricht: ›Es fällt mir leicht, dies zu tun. Und wir tun dies, auf dass wir ihn zu einem Zeichen für die Menschen machen, und weil wir den Menschen Barmherzigkeit erweisen wollen. Und es ist eine beschlossene Sache.‹ Und sie empfing ihn und zog sich mit ihm an einen entlegenen Ort zurück.« (Sure 19, 17–22)

Der Koran folgt sogar noch weiteren Schilderungen aus den Evangelien. Jesus wird mehrfach als *masih*, als »Messias« bezeichnet. Auch die Wundererzählungen aus der christlichen Bibel finden in den Suren einen Niederschlag.

Damit aber enden die Gemeinsamkeiten.

Den Kreuzestod Jesu und seine Auferstehung – die zentrale Botschaft der Evangelien – verwirft der Koran ausdrücklich. In Sure 4, 157–158 heißt es: »(Die Juden) sagten: ›Siehe, wir haben den Messias Jesus, den Sohn der Maria, den Gesandten Allahs, getötet‹ – doch sie töteten ihn nicht und kreuzigten ihn nicht, sondern es erschien ihnen nur so … Und sie töteten ihn mit Gewissheit nicht. Nein, Allah hat ihn zu sich erhoben«. Schon frühe Korankommentatoren interpretierten die Textpassage so, dass ein anderer anstelle Jesu gekreuzigt wurde und Jesus hingegen in den Himmel aufgefahren sei, wo er noch immer lebt, um erst am Jüngsten Tag auf die Erde zurückzukehren. Gott wird in der christlichen Theologie sogar als ein Wesen aus drei Personen verstanden, nämlich aus Vater, Sohn und dem Heiligen Geist. Diese sogenannte Trinität widerstrebt dem strikten Monotheismus des Islam am stärksten:

»O Volk der Schrift, übertreibt nicht in eurem Glauben und sagt von Allah nichts als die Wahr-

Allerdings wird die biblische Verkündung von Kreuzigungstod und Wiederauferstehung Jesu vom Koran in aller Deutlichkeit verworfen, ebenso die christliche Vorstellung, dass Jesus Gottes Sohn sei. Die Muslime sehen ihn lediglich als einen Propheten Gottes an.

heit. Der Messias, Jesus, Sohn der Maria, war nur ein Gesandter Allahs und eine frohe Botschaft von Ihm, die Er nieder sandte zu Maria, und eine Gnade von Ihm. Glaubet also an Allah und Seine Gesandten, und sagt nicht: ›Drei.‹ Lasst ab – es ist besser für euch. Allah ist nur ein Einiger Gott. Fern ist es von Seiner Heiligkeit, dass Er einen Sohn haben sollte …« (Sure 4, 171) Isa ibn Maryam ist nach der Auffassung des Koran zwar ein durch Gott ausgezeichneter Mensch, durch ein Wunder entstanden, selbst wundertätig, ein Verkünder des wahren Glaubens – aber eben ein Mensch.

Mit dieser Ablehnung christlicher Dogmatik steht der Koran in der Zeit seiner Entstehung freilich nicht allein. In der Frühzeit des Christentums gab es einflussreiche Theologen, die ähnliche Auffassungen vertraten und großen Zulauf hatten.

Daher sehen heutzutage einige Forscher die allerersten Ursprünge des Islam tatsächlich im Umfeld christlicher Sekten.

In Medina im heutigen Saudi-Arabien fanden Mohammed und seine Anhänger eine neue Heimat, nachdem sie von den Mekkanern 622 vertrieben worden waren. An diesem Ort nahm die Verbreitung des Islam ihren Anfang. Dort, wo das Haus des Propheten stand, das er nach der Übersiedlung nach Medina bewohnte, wurde später die Prophetenmoschee errichtet. Zu dieser strömen jedes Jahr Scharen Pilger.

sahen die Mekkaner das Pilgergeschäft, eine ihrer wichtigsten Erwerbsquellen, wegbrechen, sollte sich Mohammed mit seinem Glauben durchsetzen, in dem ihre Göttinnen keinen Platz mehr hatten. Als auch noch Chadidscha und sein Onkel Abu Talib starben, seine beiden wichtigsten Unterstützer (obwohl sein Onkel nie zum Islam übertrat), entschloss er sich im Jahre 622, mit seinen Anhängern Mekka zu verlassen und in Medina Zuflucht zu suchen, was als Hidschra später den Beginn der islamischen Zeitrechnung bildete, denn damit beginnt die politische Geschichte des Islam.

Mohammed wird Staatsmann

Medina, 450 Kilometer nördlich von Mekka, unterschied sich sehr von Mekka. Es war ein Konglomerat meist verfeindeter Stämme und Sippen in räumlich getrennten Ansiedlungen, die sich von bescheidenem Ackerbau ernährten. Auch jüdische Stämme lebten hier, wobei nicht geklärt ist, ob diese hebräischen Ursprungs oder judaisierte Araber waren.

Recht schnell nach Mohammeds Ankunft in Medina bekehrten sich die heidnischen Araber zum Islam, und Mohammed wurde erst zum Vermittler zwischen den zerstrittenen Stämmen, dann zum politischen (und religiösen) Führer eines weitgehend geeinten Gemeinwesens, in das auch jüdische Stämme einbezogen waren. In der »Verfassung von Medina«, einem Dokument, das Ibn Ishaq anführt und das der Textkritik westlicher Wissenschaftler standgehalten hat, werden u. a. die Juden als Mitglieder der

Gemeinde (*umma*) angesehen und zur Religion heißt es: »Den Juden ihre Religion und den Muslimen die ihre!« Diese aus heutiger Sicht bemerkenswerte Einigkeit zerfiel später zum einen, weil Mohammed von den Juden nie als Prophet anerkannt wurde und er sich deswegen mit ihnen überwarf, zum anderen, weil einige der Juden mit feindlichen Stämmen paktiert haben sollten.

Als »Staatsmann« und Führer eines Großstammes, der *umma*, tat Mohammed das, was Stammesscheichs zur damaligen Zeit immer taten: Er führte Kriege gegen feindliche Stämme. In erster Linie waren dies für ihn die Mekkaner. Und wie Gott im Alten Testament die Juden zur Vernichtung der Kanaaniter aufrief, so ruft Gott nun auch im Koran zum Kampf gegen die Mekkaner auf, wie z. B. in Sure 9, 5: »Und wenn die heiligen Monate vorüber sind, dann tötet sie, wo ihr sie findet!«

Entsprechend seiner neuen Rolle als Staatsmann kamen in den in Medina offenbarten Koranversen neben den bisherigen Themen auch neue, darunter vor allem auch rechtliche und rituelle Vorschriften, dazu. So werden in diesen z. B. der Ehevertrag und die Strafen für Diebe festgelegt oder das Fasten im Monat Ramadan sowie das Verbot von Weingenuss und Glücksspiel verordnet.

Auch Mohammeds Privatleben änderte sich. So heiratete er im Laufe der folgenden Jahre wohl zwölf Frauen, wobei bei der einen oder anderen Heirat politische Motive mitgespielt haben dürften.

Je größer der Rückhalt Mohammeds in Medina und auch bei den umliegenden Stämmen wurde, desto schwächer wurde die Position der heidnischen Mekkaner. Im Jahre 630 konnte Mohammed ohne größeren Widerstand in Mekka Einzug halten, verbot seinen Männern jegliche Plünderung und verzichtete auf Rache an seinen einstigen Widersachern. 632 starb Mohammed in Medina. Danach predigte Abu Bakr, einer seiner engsten Gefährten und sein Schwiegervater, den Muslimen: »Ihr Menschen! Wenn jemand Mohammed anbetet: Mohammed ist tot! Wenn jemand Gott anbetet: Gott lebt und wird nie sterben!«

Mohammed war Prophet und Staatsmann gewesen. Als Staatsmann hinterließ er mit der *umma* seine nun führerlose Gemeinde, die er in der Art eines Stammesscheichs geführt hatte. Seine politische Nachfolge hatte er nicht geregelt. Die Tradition der Stämme wollte es, dass man sich im Konsens auf einen neuen Führer, nicht selten aufgrund seines Charismas, einigte. So wurde Abu Bakr zum ersten Kalifen, obwohl er damals offiziell den Titel »Kalif« wahrscheinlich noch nicht trug (s. u.). Abu Bakr war damals ca. 60 Jahre alt, war einer der ersten Anhänger Mohammeds, mit diesem nach Medina ausgewandert und hatte ihm seine Tochter Aischa zur Frau gegeben, die dann dessen Lieblingsgattin geworden war.

Als Abu Bakr nach zwei Jahren starb, folgte ihm Umar (ca. 50 Jahre alt), der auch nach Medina ausgewandert war und dessen Tochter Hafsa ebenfalls Mohammed geheiratet hatte. Diesem folgte von 644 bis 656 Uthman (fast siebzigjährig), der ebenfalls früh konvertiert war und dem Mohammed zwei seiner Töchter in die Ehe gegeben hatte, die aber kinderlos starben. Er gehörte der wohlhabenden und sehr einflussreichen mekkanischen Sippe Banu Ummaya/Abdschams an, deren Sprecher sich Mohammed bis zu dessen siegreicher Rückkehr nach Mekka widersetzt hatten. Unter diesen drei »rechtgeleiteten Kalifen«, wie sie später genannt wurden, vollzogen sich die ersten großen Eroberungen vom Inneren der arabischen Halbinsel in den Fruchtbaren Halbmond: Syrien, Irak und Ägypten.

Die große Dürre

Seit den frühesten geschichtlich fassbaren Zeiten waren das Innere und der Süden der Arabischen Halbinsel die Heimat der Semiten. Sobald die Bevölkerung wuchs oder Zeiten der Dürre eintraten, drangen sie in den Fruchtbaren Halbmond vor, wo sie genügend Wasser vorfanden und schließlich sesshaft wurden. So verdrängten einst im 3. vorchristlichen Jahrhundert die semitischen Akkader die Sumerer im Irak, und zu Beginn des ersten Jahrtausends v. Chr. war wohl auch Abraham mit den Juden aus derlei Gründen ins Land der älteren semitischen Bevölkerung der Kanaaniter in Palästina eingedrungen. Neuerdings gibt es Hinweise darauf, dass klimatische Veränderungen auf der Arabischen Halbinsel im 7. Jahrhundert n. Chr. und die damit verbundenen schwierigen Lebensbedingungen ebenso ein wichtiger Grund – wichtiger möglicherweise noch als die neue Religion des Islam – für das Vordringen arabischer Stämme in den Fruchtbaren Halbmond waren.

Die leichte Eroberung

Mohammed hatte im Jahre 629 eine erste kleine Streitmacht gegen arabische Stämme in Palästina entsandt. Diese waren mit den Byzantinern verbündet, von denen sie nun Hilfe erhielten. Östlich des Jordan kam es zur Schlacht, die aber ohne Sieger blieb. Abu Bakr, der erste Kalif (632–634), hatte es dann zunächst mit arabischen Stämmen zu tun, die sich von der islamischen Vorherrschaft wieder losgesagt hatten.

In der Weihnachtspredigt des Jahres 634 aber klagte Bischof Sophronius von Jerusalem: »In diesem Jahr konnten wir nicht nach Bethlehem

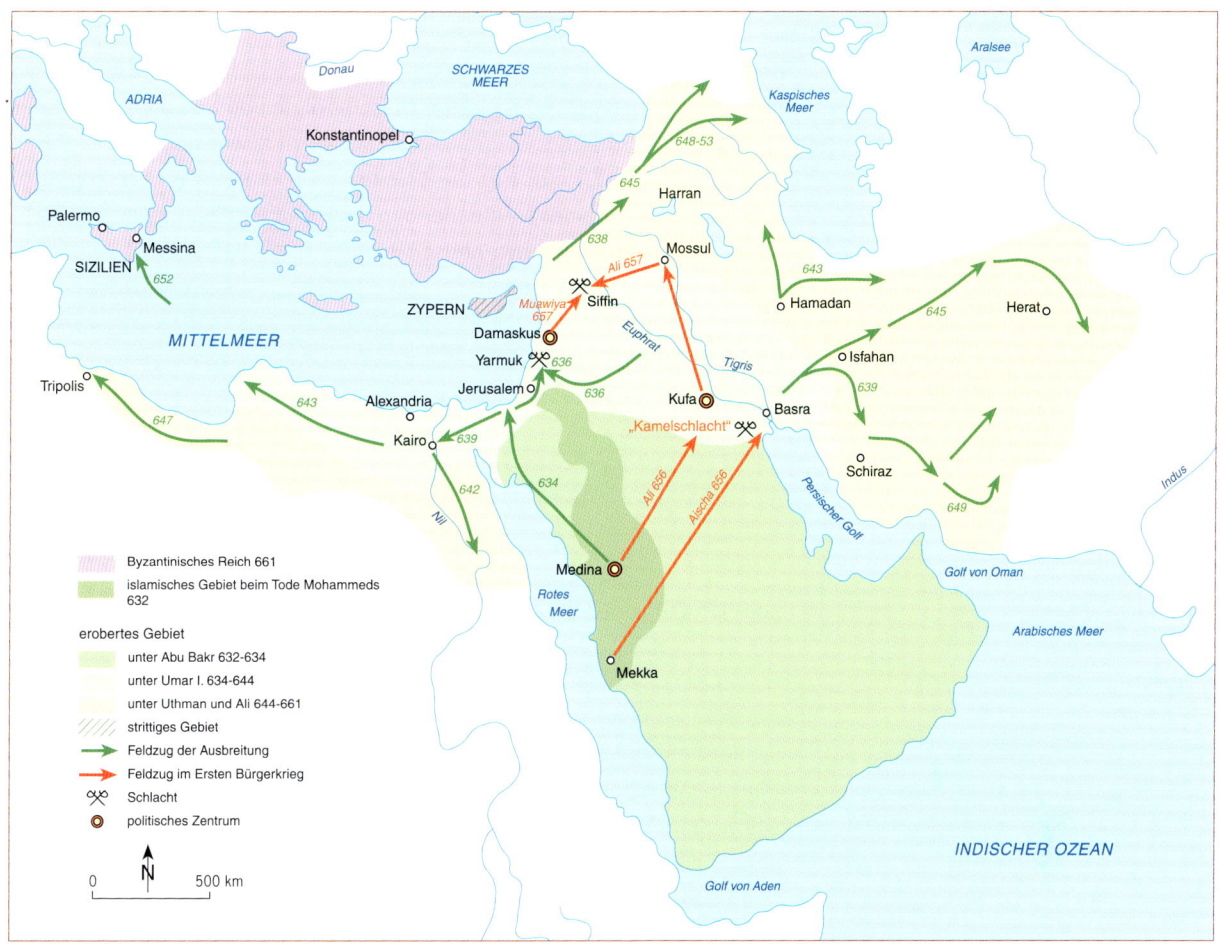

Karte mit Legende:
- Byzantinisches Reich 661
- islamisches Gebiet beim Tode Mohammeds 632
- erobertes Gebiet
  - unter Abu Bakr 632-634
  - unter Umar I. 634-644
  - unter Uthman und Ali 644-661
- strittiges Gebiet
- Feldzug der Ausbreitung
- Feldzug im Ersten Bürgerkrieg
- Schlacht
- politisches Zentrum

pilgern, denn Araber kontrollieren diesen Weg.« Auch wenn diese Klage zuweilen als Beginn der islamischen Expansion in unmittelbarer Nähe von Jerusalem angesehen wird, so klingt diese doch nicht wie die Beschreibung eines systematisch vorgetragenen Angriffs. Gewiss, die Zeiten waren unruhig. Schließlich waren die Perser erst 627 wieder von den Byzantinern aus der Stadt vertrieben worden, und 634 hatte auch schon ein größerer Kampf zwischen Arabern und Byzantinern im Süden Palästinas stattgefunden. Die Klage des Bischofs jedoch erinnert eher an einen Umstand, der bei der Beurteilung der ersten Welle der islamischen Expansion in den Fruchtbaren Halbmond oft übersehen wird: Araber lebten dort nämlich seit Jahrhunderten als Nomaden, Halbnomaden und teilweise auch schon als Sesshafte unmittelbar neben oder mit den noch länger dort ansässigen semitischen Völkerschaften wie den Juden, Aramäern, Chaldäern u. a. So werden sie im Alten Testament mehrmals in unmittelbarer Nachbarschaft von Jerusalem genannt (zum Teil auch nur einzelne

Mohammeds große Leistung bestand darin, die untereinander verfeindeten arabischen Stämme zu einen und sie so zu der schlagkräftigen Streitmacht zu formen, die in regelrechten Eroberungswellen ihren Einflussbereich immer weiter ausdehnen konnte.

Stämme wie u. a. die Kedar), und unmittelbar vor der christlichen Zeiten-
wende war der Süden Palästinas schon weitgehend von arabischen Stämmen bevölkert. Byzantiner und Perser hatten dann ab dem 3./4. Jahrhundert arabische Stämme als Vasallen in ihren Diensten, so die arabischen
Ghassaniden in Syrien, deren Könige von ihrer Hauptstadt Dschabia aus
(heute Ruinen 80 Kilometer südlich von Damaskus) regierten, und die arabischen Lakhmiden im Irak, deren Zentrum al-Hira war (Ruinen bei Kufa
ca. 50 Kilometer südlich von Bagdad im Irak). Als der Islam entstand,
waren diese und verbündete Stämme oft bereits christianisiert, die Lakhmiden allerdings als Nestorianer und die Ghassaniden als Monophysiten,
wodurch sie oft nicht nur zueinander, sondern auch zur orthodoxen Kirche von Byzanz in heftige Opposition gerieten. Und schließlich gab es in
Syrien im 6. Jahrhundert vor den Toren mehrerer großer Städte wie Aleppo regelrechte Vorstädte (*hadir* genannt), in denen arabische Nomaden
und Halbnomaden bereits sesshaft geworden waren. Diese arabische Präsenz im Fruchtbaren Halbmond, in welcher Rolle auch immer, ist für die
Beurteilung der raschen islamischen Eroberung des Halbmondes äußerst
wichtig.

Mit dem Islam hatte Mohammed die meist in Fehde liegenden Stämme auf der Halbinsel in einer *Pax Islamica* geeint, und Abu Bakr hatte es
verstanden, dieses Bündnis nicht nur zu erhalten, sondern noch zu erweitern. Die Stämme konnten nun ihre kämpferischen Kapazitäten gemeinsam nach außen richten. Sicherlich spielte dabei der Islam eine wichtige
einigende Rolle, doch davon, dass diese Stammeskrieger bereits eine größere Kenntnis ihres neuen Glaubens gehabt hätten, kann nicht ausgegangen werden, zumal ein regelrechtes Glaubensgebäude noch gar nicht
existierte. Ihre miserable wirtschaftliche Situation und die Aussicht auf
Beute waren gewiss die eigentliche Motivation.

Die erste Eroberungswelle, die ein früher arabischer Geschichtsschreiber »die leichte Eroberung« nennt, begann mit kleineren Kämpfen Ende
633 im Süden Palästinas. Aber schon im Jahre 640 waren Palästina und
Syrien in muslimischer Hand. Im Irak kam es 634 zu ersten Eroberungen,
die schon 641 abgeschlossen waren, um sich in den Vierzigerjahren des
7. Jahrhundets mit der Eroberung Irans fortzusetzen. Von 641 bis 646
wurde auch Ägypten den Byzantinern entrissen.

Eine der entscheidenden Schlachten fand im Herbst 636 am Yarmuk
statt, einem Zufluss des Jordan, der heute die Grenze zwischen Jordanien
und Syrien bildet. Theodosius, der Bruder des Kaisers, hatte ca. 20 000
Mann auf seiner Seite, reguläre byzantinische Truppen ebenso wie Arme-
nier und Kämpfer verbündeter arabischer Stämme. Ihnen gegenüber standen unter Führung des Chalid ibn al-Walid einige Tausende arabischer
Stammeskämpfer. Die Entscheidungsschlacht, die der Kaiser hier gesucht

hatte, endete für ihn mit einer bitteren Niederlage, denn seine Streitmacht wurde regelrecht aufgerieben. Über die Ursachen ist viel spekuliert worden, wobei meist das schwerfällige Ordnungsprinzip der kaiserlichen Truppen gegenüber der unkonventionellen Kampfesweise der arabischen Stämme angeführt wird. Auch dürfte die Motivation der arabischen Hilfstruppen des Theodosius zum Kampf nur gering gewesen sein, denn mit Ausnahme von Jerusalem waren in Palästina schon die meisten Städte gefallen und in Syrien hatte sich Damaskus ein Jahr zuvor ergeben. Die Erfahrungen, die diese Städte seither mit den Eroberern gemacht hatten, waren durchaus positiv gewesen.

Chalid hatte der Stadt folgende Konditionen schriftlich angeboten, falls sie sich kampflos ergebe: »Im Namen Gottes, des Barmherzigen und Gütigen. Dies garantiert Chalid ibn al-Walid den Bewohnern von Damaskus, wenn er in die Stadt einzieht. Er verspricht ihnen Sicherheit für ihr Leben, ihren Besitz und ihre Kirchen. Die Mauern ihrer Stadt werden nicht zerstört, und in keines ihrer Häuser werden (unsere Leute) einquartiert werden. Darauf erhalten sie das Versprechen bei Gott und den Schutz seines Propheten, der Kalifen und der Gläubigen. Solange sie die Steuer bezahlen, wird ihnen nur Gutes geschehen.« Dieser »Vertrag«, den der Bischof von Damaskus akzeptierte, wurde zum Grundmuster für die Einnahme der weiteren Städte (z. B. Jerusalem). Lediglich in die Häuser, die von engeren Gefolgsleuten der Byzantiner bewohnt waren und nun verlassen wurden, zogen wohl nach und nach Muslime ein. Aber sogar die muslimische Führung bezog zunächst nicht in Damaskus Quartier, sondern in Dschabia, dem alten Sitz der arabischen Ghassaniden, die am Yarmuk noch auf Seiten des kaiserlichen Heeres gekämpft hatten.

Jerusalem

Die ersten großen Eroberungen von Syrien/Palästina, Ägypten und des Irak sind vor allem mit den Namen einiger Feldherren verbunden. In den Quellen werden zwar die Kalifen in Medina jeweils als Spiritus Rector genannt, darunter in erster Linie Umar (634–644), doch scheinen die Heerführer weitgehend unabhängig gehandelt zu haben. Für Palästina und Syrien waren dies Yazid ibn abu Sufyan und Chalid ibn al-Walid, für Ägypten Amr ibn al-As und für den Irak der genannte Chalid. Letzterer wurde der berühmteste und erhielt den Beinamen Saif allah, »das Schwert Gottes«. Alle stammten aus Mekka und gehörten wie der Prophet zum Stamm Quraisch, doch schlugen sie sich erst spät auf die Seite Mohammeds. Yazid und Amr gehörten der Sippe der Banu Ummaya an, die mit ganz wenigen Ausnahmen den Propheten am erbittertsten bekämpft hatte.

GROSSÄUGIGE HURIS

von Georg Graffe

»Ich beschrieb ihnen, wie Gott die Märtyrer belohnt, wenn sie ihr Leben für ihr Land opfern. Gott schenkt jedem 70 Paradiesjungfrauen und ewig währendes Glück«.

Die freimütige Auskunft des Hamas-Aktivisten Mohammed Abu Wardeh in einem Fernsehinterview 2001 bestätigte, was Beobachter des islamischen Terrorismus schon vorher vermuteten: Junge Männer werden u.a. mit der Aussicht auf erotische Vergnügungen im Paradies dazu verführt, sich als Selbstmordattentäter in die Luft zu sprengen.

Die Vorstellung von »großäugigen Huris«, die dem gottgefälligen Muslim nach dem Tod das Leben im Paradies versüßen, stammt tatsächlich aus dem Koran. In der Sure 44, 51–54 heißt es: »Wahrlich, die Rechtschaffenen werden in einer Stätte der Sicherheit sein, unter Gärten und Quellen: Gekleidet in feine Seide und schweren Brokat, einander gegenüber sitzend. So wird es sein. Und wir werden sie mit großäugigen Jungfrauen vermählen«.

Die arabische Schrift war relativ unpräzise und ließ in Bezug auf die Lesart einen gewissen Interpretationsspielraum zu, bevor sie um die Punkte und Striche ergänzt wurde, die wir heute als typisch für sie ansehen. Schon im 19. Jahrhundert fiel einigen Orientalisten auf, dass dabei auch im Koran bzw. in den Korankommentaren manches nachträglich mit »falschen« Strichen und Punkten versehen wurde.

In weiteren Versen werden die Huris als überirdisch schön beschrieben. Und muslimische Kommentatoren des heiligen Buches fühlten sich dazu aufgefordert, die himmlischen Wonnen weiter zu konkretisieren. As-Suyuti, ein Gelehrter aus dem 15. Jahrhundert wusste gar von immerwährenden Erektionen und andren intimen Details der paradiesischen Vergnügen zu berichten. Schon früh wetterte vor allem die christliche Polemik gegen den unverhüllt sexuellen Charakter des muslimischen Paradieses. Heute ist er eher Gegenstand ironischer Kommentare oder feministischer Kritik an offenkundig überbordenden Männerfantasien.

In jüngster Zeit wird der muslimische Garten der Lüste sogar noch radikaler infrage gestellt. Im Koran – so die These eines deutschen Forschers – sei überhaupt nicht von großäugigen Jungfrauen die Rede! Das himmlische Lustlager sei ausschließlich einem Übersetzungsfehler geschuldet. Davon jedenfalls ist Christoph Luxenberg, Fachmann für semitische Sprachen, fest überzeugt. Und er hat gute Gründe, die er in seinem Buch »Die syro-aramäische Lesart des Koran« darlegt. Luxenberg zeigt auf, dass sich viele schwer interpretierbare Stellen im Koran erhellen, wenn man die entsprechenden Worte aramäisch und nicht arabisch versteht. Aramäisch war zur Zeit des Propheten die am weitesten verbreitete Sprache des Vorderen Orients. Das Hocharabische entstand erst später. Vor allem die arabische Schrift war zunächst nur ein sehr rudimentäres Zeichensystem, nach Luxenberg eine Art »Stenografie«, mit nur 18 Zeichen. Ein Buchstabe konnte daher bis zu fünf verschiedene Laute bezeichnen – Ursprung vieler Fehldeutungen. Denn als man später dazu überging, das arabische Alphabet durch Punkte und Striche, sogenannte diakritische Zeichen, zu präzisieren, musste man die un-

Erwarten den Gotteskrieger im himmlischen Paradies nicht 70 Jungfrauen, sondern weiße Trauben? Koranforscher halten diese Übersetzung für möglich.

klaren Buchstaben interpretieren – und legte damit die Bedeutung der Worte für die Zukunft fest. Und dabei schlichen sich Fehler ein.

Das Verfahren des Forschers besteht darin, für »merkwürdige Stellen« des Korans ähnliche oder sogar identische Worte im Aramäischen zu suchen. Da Aramäisch und Arabisch eng verwandte Sprachen – wie etwa Deutsch und Holländisch – sind,

lässt sich so der ursprüngliche Sinn der Worte wiederentdecken.

Mit dieser Methode verbannt er die großäugigen Jungfrauen aus dem Paradies. Im Aramäischen bedeutet *hur* nämlich »weiß«. Das Wort Huris ist grammatikalisch betrachtet ein weiblicher Plural und meint ganz einfach »die Weißen«. Damit aber sind, wie der Philologe anhand von aramäischen Quellen nachweisen kann, nicht etwa Mädchen gemeint – sondern Trauben! Der Koranvers »Wir werden sie mit großäugigen Jungfrauen vermählen« bedeutet also nach Luxenbergs Lesart: »Wir werden sie unter Weinstöcke betten«. Dafür spricht außerdem der Kontext der Koranstellen, an denen die Huris erwähnt werden. Dort ist nämlich in erster Linie von Essen und Trinken die Rede.

Luxenbergs These wird sogar durch eine archäologische Entdeckung gestützt. Bei Ausgrabungen im antiken Kloster Deir as-Suryan in Ägypten kam 1988 ein Wandbild zutage. Es stellt die drei Patriarchen des Alten Testaments Abraham, Isaak und Jacob da. Im Schoß halten sie die Seelen Verstorbener und füttern sie – wie könnte es anders sein – mit Trauben.

Der Felsendom in Jerusalem ist eines der Hauptheiligtümer des Islam und wurde an der Stelle erbaut, von der Mohammeds Himmelfahrt ausgegangen sein soll.

Nur ein einziges Mal soll sich der zweite Kalif, Umar, persönlich in eine der Regionen, die gerade erobert wurden, nämlich nach Dschabia in Syrien begeben haben. Der eigentliche Anlass dafür war jedoch die Stadt Jerusalem, damals von den Arabern noch Iliya (latinisiert Aelia) genannt. Die ältesten arabischen Berichte über die Einnahme der Stadt sind sehr dürftig. Danach hat ein gewisser Chalid ibn Thabit, ein recht unbekannter Stammesführer, mit den Bewohnern von Jerusalem ein Abkommen geschlossen, wonach die Stadt nicht angetastet werde, solange die Bewohner ihre Abgaben bezahlten, während den Arabern die Umgebung gehören sollte. »Dann kam Umar«, so heißt es, »und genehmigte dies, worauf er nach Medina zurückkehrte.« Liest man das zusammen mit der bereits angeführten Klage des Bischofs in seiner Weihnachtspredigt 634 über marodierende »Araber« zwischen Jerusalem und Betlehem, so klingt diese mehr wie eine Darstellung des damaligen Status quo.

Spätere Berichte (auch christliche) datieren die Einnahme der Stadt ins Jahr 638 und schmücken den Besuch der Stadt und des Tempelbergs durch Umar immer weiter aus, doch sind sie für die Eroberungsgeschichte selbst wertlos.

Festzuhalten bleibt, dass den Einwohnern nichts geschah und die Kirchen nicht angetastet wurden. Die Ehrfurcht vor der Heiligen Stadt dürfte dabei mitgespielt haben. Schließlich hatte Mohammed selbst zunächst in

Richtung Jerusalem gebetet wie Juden und Christen. Erst in Medina hatte er die Gebetsrichtung in Richtung Kaaba in Mekka geändert (Koran 2, 142–5). Dennoch war Jerusalem auch für die Muslime ein wichtiger religiöser Fixpunkt geblieben. Vor allem in Sure 17 des Korans, als »die Nachtreise« betitelt, wird mehrmals darauf Bezug genommen, auch wenn die Stadt nicht namentlich genannt ist. Um diese »Nachtreise«, ein Traum Mohammeds, von dem Ibn Ishaq schon zahlreiche Versionen kannte und in dem Mohammed mit Gabriel nach Jerusalem ritt, wo er »Abraham, Moses und Jesus inmitten anderer Propheten traf« und mit ihnen betete, hat sich im Laufe der Zeit eine große Zahl von Legenden entwickelt. Dies alles bildet den Grundstock für den religiösen Stellenwert, den Jerusalem für die Muslime hat.

Die Redaktion des Korans

Uthman (644–656), der Nachfolger des Kalifen Umar (634–644), wird von der arabischen Geschichtsschreibung nicht nur mit Eroberungen, sondern mit einer nicht minder wichtigen Großtat in Verbindung gebracht: Er soll eine einheitliche Redaktion des Korans in die Wege geleitet haben, da sich zu seiner Zeit mehrere voneinander abweichende Texte oder Textteile im Umlauf befanden und die Zahl der Prophetengefährten, die noch einzelne Stücke auswendig kannten und damit als verlässliche Quellen gelten konnten, schnell zusammenschmolz. Die Leitung der Redaktion wurde Zaid ibn Thabit, ehemals Schreiber Mohammeds, übertragen. Das Ergebnis, so die islamische Tradition, sei der Korantext gewesen, der noch heute den Muslimen als wortwörtliche Offenbarung Gottes gilt.

In der westlichen Koranforschung ist gegenüber dieser Redaktionsgeschichte zuweilen erhebliche Skepsis geäußert worden. Diese reicht von rein sprachlichen Einwänden gegen einzelne Lesarten und Interpretationen bis zu der extremen Position, der Koran sei aus christlichen und jüdischen Texten nachträglich zusammenkomponiert worden, und Mohammed habe überhaupt nicht gelebt. Diesen »Extremisten« muss man den Vorwurf machen, dass sie die frühe arabische Geschichtsschreibung von vornherein als Lügengebäude betrachten, während sie christliche (meist griechische) Quellen als die Wahrheit ansehen. Textkritik am Koran allerdings ist wissenschaftlich notwendig, und es ist bedauerlich, dass die islamische Theologie diese immer noch ablehnt.

Schon vor einem Jahrhundert haben Orientalisten festgestellt, dass es einen hohen Prozentsatz an aramäischen Worten im Koran gibt, die von den Muslimen falsch gedeutet wurden. Das Aramäische war um 600 n. Chr. noch die am weitesten verbreitete Schrift- und Handelsprache auf der Arabischen Halbinsel, bevor das Arabische seinen Platz einnahm. Daraus nun aber zu folgern, dass der ganze Koran ursprünglich aus aramäischen Texten bestand, ist schlicht Unsinn.

Wohl sind auch zahlreiche biblische Stoffe im Koran verarbeitet, doch diese waren damals auf der arabischen Halbinsel bereits Allgemeingut und wurden im Koran meist auf völlig andere Weise dargestellt als in der Bibel.

Das erste Schisma

Abgesehen von seinen Verdiensten um die Redaktion des Korans hat der Kalif Uthman ein zwiespältiges Bild hinterlassen. Die Schiiten erkennen ihn gar nicht als rechtmäßigen Kalifen an und unterstellen ihm sogar die bewusste Unterschlagung einiger Koranverse. Doch auch die ältesten arabischen Überlieferer lassen erkennen, dass sich in seinen letzten Herrschaftsjahren vor allem unter den Stammeskriegern in den neuen Provinzen Ägypten und Irak erheblicher Unmut breitmachte. Vorgeworfen wurde ihm hauptsächlich Vetternwirtschaft in großem Stil zugunsten seiner Sippe Ummaya, wobei sich die Kämpfer um ihren Beuteanteil aus den Eroberungen betrogen fühlten. Die Situation führte schließlich zur Ermordung des Kalifen.

In Medina wurde anschließend dem Ali ibn abu Talib, einem Cousin Mohammeds gehuldigt, der sich diesem schon als Heranwachsender angeschlossen und später seine einzige noch lebende Tochter Fatima geheiratet hatte. Ali war somit nicht nur eng mit Mohammed verwandt, sondern auch – wie seine drei Vorgänger – verschwägert. Und seine Söhne Hasan und Hussain, die er mit Fatima zeugte, waren die einzigen männlichen Nachkommen Mohammeds. Der Huldigung blieb jedoch fast der ganze übrige genealogisch-religiöse »Adel« fern, der sich inzwischen etabliert hatte. Ali verließ bald darauf Medina und zog in den Irak, wo er die größte Zahl seiner Anhänger wusste.

Gegen Ali bildeten sich bald in dem genannten »Adel« zwei Parteien. Zuerst waren es Talha und az-Zubair, zwei enge Gefährten Mohammeds, die sich auch Hoffnungen auf das Kalifat machen konnten, sowie Aischa, die einstige Lieblingsgattin Mohammeds. Mit der Forderung nach Wiederherstellung der Verhältnisse, wie sie unter den ersten drei Kalifen bestanden hatten, zogen sie mit Truppen gegen Ali, verloren jedoch die entscheidende Schlacht im Südirak. Die zweite Partei formierte sich in der Sippe Ummaya unter Führung des Muawiya. Dieser war bereits von Umar zum Statthalter in Damaskus ernannt worden. Er weigerte sich, seinen Statthalterposten aufzugeben, beschuldigte Ali, hinter dem Mord an Uthman zu stecken und forderte Rache für »den unrechterweise ermordeten Kalifen«. Ali zog vom Irak gegen ihn, und im Norden Syriens am Euphrat bei Siffin (heute unter dem Asad-Stausee) kam es zur Schlacht, aus der aber kein Sieger hervorging.

Eine eigenartige Legende ist damit verbunden: Als sich die Schlacht zugunsten Alis neigte, hefteten Muawiyas Kämpfer Koranblätter an ihre Lanzen, worauf sich Ali in den Irak zurückzog. Diese aus verschiedenen Gründen unglaubwürdige, aber dennoch schöne Geschichte diente später dazu, die Gerissenheit Muawiyas und die (einfältige) Frömmigkeit Alis zu unterstreichen. Vielmehr scheint man sich nach Verhandlungen getrennt zu haben, deren Ergebnis darin bestand, eine Konferenz aus Vertretern beider Seiten abzuhalten, auf der man die Schuld an der Ermordung Uthmans klären und einen Nachfolger im Kalifat bestimmen wolle. Diese Konferenz fand tatsächlich ein oder zwei Jahre später in einer Oase in der syrischen Wüste statt, ging aber ergebnislos auseinander. Wieder ein Jahr später (660) ließ sich Muawiya in Jerusalem zum Kalifen ausrufen. Im selben Jahr wurde Ali von einem Aufständischen ermordet.

Diese Auseinandersetzungen gingen in die arabische Geschichte als Erste Bürgerkrieg im Islam ein, der zur Spaltung in Schiiten (die Partei Alis) und Sunniten führte. Zunächst aber ging es dabei nur um ein politisches Problem: den Streit um die Herrschaft.

Die Ummayaden von Damaskus – Das Kalifat wird zur Königsherrschaft

Muawiya (660–680), der sich als sehr fähiger Realpolitiker erweisen sollte, blieb auch als Kalif in Damaskus, womit Medina seine politische Bedeutung verlor. So rückte das entstehende islamisch-arabische Reich eng an den mediterranen, hellenistischen Kulturkreis heran, ja es schien geradezu ein Teil davon zu werden, so wie Syrien es seit Jahrhunderten war.

Der überstandene Erste Bürgerkrieg hatte die Schwäche der bisherigen Herrschaftsstruktur des Kalifats deutlich gemacht. Die alten Gefährten Mohammeds starben aus. Auch Muawiya konnte zwar den Umstand, dass seine Schwester Umm Habiba den Propheten geheiratet hatte, er also wie die vorherigen Kalifen mit dem Propheten verschwägert war, noch als genealogisch-religiöse Legitimation ins Feld führen, doch hatte er sonst keine religiösen Verdienste vorzuweisen. Dass sein Vater Abu Sufyan bis zur Einnahme Mekkas Mohammed erbittert bekämpft hatte, brachte ihm die Verachtung seiner Gegner ein.

Aber schnell versammelte er das Reich wieder hinter sich. Mit Geschick und Geld kaufte er auch Alis ältestem Sohn Hassan alle Ambitio-

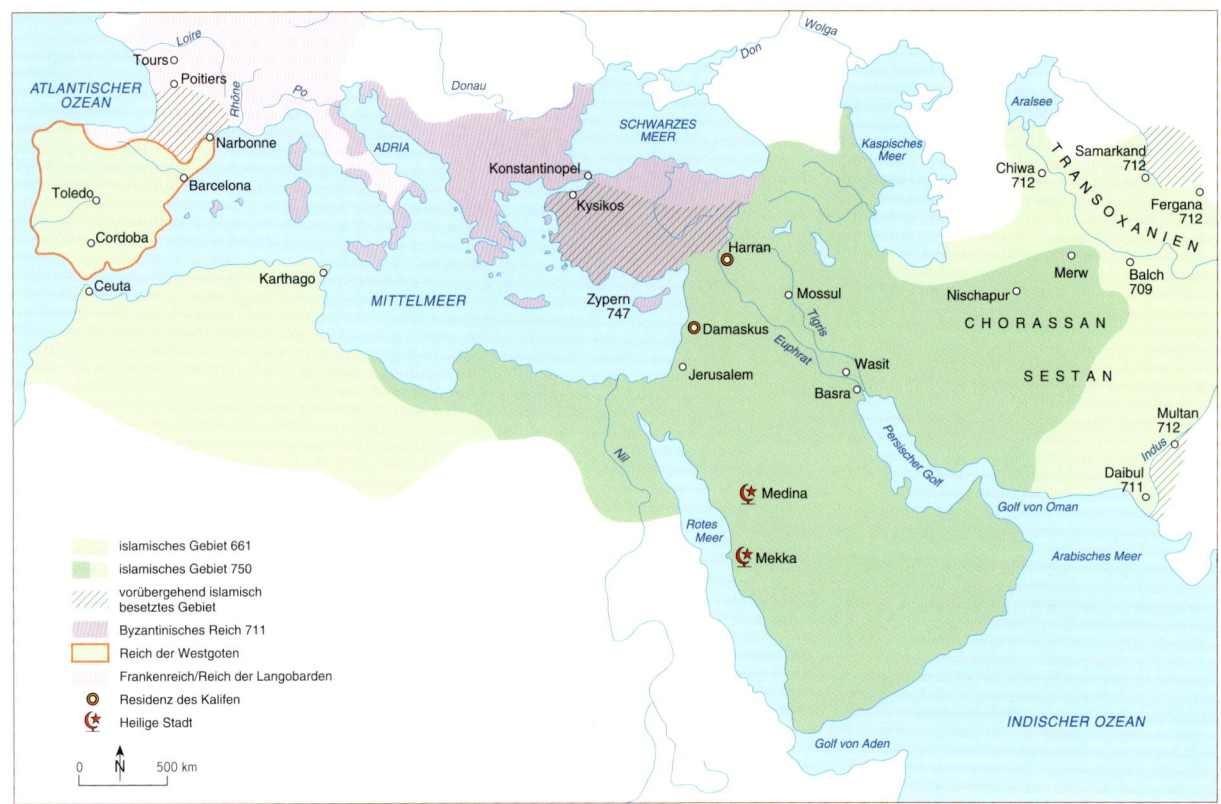

*Muawiya begründete 660 das ummayadi-
sche Kalifat. Die Karte veranschaulicht die
Ausmaße, die das Reich bis zum Niedergang der Dynastie im Jahre 750 erreichte.*

nen ab, worauf dieser sich zum schmollenden »Adel« nach Medina zurück-
zog. Und anders als Uthman ernannte er nicht ummayadische Verwandte
zu Statthaltern, sondern wählte dafür Männer nach ihren Fähigkeiten aus.
Seine militärische Macht basierte auf syrischen Stämmen. Durch Heirat
(seine einzige Ehe) mit der Tochter eines Stammesführers hatte er die
Banu Kalb, den größten (und christlichen!) Stamm, der seit Langem in der
Wüstensteppe zwischen Syrien und dem Irak lebte, an sich gebunden.
Und seine obersten Finanz- und Verwaltungsbeamten waren weiterhin
Christen. Zu den Christen pflegte er überhaupt ein sehr gutes Verhältnis,
was auf Gegenseitigkeit beruhte.

Die Christen in Syrien waren im 5. und 6. Jahrhundert im Streit um die
Natur Gottes und Jesu in mehrere Konfessionen zerfallen, einten sich aber
gegen die griechisch-orthodoxe byzantinische Reichskirche, von der sie
sich unterdrückt fühlten – eine Lage, die den Muslimen die »leichte Eroberung« tatsächlich einfacher gemacht hatte. In den Eroberern, die das
Wesen ihres neuen Glaubens selbst noch nicht völlig erfasst hatten, den
Christen aber religiöse Freiheit versprachen, sahen diese wahrscheinlich
nur eine neue Spielart des Christentums. Selbst in Streitigkeiten um die
Nutzung von Kirchen zogen sie dann Muawiya als Schiedsrichter hinzu.

Vor seinem Tod tat Muawiya etwas, wodurch er mit der arabischen Stammestradition völlig brach, zumindest jener Tradition, die in Mekka, Medina und bei den Stämmen im Innern der Halbinsel üblich war. Um seiner Sippe, den Banu Ummaya, die Herrschaft auch künftig zu sichern, also eine Herrschaftsdynastie wie in anderen Reichen zu gründen, ließ er nämlich noch zu seinen Lebzeiten seinem Sohn Yazid huldigen. Dieser Schritt brachte beim religiös-genealogischen Adel in Medina das Fass zum Überlaufen, und das Reich zerfiel erneut in Einzelteile.

Den Anfang machte Alis Sohn Hussain. Wie einst sein Vater zog er von Medina nach Kufa im Irak, wohin die dort zahlreichen Anhänger der »Partei Alis« ihn eingeladen hatten. Doch als er im Irak eintraf, war deren Unterstützung nur halbherzig und Hussains kleiner Trupp wurde bei Kerbala von ummayadischen Truppen besiegt, wobei Hussain den Tod fand (680). Kerbala ist seither eine der heiligsten Pilgerstätten der Schiiten.

Mit Hussains Tod war die antiummayadische Revolte aber nicht beendet. Im Jahre 684 ließ sich in Mekka Abdallah, der Sohn des alten Prophetengefährten Zubair, als Kalifen huldigen. Zubair hatte einst im ersten Bürgerkrieg zusammen mit Aischa gegen Ali gekämpft. Sein Sohn Abdallah versuchte nun eine Schwächephase der Ummayaden zu nutzen, und tatsächlich schlossen sich der Huldigung alle Provinzen des jungen Reiches an – mit Ausnahme eben von Syrien/Palästina.

Abd al-Malik – Kalif, Realpolitiker und Reformer

Erst Abd al-Malik, dem vierten ummayadischen Kalifen von Damaskus (684–704), sollte es in jahrelangen Kämpfen und mit viel diplomatischem Geschick bis 692 gelingen, die Revolte zu ersticken und das Reich nach dem Zweiten Bürgerkrieg wieder zu einen. In Abd al-Malik zeigen sich viele staatsmännische Fähigkeiten eines klugen Realpolitikers, die er mit Muawiya gemein hatte. Ein früher deutscher Orientalist nannte ihn deshalb geradezu einen Doppelgänger des Letzteren.

Selbst in Syrien hatte Abd al-Malik zunächst mit erheblichem Widerstand in der eigenen Sippe und bei einigen Stämmen zu kämpfen. Hinzu kamen im gesamten Fruchtbaren Halbmond Pestepidemien und Hungersnöte, die in den ersten Jahren militärische Unternehmungen erschwerten. In dieser Notlage schloss Abd al-Malik sogar mit dem Kaiser in Byzanz einen zehnjährigen Waffenstillstand, in dem er sich zu erniedrigenden Tributzahlungen verpflichtete. Dass er nach den ersten zehn Jahren seiner Herrschaft dennoch weitgehend unbestrittener Herrscher über das gesamte Reich war, unterstreicht seine herausragenden politischen Fähigkeiten. Nun konnte er einerseits Reformen durchführen und andererseits die zweite Eroberungswelle in die Wege leiten. Einiges weist darauf hin, dass sich nach der Befriedung des Reiches die Mehrzahl der Muslime (im Gegensatz zur Schiat Ali und einigen anderen Oppositionsgruppen) als »Partei der [prophetischen] Tradition und der Gemeinschaft« (*ahl as-sunna wa al-dschama'a*) bezeichnete, worauf der Name Sunniten zurückgeht.

Die Arabisierung des Reiches

Ende des 7. Jahrhunderts, zwei Generationen nach dem Tode Mohammeds, erfolgte die Verwaltung in den neuen Territorien Syrien/Palästina, Ägypten, Irak und Tunesien immer noch durch griechische bzw. persische Beamte, die in griechischer, persischer oder lateinischer Schrift auf ägyptische Papyrusblätter schrieben, die immer noch mit dem Namen der Dreifaltigkeit und/oder dem Kreuz gekennzeichnet waren, einem heutigen Wasserzeichen vergleichbar.

Auch die Münzen trugen noch Aufschriften in diesen Sprachen und zeigten christliche bzw. zoroastrische Symbole (z.B. das Kreuz bzw. den Feueraltar). Selbst auf diesem zentralen Gebiet war das junge Reich also noch weit davon entfernt, ein arabisches geschweige denn ein islamisches zu sein.

Nachdem der Kalif Abd al-Malik das Reich politisch wieder geeint hatte, leitete er eine grundlegende Reform ein. Als unmittelbaren Anlass bietet die frühe arabische Geschichtsschreibung verschiedene Versionen, von denen die folgende die amüsanteste ist: »Im Jahre 81 [= 700 n. Chr.] unter der Herrschaft des Abd al-Malik ibn Marwan, ließ dieser die Verwaltung [vom Griechischen ins Arabische] übersetzen. Dies trug sich folgendermaßen zu: Einer der griechischen Sekretäre wollte etwas schreiben, hatte aber kein Wasser [zum Anrühren der Tinte] zur Hand, worauf er in den Tintenbehälter urinierte. Als Abd al-Malik dies erfuhr, züchtigte er ihn und befahl Sulaiman ibn Sad, die Verwaltung [ins Arabische] zu übertragen. Dieser bat ihn, ihm dafür die Steuerverwaltung von Jordanien für ein Jahr zu übertragen. Abd al-Malik tat dies, und es war noch kein Jahr vergangen, da hatte Sulaiman die Übersetzung abgeschlossen und brachte (das nun arabische Steuerregister) zu Abd al-Malik. Daraufhin ließ dieser seinen Sekretär, [den Griechen] Sardschun, zu sich kommen und legte ihm [das Register] vor. Als dieser dann betrübt und traurig davonging, traf er einige von den [anderen] griechischen Sekretären und riet ihnen: ›Sucht euch euren Lebensunterhalt in einer anderen Tätigkeit!‹ Man sagt, dass der Lohn, den der Kalif [damals allein] der [griechischen] Beamtenschaft

Jordaniens strich, 180 000 Dinar betrug ….« Die umfangreiche griechische Beamtenschaft war somit arbeitslos.

Und da hier am Ende auch vom Geld die Rede ist, sei in Bezug auf das Münzwesen gleich der entsprechende Bericht angefügt, den derselbe arabische Geschichtsschreiber an anderer Stelle anführt: »Man berichtet: Papyrusrollen gelangten nach Byzanz von Ägypten aus, während zu den Arabern die [Gold]dinare von Byzanz kamen. Abd al-Malik war der erste, der an den Anfang der Papyri [vor ihrem Export nach Byzanz] jeweils ›Sprich: Er ist Gott, ein Einziger!‹ (Koran 112, 1) und andere Erwähnungen Gottes setzen ließ. Daraufhin schrieb ihm der byzantinische Kaiser: ›Ihr habt auf die Papyri eine neue Aufschrift gesetzt, die wir verabscheuen. Wenn ihr das nicht unterlasst, werden wir Dinare zu Euch gelangen lassen, auf denen Euer Prophet in einer Weise genannt ist, die Ihr verabscheut.‹ Dies erboste Abd al-Malik sehr, denn er wollte von dieser schönen Glaubenssitte nicht lassen.«

Welches auch immer der konkrete Anlass gewesen sein mag, historisches Faktum ist, dass Abd al-Malik spätestens ab etwa 700 das Kanzlei-, Finanz- und Münzwesen in allen Provinzen des Reiches komplett arabisierte und auch islamisierte. Bevor jedoch die Münzen dann jahrhundertelang nur noch arabische Aufschriften (Koranverse, Prägedatum, Münzort und Name des Kalifen oder Statthalters) trugen, experimentierte der Kalif einige Jahre mit Münzen, die ihn in Anlehnung an die byzantinischen Kaiser selbst darstellten, und dies in einer Weise, die viel über sein Selbstverständnis aussagt. Er erscheint darauf nämlich stehend mit Bart, in langem Beduinengewand und mit dem »Palästinensertuch« auf dem Kopf, rechts im Gürtel die mehrschwänzige Peitsche und links das Schwert. Aus überlieferten Briefen von Statthaltern kennen wir die Bedeutung dieser Symbole der Macht: »Seine Peitsche gilt dem, der sich [im Innern] gegen ihn erhebt, und sein Schwert dem, der sich ihm [von außen] widersetzt.«

Auch dem Islam verlieh er ein eigenes bildliches Symbol, das bislang fehlte: Auf der Rückseite einiger seiner Münzen erscheint ein senkrechter Stab, den die westliche Orientalistik meist als plumpe Verunstaltung des Kreuzes auf byzantinischen Münzen deutete, indem man den Querbalken weggenommen habe. Doch der senkrecht aufgestellte Stab (oder Lanze) diente den Muslimen im freien Gelände zur Kennzeichnung der Gebetsrichtung bzw. des Standortes des Vorbeters (Moscheen kannte man noch nicht). Diese bildlichen Versuche fielen bald vermutlich dem Eifer der Theologen zum Opfer, wobei auch der um diese Zeit in Byzanz ausbrechende Bilderstreit um den richtigen Gebrauch und die Verehrung von Ikonen hineingespielt haben mag. Auch die gelegentliche Nennung des Kalifen auf Münzen als »Kalif Gottes« (im Sinne von »Vertreter Gottes« statt »Vertreter des Propheten Gottes«), was dem Kaisertitel *Vicarius dei* ent-

Kalif Abd al-Malik zeichnete verantwortlich für eine grundlegende Arabisierung des Finanz- und Münzwesens. Trugen die Münzen noch bis in seine Herrschaftszeit hinein häufig christliche Symbole und Buchstaben, wurden diese nun durch arabische ersetzt. Zwischenzeitlich ließ er auch Kupfermünzen prägen, die ihn selbst mit den Insignien der Macht – Peitsche und Schwert – darstellten. Die beiden Abbildungen zeigen Vor- und Rückseite derselben Münze.

Die arabische Schrift vor Abd al-Maliks Reform, das sogenannte Kufi, war relativ unpräzise. Erst durch die Einführung eines Punkte- und Strichesystems wurde sie eindeutig lesbar.

sprach, fiel theologischen Einwänden zum Opfer, die die göttliche Legitimation der Herrschaft kritisierten. Von nun an trugen die Münzen den Titel »Befehlshaber der Gläubigen«. Doch nicht nur Theologen revoltierten. Unter Abd al-Maliks erbitterten Widersachern zu Beginn seines Kalifats war sogar ein Mitglied der eigenen Sippe, das öffentlich erklärte: »Keiner hat bisher hier gestanden, ohne zu behaupten, dass er über das Paradies und das Höllenfeuer entscheide, indem er den, der ihm gehorcht, ins Paradies und den, der sich ihm widersetzt, ins Höllenfeuer gehen lasse. Ich [aber] sage euch, dass das Paradies und das Höllenfeuer [allein] in Gottes Hand liegen und mir nichts davon anheimgestellt ist. Ich habe nur die Pflicht, euch gegenüber wohltätig zu sein.« Der Mann warb also für sich damit, dass er für das Kalifat ausdrücklich jeden theokratischen Anspruch zurückwies. Doch kehren wir zu Abd al-Maliks Erhebung des Arabischen zur Staatssprache zurück. Die damalige arabische Schrift, das sogenannte Kufi, unterschied zahlreiche verschiedene Konsonanten nicht voneinander (z. B. b, t und th oder dj, h und ch oder s und sch), konnte kurze Vokale gar nicht kennzeichnen und schrieb auch lange Vokale oft nicht, wodurch viele Missverständnisse entstehen mussten. Abhilfe schuf der Statthalter im Irak, der ehemalige Lehrer al-Hadjadjadj. Auf seine Anregung hin entstand das für das Arabische heute so typische System von Punkten und Strichen, das Eindeutigkeit herstellte. Nach der Überlieferung geschah dies in erster Linie, um umstrittene Passagen des Korans eindeutig lesbar zu machen, zumindest was die Schrift anging. Da der genannte Statthalter im Irak aber auch die Arabisierung der Verwaltung leitete, dürfte die Vereinheitlichung der Schrift für ihn eine wesentlich umfassendere Bedeutung gehabt haben.

Diese Sprach- und Schriftreform schuf die Voraussetzung dafür, dass das Arabische im gesamten islamischen Herrschafts- und Kulturraum wie das Lateinische im Abendland weit über das Mittelalter hinaus die Religions-, Wissenschafts- und Kultursprache schlechthin wurde. So waren im Vorderen Orient des Mittelalters zahlreiche Wissenschaftler persischer Herkunft, schrieben ihre Werke aber auf Arabisch, wie z. B. Sibawaih, der Ende des 8. Jahrhunderts sogar die erste grundlegende arabische Grammatik (auf Arabisch) verfasste. Zwar setzte sich das Persische in Iran selbst dann bereits in der Abbasidenzeit auch als Schriftsprache allmählich wieder durch, doch das Arabische blieb als Sprache des Korans bis in die Neuzeit allgegenwärtig. Und auch wenn das Neupersische seinen indogermanischen Charakter in der Grammatik und im Grundwortschatz bewahrt hat, so weist sein gesamter Wortschatz doch einen Anteil von ca. 70 Prozent arabischen Vokabulars auf und verleiht der Sprache ihr spezifisches Gepräge, ganz abgesehen von der arabischen Schrift, die sie bis heute, durch vier Buchstaben ergänzt, bewahrt hat.

Abd al-Malik – »Vater der Könige«

Als Abd al-Malik fast sechzigjährig im Jahr 705 starb, war die Ummayadendynastie von Damaskus auf dem Höhepunkt ihrer Macht. Vier seiner Söhne folgten ihm mit einer kurzen Unterbrechung bis 743 in der Herrschaft: Walid, Sulaiman, Yazid II. und Hischam.

Schon unter Abd al-Malik und verstärkt unter Walid führte die zweite Welle der Eroberungen die Araber im Westen bis an den Atlantik und nach Südspanien, im Osten bis an den Indus und im Nordosten in Zentralasien bis an die Grenzen Chinas. Das bis dahin größte Reich der Geschichte entstand, dessen Ausdehnung erst das britische Empire wieder erreichte. Nur Byzanz in Kleinasien hielt noch Jahrhunderte lang dem Druck erfolgreich stand.

Doch die erste Hälfte des 8. Jahrhunderts markiert nicht nur die größte Ausdehnung des arabisch-islamischen Reiches, sie war auch in kultureller Hinsicht eine Zeit großen Wandels. Ein moderner arabischer Historiker nannte diesen Zeitraum zu Recht einmal die »Inkubationsphase« der arabisch-islamischen Kultur.

Wie bereits ausgeführt, können wir spätestens um 700 von der abschließenden Ausformung des koranischen Korpus, wie wir ihn heute kennen, ausgehen. Damit war die wichtigste Grundlage für die Herausbildung einer regelrechten islamischen Theologie gegeben. Hassan al-Basri (gest. um 730) ist einer der bekanntesten Theologen dieser Zeit, der mit seinem Bekenntnis zum freien Willen des Menschen einen wichtigen Markstein setzte, aber auch bereits massiv gegnerische Stimmen hervorrief. Einer seiner Schüler, al-Ata, gilt als einer der Begründer der Mu'tazila, einer Schule rationalistischer Theologie.

Die arabische Schrift wurde zu einer regelrechten Kunstform weiterentwickelt, der Kalligrafie. Hier bildeten die Buchstaben die Grundlage für prächtige Ornamente, die Kalligramme. Die Kalligrafie war in vielen muslimischen Ländern aufgrund des Bilderverbots die einzige erlaubte Form der Bildenden Kunst.

DIE SATANISCHEN VERSE

von Georg Graffe

Der 1988 veröffentlichte Roman »Die satanischen Verse« von Salman Rushdie erzeugte einen der größten Buchskandale des 20. Jahrhunderts, als der damalige politisch-religiöse Führer des Iran, Ayatollah Chomeini, offiziell ein Todesurteil über den Schriftsteller verhängte. Der Titel des Romans wurde von einem berühmten Korankommentar aus dem 9. Jahrhundert inspiriert. Der Gelehrte at-Tabari erzählt darin von Mohammed, der neben Gott andere göttliche Wesen gelten lässt (Sure 53, 19 f.). Mohammed sei durch den Satan in die Irre geführt worden und habe, nachdem der Erzengel Gabriel ihn auf seinen Irrtum aufmerksam gemacht hatte, die Sache richtig gestellt. Die »satanischen Verse«, so at-Tabari, seien dann in der Koranüberlieferung verworfen worden.

Salman Rushdie zog mit seinem Roman »Die satanischen Verse« den Hass strenggläubiger Muslime auf sich. Noch Jahre nach der Veröffentlichung protestierten 2007 in Kashmir/Indien Muslime gegen seine Erhebung in den Ritterstand durch die Queen.

Tatsächlich kennt die muslimische Koranauslegung das Verfahren der »Abrogation«, das Verwerfen von Versen, denn das heilige Buch der Muslime trifft auch widersprüchliche Aussagen: In Sure 16, Vers 66 f. heißt es: »… Wir geben euch zu trinken … von den Früchten der Dattelpalmen und den Trauben, von denen ihr berauschenden Trank und bekömm-liche Nahrung zieht. Wahrlich, darin ist ein Zeichen für Leute, die vom Verstand Gebrauch machen.« Gegen dieses Lob des Weins als Getränk für Intelligente wettert der 90. Vers der Sure 5: »O die ihr glaubt! Wein und Glücksspiel und Götzenbilder und Lospfeile sind ein Gräuel, ein Werk Satans.« Bekanntermaßen hat sich in der Auslegung des Korans das Alkoholverbot durchgesetzt. Wie bei widersprüchlichen Aussagen die tatsächlich gültige zu ermitteln ist, deutet der Koran sogar selbst an: »Wenn wir einen Vers tilgen oder in Vergessenheit geraten lassen, bringen wir dafür einen besseren oder einen, der ihm gleich ist.« Danach sind die späteren Verse die »besseren« und heben die früheren auf. Doch die Anordnung der Suren ist nicht chronologisch, sie sind in abnehmender Länge angeordnet. Ihre zeitliche Abfolge ist Gegenstand ausgedehnter Diskussionen unter islamischen Gelehrten. Auch gibt es keine Einigkeit darüber, wie weit man bei dem Verfahren der Abrogation gehen dürfe. Denn immerhin unterstellt man dem Propheten ja, dass er sich geirrt hat. Keine leichte Aufgabe für die Ausleger des heiligen Buches.

Etwa zur selben Zeit wuchs das Bedürfnis, die zahlreich kursierenden Hadithe (Aussprüche des Propheten und Berichte über seine Handlungsweisen) systematisch zu sammeln und Kriterien für ihre Echtheit zu entwickeln. Eng damit einher ging ein wachsendes Interesse an historischen Nachrichten, zunächst vor allem über die Zeit des Propheten, bald aber auch darüber hinaus. Der bereits mehrfach zitierte Ibn Ishaq (gest. 767) kann hierfür als Beispiel dienen. Zentren dieser frühen Theologie waren vor allem Basra und Kufa, die beiden rasch wachsenden, einst von den Eroberern angelegten Garnisonsstädte im Irak.

Doch auch in der Dichtung verließ man die üblichen stereotypen Themen der vorislamischen Beduinendichtung und fand neue Formen und Sujets, darunter auch am Hofe, wobei »Wein, Weib und Gesang« nicht zu kurz kamen. Dichter wie Umar ibn abu Rabi'a aus dem Stamme Mohammeds wurden berühmt und berüchtigt durch ihre Lobgedichte und -lieder, die sie in Medina und Mekka an schöne Pilgerinnen adressierten.

In der Architektur wurden wichtige Grundlagen für die weitere Entwicklung gelegt. Im Bestreben, dem Staat und der Religion eine eigene Symbolik zu verleihen, ließ Abd al-Malik auf dem Tempelberg in Jerusalem den Felsendom als ersten monumentalen Kultbau des Islam errichten, und zwar der Legende nach genau über dem Felsen, von dem Mohammed seine »Nachtreise« in den Himmel angetreten haben soll. Stil und Ausführung verraten, dass der Kalif dabei auf christliche (wohl auch griechische) Baumeister zurückgriff. Der Felsendom (arabisch: *Qubbat as-Sachra* – »Felsenkuppel«) ist jedoch keine Moschee.

In Medina hatte Mohammed den freien Innenhof seines Anwesens als schlichten Bet- und Predigtraum genutzt. »Moscheen«, von deren Gründung schon zur Zeit der Eroberer bei frühen Geschichtsschreibern die Rede ist, von denen sich aber keine Spuren erhalten haben, dürften sich nicht wesentlich von diesem Vorbild unterschieden haben. Die erste systematisch geplante große Moschee errichtete Abd al-Maliks Sohn und Nachfolger Walid in Damaskus: die berühmte »Ummayaden-Moschee«.

Kultisches Zentrum der Christen in Damaskus war die Johannes-Kathedrale, die Ende des 4. Jahrhunderts an der Stelle des ehemaligen Jupitertempels in der Mitte des Tempelbezirks errichtet worden war. Die zahlenmäßig anwachsende muslimische Bevölkerung von Damaskus einigte sich mit den Christen zunächst darauf, in der Kathedrale bzw. an der Innenseite der Ostmauer des Innenhofes ihre Gebete verrichten zu dürfen. Walid beschloss jedoch, die Kathedrale abzureißen. Die Christen entschädigte er mit Geld. Der größte Teil des alten Tempelbezirks wurde nun Moscheehof, während entlang der östlichen Umfassungsmauer eine dreischiffige Moschee mit Gebetsnische und Kanzel entstand. Der Schrein mit dem Haupt des auch im Islam teilweise sogar als Prophet, zumindest als

Hischam ging als größter Bauherr der ummayadischen Kalifendynastie in die Geschichte ein. Er ließ umfangreiche Kanalsysteme konstruieren und einige der berühmten Wüstenschlösser bauen, z. B. das in Jordanien gelegene Qasr Amra.

sehr frommen Mann hochverehrten Johannes des Täufers wurde in die Moschee integriert. Die Frontseite der Moschee und die Innenseiten der drei, den Hof umschließenden Mauern wurden mit Mosaiken verziert, die zum Teil erhalten sind und Häuser und Pflanzen, aber keine Menschen darstellen.

Sowohl die Architektur als auch die Dekoration zeigen eine gelungene Synthese von hellenistisch christlicher Tradition mit neuen islamischen Vorstellungen. Der letzte große ummayadische Kalif von Syrien, Hischam (reg. 724–743), war zugleich auch der größte ihrer Bauherren. Wie schon einige seiner Vorgänger baute er jedoch nicht nur Wüstenschlösser, sondern ließ in Ägypten, Syrien und im Irak auch die Kanalsysteme erheblich erweitern. Zudem gab er Damaskus als ständigen Regierungssitz auf und errichtete sich mitten in der syrischen Wüste eine neue Residenzstadt (*Qasr al-heir asch-scharqi*, Ruinen in der Wüste nordöstlich von Palmyra).

Eine Gesellschaft wandelt sich

Bei allem Glanz und aller Größe des Reiches zeigten sich aber auch wieder alte und neue Konflikte, und vor allem wurde eine tiefgreifende gesellschaftliche Entwicklung auch politisch immer wirksamer.

Die damalige arabisch-islamische Gesellschaft gliederte sich prinzipiell in drei Schichten. Zuunterst standen die Sklaven. Diese waren ehemals vor allem Araber, die in den Stammeskämpfen jeweils aus feindlichen Stämmen gefangen genommen worden waren. Mit der *Pax*

Islamica, die die verfeindeten Stämme befriedete, entfiel diese Quelle. Zudem war es untersagt, muslimische Gegner zu versklaven. Dadurch wurden die Eroberungskriege zur neuen Sklavenquelle. Nun entwickelte sich ein reger Sklavenhandel vor allem mit Innerasien und Afrika. Stets galt es jedoch für den muslimischen Besitzer eines Sklaven als gottgefällige Tat, diesem, der ja in der Regel Muslim wurde, spätestens im Testament die Freiheit zu schenken. Aus diesen Freigelassenen (*mawali*), die in der Regel in einem engen Verhältnis zu ihrer ehemaligen Besitzerfamilie verblieben, rekrutierte sich die zweite Schicht, und die dritte bildeten die frei geborenen Araber, die sich untereinander weiterhin in Stämme gliederten. Auch die Neubekehrten wurden nun in dieses Schema eingepasst. In den letzten zwei bis drei Jahrzehnten der Ummayadenherrschaft setzte eine weitere Entwicklung ein, die bis heute schmerzhaft spürbar ist: Die Abwertung der Frau. Dabei hatte die Stellung der Frau im Koran eigentlich im Vergleich zur vorislamischen Situation in Mekka eine Aufwertung erfahren und vor allem eine hohe rechtliche Absicherung. So sollte der Brautpreis nicht an den Vater oder sonstigen Vormund der Braut fallen, sondern ihrer eigenen Absicherung dienen, und der Ehemann wurde verpflichtet, seine Frau standesgemäß zu versorgen; ansonsten erhielt die Frau grundsätzlich das Recht, sich scheiden zu lassen – und das auch aus anderen Gründen wie z. B. unbegründeter Gewaltanwendung. Das Stichwort »Kopftuch« oder »Schleier«, an dem heute die Diskriminierung der Muslimin im Westen so gerne festgemacht wird, erscheint im Koran in diesem Zusammenhang eher beiläufig. Der meist ins Feld geführte Vers (24, 30 f.) lautet wörtlich: »Sag den gläubigen Männern, sie sollen ihre Augen niederschlagen und ihre Scham bedeckt halten. Das ist sittlicher für sie …. Und sag den gläubigen Frauen, sie sollen ihre Augen niederschlagen und ihre Scham bedeckt halten, ihren Schmuck nicht offen zeigen, soweit er nicht [ohnehin] sichtbar ist, ihr Kopftuch [*chimar*] über den Schlitz [d. h. den Ausschnitt des Kleides] ziehen und ihren Schmuck nur ihren Ehemännern, Vätern … [usw.] zeigen.«

Diese letztlich banale Mahnung an Männer und Frauen, sich anständig anzuziehen, stieß z. B. in den hellenistisch geprägten Städten Syriens auf die seit Jahrhunderten übliche »Mode«, dass freie Frauen der besseren Gesellschaft (im Gegensatz zu Sklavinnen) in der Öffentlichkeit ihr Gesicht gern hinter einem Gesichtsschleier verbargen. Prompt ahmten vornehme muslimische Kreise diese Sitte nach, und manche Theologen machten es in Verbindung mit obigem Koranvers zur religiösen Pflicht. In der Landbevölkerung und bei den Beduinen hat sich dies bezeichnenderweise bis heute nicht durchgesetzt.

Aus dem Kreis der Sklavinnen rekrutierte sich nun zunehmend auch eine besondere Klasse von Unterhalterinnen am Hofe, die Sängerinnen.

Große Talente wurden besonders geschult und für Unsummen verkauft. Manche von ihnen erwarben schließlich die Freiheit und wurden selbst sehr wohlhabend. In seinem über zwanzigbändigen Werk »Das Buch der Lieder« hat Abu al-Faradsch al-Isfahani Anfang des 10. Jahrhunderts u. a. zahlreiche Biografien dieser »Stars« verzeichnet, aus denen man eine ganze Kulturgeschichte jener Zeit zusammenstellen könnte.

Bei den abendlichen Gesellschaften am Hofe spielte auch der Wein eine wichtige Rolle, den man von Juden oder Christen (gerne auch aus Klöstern) bezog. In unzähligen Versen und Liedern wurde er gepriesen. Walid II., einer der letzten ummayadischen Kalifen, der 744 nach nur einem Jahr einer Intrige innerhalb der Sippe zum Opfer fiel, galt als besonders dem Weingenuss, den Frauen und dem Unglauben zugetan, ein Stigma, mit dem die Ummayaden bald ganz allgemein behaftet waren. So werden Walid II. auch die folgenden Verse zugeschrieben: »Reich den Becher rechts herum, lass ihn nicht nach links sich drehn / Lass ihn hierhin, lass ihn dorthin, auch zum Lautenspieler gehn / angefüllt mit roten Weinen, die schon lang in Krügen stehn / fest mit Pech und Teer verschlossen und mit Kampfer wohl versehn / Weiß ich doch, nicht mal zur Hölle werd ich auferstehn!«

Das Kalifat zieht von Damaskus nach Bagdad

Der Irak war die Provinz, deren Bevölkerung potenziell am unzufriedensten mit der Herrschaft der Ummayaden war. Zum einen konzentrierten sich dort die Schiiten, die inzwischen besonders großen Zulauf von den persischen Neukonvertiten erhielten, die sich wiederum gesellschaftlich und oft auch steuerlich benachteiligt fühlten. In ihrer Opposition gegen die Ummayaden waren sie sich einig mit den Charidschiten, die sich aber bereits unter Ali von den Schiiten abgespalten hatten. Im Gegensatz zu den Schiiten, die als Imam bzw. Kalifen nur einen Nachkommen Alis anerkannten, vertraten die Charidschiten die Ansicht, dass nur der Frömmste – »und sei er ein schwarzer Sklave« – Kalif werden könne. Da dies natürlich nie feststellbar war, zerfielen sie in mehrere Gruppen, was oft in einen anarchistischen Terrorismus mündete.

Während die ummayadischen Statthalter diese beiden Parteien – oft mit großer Härte – noch halbwegs in Schach halten konnten, entwickelte sich in einer der entfernten Provinzen, nämlich in Chorassan, einer Provinz, die den Nordosten Persiens, Turkmenistan und Teile Usbekistans umfasste, eine Opposition, die sich als noch gefährlicher erweisen sollte. Hier war die herrschende arabische Schicht nicht sehr zahlreich. In den verschiedenen iranischen und türksprachigen Völkerschaften potenzierte

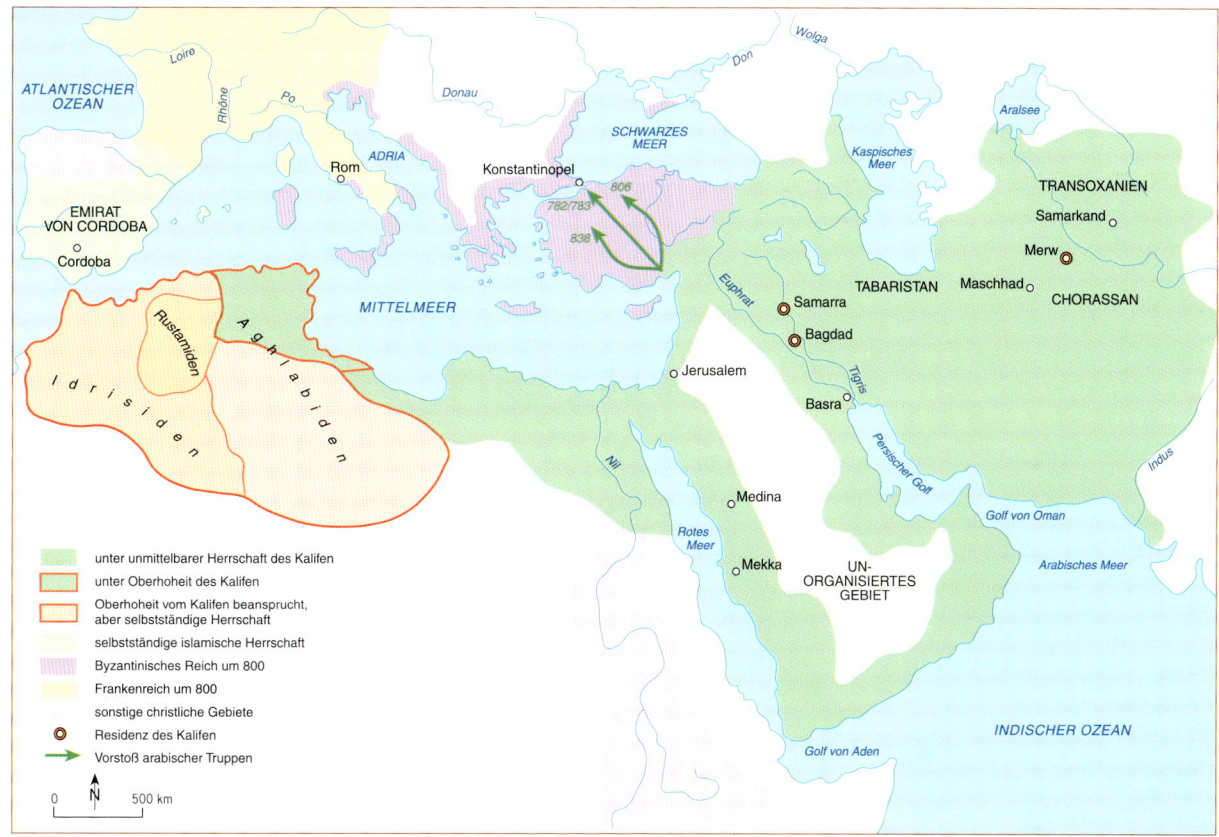

sich der Unmut über die trotz ihrer raschen Islamisierung ungleichen Steuerlasten und die gesellschaftlichen Benachteiligungen. So ist es verständlich, dass sie sich auf die Seite der Schiiten im Irak schlugen und unter Führung eines iranischen Maula namens Abu Muslim offen rebellierten. Im Irak hatte inzwischen ein Mitglied der Familie Banu al-Abbas, die sich auf einen Onkel Mohammeds zurückführte, die Leitung einer schiitischen Splittergruppe übernommen und Propagandisten nach Chorassan entsandt. Auch wenn sie nicht unmittelbar aus der Nachkommenschaft Alis stammten, waren sie aber doch wesentlich enger mit ihm und dem Propheten verwandt als die Ummayaden. Es war dies zumindest einer der Gründe dafür, dass sich schließlich alle Schiiten im Kampf gegen die Ummayaden hinter den Banu al-Abbas scharten. 749 wurde in Kufa dem Abu al-Abbas unter dem Herrschernamen as-Saffah (»der Blutvergießer«) als erstem abbasidischen Kalifen gehuldigt.

Die Entscheidungsschlacht gegen das Heer des letzten ummayadischen Kalifen Marwan II., der von Harran (heute Ruinen bei Urfa in Südanatolien) aus regierte, fand 750 an einem Nebenfluss des Tigris im Irak statt und endete mit der vernichtenden Niederlage der Ummayaden. Die

Im Jahr 750 wurde der letzte Ummayadenherrscher gestürzt. Fortan stellten die Abbasiden den Kalifen.

Sieger rückten über Harran bis nach Damaskus vor und verfolgten den fliehenden Marwan II. bis nach Ägypten, wo er getötet wurde, wie sie in Syrien schon alle Mitglieder der Ummayadensippe, derer sie habhaft werden konnten, getötet hatten. Einem einzigen Mitglied der Familie gelang es, sich westwärts nach Andalusien abzusetzen, wo er die spanischen Ummayaden begründete.

Der Abbaside as-Saffah im Irak begann sofort nach seiner Übernahme des Kalifats, sich von den Schiiten zu lösen, die sich schließlich unter der neuen Dynastie ebenso verfolgt fanden wie unter der alten. Im Grunde sollte sich im Irak an dieser Unterordnung der Schiiten unter die politische Vormachtstellung der Sunniten bis zu Saddam Hussain in allerjüngste Zeit nichts ändern.

Vier Jahre später folgte auf as-Saffah als Kalif sein Bruder Abu Dschafar, der wie alle folgenden Kalifen einen eigenen Herrschernamen annahm, nämlich al-Mansur (»dem [von Gott] zum Sieg verholfen wird«). Seine zwanzigjährige Herrschaft, die erste große Zeit der Abbasiden, ist unauslöschlich mit der Gründung von Bagdad verbunden, das sich schnell zur glanzvollsten und größten Metropole der damaligen Welt entwickelte.

Bagdad, eine Millionenmetropole, entsteht

Für den Bau der Stadt wurde ein Gelände am Westufer des Tigris inmitten eines fruchtbaren Gebietes gewählt. Ihren nichtarabischen Namen Bagdad übernahm die Stadt von einer alten Siedlung, offiziell hieß sie aber, z. B. auf Münzen, Medinat as-Salam, »Stadt des Friedens«. Nach strengem Plan wurde die Stadt in Anlehnung an altpersische Herrscherstädte als Rundbau angelegt. Sie war umschlossen von einem ca. 20 Meter breiten Graben und anschließend einer Ringstraße, auf die eine erste, neun Meter breite Mauer folgte. Zwischen dieser und der zweiten Mauer aus Ziegeln, die mit über 30 Metern Höhe und 50 Metern Sockelbreite beachtliche Ausmaße hatte, lag ein rund 60 Meter breiter Zwischenraum, der für Verteidigungszwecke frei gehalten wurde. Dutzende von Türmen verstärkten die Mauer, und vier Tore bildeten den Zugang zur Stadt. Innerhalb der Mauern wurden zunächst in einer Tiefe von 170 Metern Wohnhäuser für die Beamten und die im Dienste des Kalifen stehenden Mawali zwischen Straßen errichtet, die jeweils nochmals mit Toren zu sichern waren. Im Mittelpunkt des Kreises, eingeschlossen von einer dritten niedrigeren Mauer lag das Areal des Kalifen: Palast, Große Moschee, »Ministerien« (Diwane), Häuser der Söhne des Kalifen sowie der Leiter der Kalifengarde und der Polizei. Bei der Ausgestaltung des Palastes sollen reichlich Marmor und Gold verwendet worden sein. Da sich von der ganzen Anlage dieser Rund-

Von jeher ist der Tigris die Lebensader von Bagdad. Das fruchtbare Gebiet an seinen Ufern wurden vom Kalifen al-Mansur mit Sorgfalt und Weitblick für den Bau der Rundstadt gewählt, die schon kurze Zeit nach ihrer Gründung zu einem lebhaften Umschlagplatz für Waren aller Art und zur größten Metropole der damals bekannten Welt aufstieg. Die Darstellung von ca. 1900 zeigt die Bewohner Bagdads in den traditionellen Rundbooten, den Kuffas.

stadt inklusive des Palastes nichts erhalten hat, lassen sich all diese Angaben im Einzelnen nicht mehr überprüfen.

Die Rundstadt erlitt in der Folgezeit das wechselvolle Schicksal der abbasidischen Kalifen. Die Stadt der normalen Bevölkerung außerhalb der
Rundstadt wuchs dagegen zu beiden Seiten des Tigris zu ungeahnter
Größe. Im 9. und 10. Jahrhundert lebten dort 1,5 Millionen Menschen ver-
schiedenster Herkunft, Hautfarbe und Religion. Zahlreiche Märkte etablierten sich (darunter z. B. auch einer für chinesisches Porzellan). Der
Markt der Buchhändler umfasste über hundert Geschäfte, von denen sich
einige zu regelrechten literarischen Salons entwickelten. Etwa 1000 lizen-
zierte Ärzte praktizierten in der Stadt.

Harun ar-Raschid, der Kalif aus dem Märchen

Der heute im Westen weitaus bekannteste abbasidische Kalif wurde
Harun, der den Herrschaftstitel ar-Raschid (»der Rechtgeleitete«) trug und
ein Enkel al-Mansurs war. Seinen Ruhm verdankt er allein den Märchen
aus Tausendundeiner Nacht. In dieser Märchensammlung sind Erzähl-
stoffe aus dem alten Indien und Persien ebenso verarbeitet wie Erzählungen aus dem Bagdad der Kalifen, aus der Kreuzfahrerzeit und aus Ägypten
bis ins 16. Jahrhundert. Diese Märchensammlung ist übrigens in der arabischen Welt weniger bekannt als in Europa und wird im Orient nur als
Trivialliteratur angesehen. Mit dem historischen Kalifen Harun ar-Raschid
haben diese Märchen natürlich nichts zu tun, auch wenn sich an seinem

Hof die ersten Anzeichen eines ausufernden luxuriösen Lebens inmitten von Sklaven und Sklavinnen, Konkubinen und Eunuchen zeigten, die literarische Fantasien durchaus angeregt haben mögen.

Harun (reg. 786–809) nahm als junger Bursche an zwei Feldzügen teil, die ihn bis an den Bosporus führten, doch stand er schon damals ganz unter dem Einfluss des Yahya ibn Chalid, der der berühmten, ursprünglich persischen Sekretärs- und Wesirsfamilie der Barmakiden angehörte.

Letzterer erreichte in einem Intrigenspiel zusammen mit Haruns Mutter Chaizuran, der zweiten tonangebenden Person am Hofe, dass Harun im Alter von nur 20 Jahren zum Kalifen erklärt wurde. Chaizuran starb zwar wenig später, aber Yahya blieb Harun als omnipotenter Wazir noch 17 Jahre erhalten, bevor er seiner überdrüssig wurde und ihn samt seiner ebenfalls einflussreichen Söhne verhaften ließ. In Haft ist Yahya 805 verstorben. Unter Haruns Kalifat wurden die ersten Anzeichen für den schrittweisen Zerfall des islamischen Reiches in seine regionalen Einzelteile sichtbar. Es gab solche Unabhängigkeitsbestrebungen auch in Syrien, in Ägypten und im Jemen, doch konnten diese zentralen Provinzen zunächst noch gewaltsam unter dem abbasidischen Kalifat gehalten werden; in größerer Entfernung von Bagdad aber war dies anders. So war im Westen bereits 755 Spanien von den aus Syrien geflohenen Ummayaden übernommen worden und Marokko wurde seit 789 von der Dynastie der Idrisiden regiert. Im Jahre 800 erwirkte nun Tunesien unter den Aghlabiden seine Unabhängigkeit. Auch im Iran inklusive Chorassan zeigten sich erste Risse, doch noch konnten dort dauerhafte Abspaltungen vom Reich verhindert werden.

Religionspolitisch erwies sich Harun als strenger Sunnit. Schiitische und charidschitische Tendenzen verfolgte er kompromisslos. Doch auch gegen die Dhimmis, die »Schutzbefohlenen«, also Christen und Juden, verhielt er sich in einer Weise intolerant, die bisher weitgehend unbekannt gewesen war. Im Jahre 806 ordnete er an, alle Kirchen an der Grenze zum Byzantinischen Reich niederzureißen. Mag man dies noch im Zusammenhang mit den militärischen Auseinandersetzungen mit den Byzantinern sehen, an denen Harun im genannten Jahr selbst mitwirkte, so geht eine andere Anordnung aus demselben Jahr eindeutig darüber hinaus. Er wies nämlich seinen Vertreter in Bagdad an, dass alle Dhimmis sich fortan in ihrer Kleidung und in ihren Reittieren von den Muslimen zu unterscheiden hätten. Dieses Verhalten erinnert an den ummayadischen Kalifen Umar II. (716–717), der sogar von den Schiiten als fromm anerkannt wird, weil er untersagt haben soll, Ali, den vierten Kalifen und Ausgangspunkt der Schiiten, weiterhin von der Kanzel herab zu verfluchen. Umar II. wird aber auch nachgesagt, er habe – in makabrer Vorwegnahme der deutschen Nazis – den Juden befohlen, sich künftig durch ein gelbes Abzeichen öffentlich kenntlich zu machen! Glücklicherweise regierte Umar II. nur kurz.

Der Kalif, das Haus der Weisheit und der »Katalog der lieferbaren Bücher«

Kalif Abd al-Malik hatte Ende des 7. Jahrhunderts das Arabische zur Staats- und Kultursprache des jungen islamischen Reiches gemacht, doch der Kalif Ma'mun war derjenige, der Anfang des 9. Jahrhunderts das Arabische zu einer Weltsprache der Wissenschaft erhob. Ende des 10. Jahrhunderts wurde in Bagdad von einem gewissen Ibn an-Nadim, einem Buchhändler und Kopisten, ein Katalog aller arabischen Bücher verfasst, die durch seine Hände gegangen waren oder von deren Existenz er aus sicherer Quelle wusste – sozusagen ein »Katalog der lieferbaren Bücher«. Ibn an-Nadim beließ es nicht bei einer reinen Liste von Titeln, mehreren Tausend an der Zahl, sondern gab auch nähere Angaben zu vielen Autoren. Des Weiteren finden sich immer wieder kulturhistorische Exkurse, die heute von besonderem Wert sind, so auch ein Kapitel, das überschrieben ist: »Warum in diesem [unserem] Land die Bücher über Philosophie und andere alte Wissenschaften [so] zahlreich geworden sind.« Als eine der Ursachen erzählt er dann, dass dem Kalifen al-Ma'mun im Traum einmal Aristoteles erschienen sei. Diesen habe er gefragt: »Was ist das Gute?«; worauf Aristoteles antwortete: »Das, was dem Verstande nach gut ist.« – »Und was weiter?« »Das, was dem [religiösen] Recht (sharc) nach gut ist.« – »Und was weiter?« »Das, was bei der Allgemeinheit als gut gilt.« – »Und was weiter?« »Nichts weiter!« Dieses Traumgesicht setzt Ibn an-Nadim dann in Bezug zu einer Korrespondenz, die al-Ma'mun mit dem byzantinischen Kaiser geführt haben soll, wobei er ihn bat, alte (griechische) Bücher von Byzanz nach Bagdad holen zu dürfen. Als der Kaiser zustimmte, stellte al-Ma'mun eine regelrechte Wissenschaftlerdelegation zusammen, die in Byzanz gezielt eine Auswahl an griechischen Texten traf und nach Bagdad brachte, wo sie der Kalif in dem um 830 neu errichteten »Haus der Weisheit« (bait al-hikma) unterbringen und ins Arabische übersetzen ließ. Laut Ibn an-Nadim soll es sich um seltene und ungewöhnliche Bücher und Werke über Philosophie, Geometrie, Musik, Arithmetik und Medizin gehandelt haben. Und da sich bei der Delegation auch Astronomen befanden, wird auch ihre Wissenschaft in den Büchern vertreten gewesen sein.

Al-Ma'muns Initiative beruhte nicht allein auf individueller Eingebung, sondern entsprach dem damaligen Zeitgeist in gewissen intellektuellen Kreisen. Und in diesen Kreisen breitete sich eine Bewegung aus, die sich al-Mu'tazila nannte, »die, die sich heraushalten« (d.h. aus den religiös-politischen Streitereien vor allem zwischen Sunniten und Schiiten). Auch wenn diese geistige Strömung durchaus nicht homogen war, so war ihren Vertretern doch ein hohes Maß an Rationalismus, die Liebe zum scholas-

STREIT UM BILDER

von Georg Graffe

Im Januar 2008 sorgten Pressemeldungen in Großbritannien für Aufsehen. Nicht weniger als 90000 in England lebende Muslime forderten in einer Onlinepetition die Entfernung einer Mohammed-Darstellung aus dem entsprechenden Artikel der Internetenzyklopädie Wikipedia. »Im Islam«, so steht im Antrag zu lesen, »sind Bilder des Propheten Mohammed (Friede sei mit ihm) und anderer Menschen nicht erlaubt«. Das Ungewöhnliche an diesem Vorgang: Stein des Anstoßes war in diesem Fall nicht etwa die despektierliche Zeichnung eines modernen Karikaturisten, sondern eine spätmittelalterliche islamische Buchminiatur aus dem heutigen Afghanistan. Mit dem Hinweis auf die Herkunft der Darstellung begründeten die Betreiber der Website ihre Entscheidung, die Abbildung an ihrem Platz zu lassen.

Das viel zitierte Bilderverbot des Islam – das zeigt auch dieser Fall – war und ist unter Muslimen bei Weitem nicht so eindeutig, wie es scheint. Der Koran schweigt sich zu diesem Thema aus. Die ältesten bekannten Einwände gegen bildliche Dar-

Das islamische Bilderverbot ist alles andere als eindeutig. Manche Muslime legen es strenger aus und verwahren sich gegen jegliche Abbildung ihres Propheten. Zulässig ist für sie lediglich eine kalligrafische Darstellung seines Namens.

stellungen gehen auf einige bestimmte Hadithe zurück. In dieser Sammlung von Texten aus dem 7. und 8. Jahrhundert über das Leben des Propheten finden sich Äußerungen gegen die Darstellung Gottes und die Abbildung von Menschen und Tieren.

Dahinter steht nichts anderes als die Tradition der jüdischen Bibel. »Du sollst dir kein Bildnis noch irgendein Gleichnis machen, weder von dem, das oben im Himmel, noch von dem, das unten auf Erden, oder von dem, das im Wasser unter der Erde ist!« So lautet das zweite der Zehn Gebote, die Moses von Gott auf dem Berg Sinai empfing. Im Kontext der Bibel wird klar, worum es beim Bilderverbot im Kern geht: Es ist in erster Linie gegen die Anbetung von Kultbildern gerichtet. Es wäre dem erhabenen Wesen des einzigen Gottes nicht angemessen, wenn man ihn wie einen der vielen Götter der polytheistischen Religionen darstellen würde. Daher soll er gestaltlos bleiben. Die Ausdehnung des Bilderverbots auf die Abbildung von Mensch und Tier hat einen anderen – wenn man so will psychologischen – Hintergrund. Der Künstler ahmt bei seiner Arbeit in gewisser Weise Gott nach, der ja Adam wie ein Bildhauer erschaffen hat. Daher die Empfindlichkeit der monotheistischen Religionen gegenüber den Bildern.

Allerdings war sie nicht zu allen Zeiten immer gleich ausgeprägt. Juden, Christen und Muslime kennen aus ihrer Geschichte sowohl Bilderverehrer als auch Bilderstürmer. Am berühmtesten sind bis heute die Auseinandersetzungen über die religiösen Darstellungen aus Byzanz. Im Jahr 730 verhängte Kaiser Leo III. ein generelles Bilderverbot. Sein Sohn, Konstantin V., ging sogar dazu über, die Bilderverehrer staatlich zu verfolgen und brachte damit das Reich an den Rand eines Bürgerkriegs. Nach einem wechselvollen, über hundertjährigen Kampf, in dem beide Parteien kurzzeitig die Oberhand gewannen und dann der anderen wieder unterlagen, setzten sich die Befürworter der Bilder endgültig durch.

Auch im Islam finden sich Vertreter beider Seiten. Im heutigen Jordanien, mitten in der Wüste, hat das – für damalige Verhältnisse – luxuriöse Refugium eines Ummayadenherrschers die Zeiten überdauert. Das Schlösschen Qasr Amra aus dem

Aber es existiert auch eine Vielzahl an Illustrationen, die den Propheten zeigen – teils mit verdeckter oder ausgesparter Gesichtspartie wie diese türkische Miniatur aus dem 16. Jahrhundert, teils sogar ganz ohne Einschränkung.

frühen 8. Jahrhundert ist über und über mit Wandgemälden im byzantinischen Stil geschmückt – ein farben- und sinnenfrohes Potpourri von Themen, an denen sein Erbauer offenbar Gefallen fand: die Jagd, der Alltag der Menschen, Berufe und – durch und durch anstößig aus der Sicht heutiger strenggläubiger Muslime – zwei splitternackte Mädchen. Die Mächtigen der ersten islamischen Dynastie im Nahen Osten hatten offenbar auch kein Problem damit, ihr Konterfei auf Münzen prägen zu lassen. Betrachtet man dagegen den Felsendom von Jerusalem, der ebenfalls in der Epoche der Ummayaden entstand, dann fällt auf, dass der prächtige Gebäudeschmuck rein ornamental ist. Offenbar machte man zu allen Zeiten einen Unterschied zwischen religiöser und profaner Kunst. Insbesondere der schiitische Islam ist im Umgang mit Bildern weniger empfindlich als die sunnitische Mehrheit der Muslime. Aus dem alten Persien, aber auch aus dem Einflussgebiet der Mongolen, sind viele Buchillustrationen erhalten, die sogar Mohammed oder andere Propheten zeigen. Das Bilderverbot war und ist also eine Frage der Interpretation.

tischen Diskurs und die Verehrung der aristotelischen Philosophie gemeinsam. Eine große Rolle spielte auch der Zweifel als Voraussetzung für jede Logik. Doch solche Ideen riefen den heftigen Widerstand der traditionellen Theologen hervor, zumal einige Mu'taziliten den menschlichen Verstand sogar über den Koran stellten. Dass al-Ma'mun selbst die nicht enden wollenden Auseinandersetzungen zwischen Sunniten und Schiiten satthatte und sich lieber anspruchsvolleren intellektuellen Fragen zuwenden wollte, zeigen nicht nur seine geschilderten Initiativen zur Förderung von Naturwissenschaften, Medizin und Philosophie. Er proklamierte sogar einen prominenten, aber unpolitischen Schiiten, nämlich deren achten Imam Ali ar-Rida zu seinem künftigen Nachfolger (816). Erst als der Widerstand dagegen immer massiver wurde und Ali ar-Rida bereits zwei Jahre später starb, gab er diese Idee wieder auf. Zehn Jahre später traf al-Ma'mun jedoch eine nicht minder einschneidende Maßnahme: Er erklärte die Mu'tazila zur offiziellen Staatsdoktrin und versuchte sie mit inquisitorischen Maßnahmen durchzusetzen. Diese Inquisition ist als *mihna*, »Prüfung« oder »Heimsuchung«, in die Geschichte der traditionellen Sunna eingegangen. Als Aufhänger bei der inquisitorischen Befragung von Richtern, Theologen und Hadith-Gelehrten galt die Frage, ob der Koran erschaffen sei oder nicht. Nach Vorstellung der Mu'taziliten war er nämlich von Gott erschaffen wie alle Geschöpfe, während die traditionelle sunnitische Theologie bis heute die Meinung vertritt, dass der Koran als Gottes Wort ewig und unerschaffen sei. Eine weitere Frage galt der Bedeutung menschlicher Eigenschaften, wie z. B. »sehen«, »hören«, »wissen«, die Gott selbst sich im Koran zuschreibt. Die Mu'taziliten bestanden auf einer allegorischen Deutung, während die traditionellen Sunniten meist an einem wörtlichen Verständnis festhielten.

Einer der entschiedensten Gegner des mu'tazilitischen Dogmas war der Rechtsgelehrte und Theologe Ahmad ibn Hanbal (780–855). Als er vom Inquisitor gefragt wurde: »Was meinst du über den Koran?«, antwortete er: »Er ist das Wort Gottes«, und auf die Nachfrage: »Ist er erschaffen?«, sagte er nur: »Er ist das Wort Gottes, und dem habe ich nichts hinzuzufügen.« Und ähnlich reagierte er beim zweiten Thema. Als der Inquisitor ihm das Koranwort vorhielt: »Es gibt nichts, was Ihm gleichkommt«, vervollständigte er den betreffenden Vers: »Es gibt nichts, was ihm gleichkommt. Er ist der, der [alles] hört und sieht.« (Sure 42, 11) Und daraufhin gefragt, was die allegorische Bedeutung von »hört und sieht« hier denn sei, erwiderte er: »Er ist, wie Er sich selbst beschrieben hat.« Und auf die weitere Nachfrage: »Aber was bedeutet das?«, antwortete er: »Ich weiß es nicht. So hat Er sich selbst beschrieben.«

Als al-Ma'mun, der sich gerade auf einem Feldzug gegen Byzanz befand, erfuhr, dass Ahmad ibn Hanbal und auch andere sich weigerten, sich

Kalif al-Ma'mun gilt als herausragender Förderer der Wissenschaft. Er beauftragte führende Gelehrte seines Reiches damit, an den Bosporus zu reisen und in Byzanz eine Auswahl an bedeutenden natur- und geisteswissenschaftlichen Texten zu treffen, die dann ins Arabische übersetzt wurden. Die Abbildung zeigt die Meerenge im Hintergrund, davor die majestätische Suleiman-Moschee.

zur mu'tazilitischen Lehre zu bekehren, ließ er ihn verhaften. Als der Kalif kurz darauf starb, blieb Ibn Hanbal zunächst auch unter dessen Nachfolger al-Mutasim noch fast zwei Jahre in Haft, bis er nach schwerer Prügelstrafe schließlich nach Hause gehen durfte. Aber erst mit der Wiedereinführung der Sunna als offizieller Staatsdoktrin unter dem Kalifen al-Mutawakkil (847) konnte Ibn Hanbal seine Lehrtätigkeit wieder aufnehmen. 855 starb er in Bagdad.

Ahmad ibn Hanbal ist der Begründer der Hanbaliten, der konservativsten der vier islamischen Rechtsschulen. Diese ist heute Staatsdoktrin in Saudi-Arabien, doch berufen sich auf Ahmad ibn Hanbal auch die meisten anderen konservativen bis fundamentalistischen Bewegungen der heutigen islamischen Welt. Der Versuch des Kalifen al-Ma'mun, die rationalistische Richtung der Mu'tazila mit inquisitorischen Mitteln durchzusetzen, hatte somit den gegenteiligen Effekt, indem damit nur Märtyrer für die Gegenseite geschaffen wurden.

Die von oben verordnete Aufklärung war an der Religion bzw. deren konservativsten und buchstabentreuesten Vertretern gescheitert.

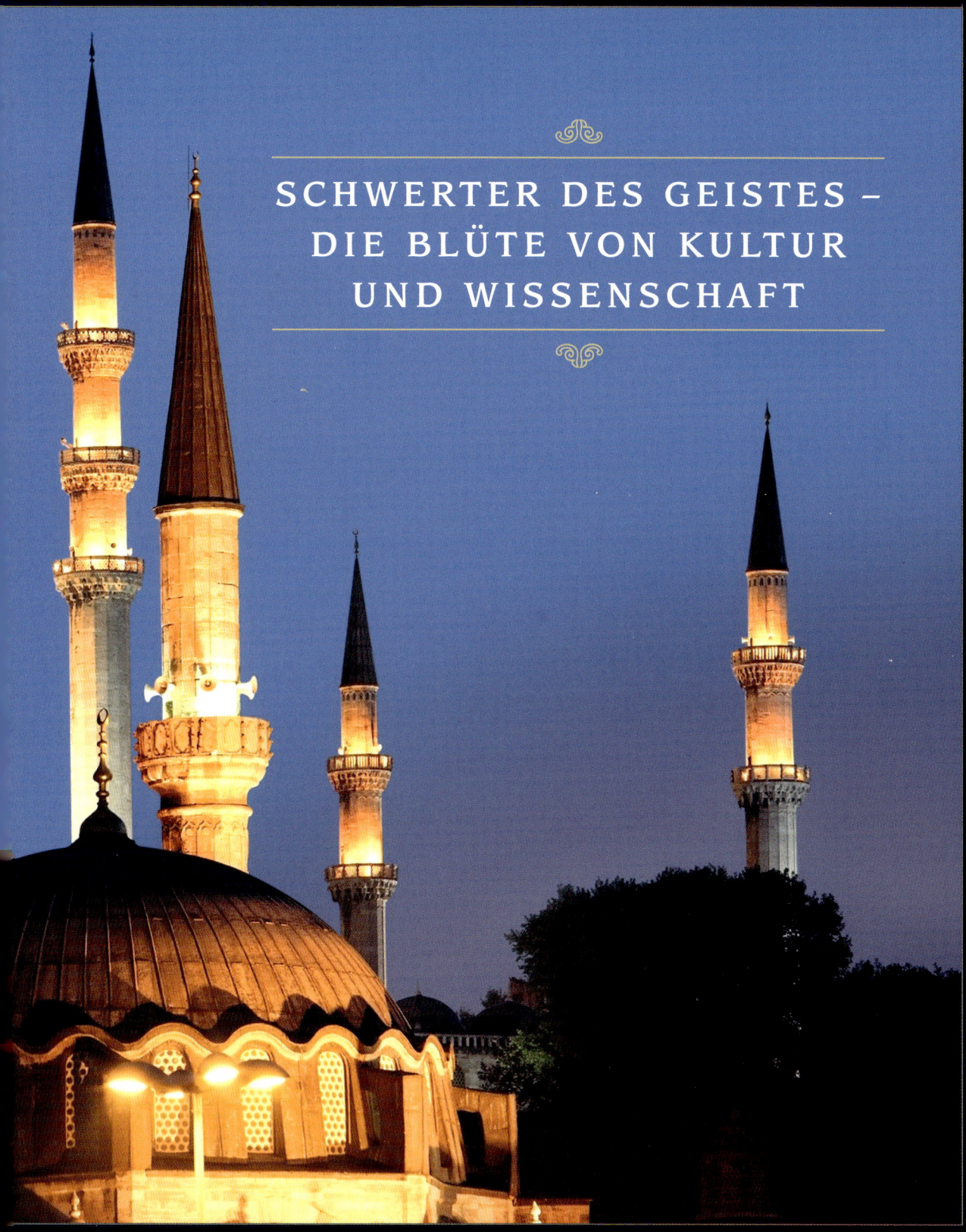

SCHWERTER DES GEISTES – DIE BLÜTE VON KULTUR UND WISSENSCHAFT

Schwerter des Geistes – Die Blüte von Kultur und Wissenschaft

von Friedrich Klütsch

In den meisten westlichen Ländern wird gelehrt, dass nach den Griechen und den Römern im Grunde die Zeit stillstand. Man spricht vom ›dunklen Mittelalter‹. Ich meine, dass diese Epoche einen anderen Namen verdient hat: das Goldene Zeitalter des Islam.«

Salim al-Hassani, Professor für Linguistik
und Kulturwissenschaften, Universität Manchester

Das Goldene Zeitalter

Das Goldene Zeitalter der arabisch-islamischen Kultur begann mit der Gründung Bagdads im Jahre 762 westlicher Zeitrechnung. Mit dem Ende der zweiten großen Expansionswelle unter den Abbasiden hatte sich das Reich der Kalifen im Zentrum der damals bekannten Welt etabliert. Die stabile Lage machte tiefgreifende innere Entwicklungen möglich. Als das christliche Westeuropa scheinbar »schlief«, schickte sich der muslimisch geprägte Orient an, die weltweite Führungsrolle auf den Gebieten der Technik, der Verwaltung, der Wissenschaften und der Künste zu übernehmen. Bagdad, die Abbasidengründung am westlichen Tigrisufer, wurde zu seinem neuen Zentrum.

Um 800 zählte der Kalifensitz bereits 100 000 Einwohner – und wuchs rasant weiter. Mit Konstantinopel (500 000 Einwohner), dem Machtzentrum des Byzantinischen Reiches, oder Xi'an, der Millionenmetropole der Tang-Dynastie in China, konnte sich Bagdad zwei Jahrhunderte nach dem Auftreten Mohammeds noch nicht messen. Wohl aber mit dem alten Rom, das im Jahr 800, dem Jahr der Kaiserkrönung Karls des Großen, lediglich 20 000 Einwohner zählte und nur noch den Abglanz vergangener Größe darstellte. Ganz zu schweigen von der kaiserlichen Pfalz zu Aachen, der Hauptstadt des Frankenreiches, in der sich lediglich ein paar Hundert Seelen verliefen.

Ein halbes Jahrtausend später, mit der Verwüstung Bagdads im Jahr 1258 durch die Mongolen, ging das Goldene Zeitalter des Islam zu Ende. Der Niedergang hatte sich bereits lange vorher abgezeichnet. In seiner

Das Bild auf der Doppelseite zuvor zeigt die Suleiman-Moschee in Istanbul.

Blüte hatte das ethnische und religiöse Gemisch des Orients Höchstleistungen auf allen Wissensgebieten hervorgebracht – Errungenschaften, die zur Grundlage der dann im Westen einsetzenden Entwicklung werden sollten. Der Beitrag zur Weltkultur, der unter muslimischer Herrschaft und in arabischer Sprache erbracht worden war, würde fortbestehen. Die Urheber dieser Leistungen aber gerieten in Vergessenheit.

Abbas ibn Firnas – der Aviator

In der Nähe von Cordoba, der Hauptstadt von al-Andalus, kam es, sechshundert Jahre vor Leonardo da Vinci und ein Jahrtausend vor Otto Lilienthal, zum ersten dokumentierten Flugversuch in der Geschichte der Menschheit. Der Bericht über die fliegerische Pioniertat entstammt dem Werk »Der Hauch des Parfums – eine Geschichte Andalusiens« aus der Feder Ahmed Mohammed al-Makkaris (1591–1632). Der marokkanische

Al-Andalus ist die Bezeichnung für die muslimisch beherrschten Teile der Iberischen Halbinsel zwischen 711 und 1492. Cordoba, Sitz des Emirats und später des Kalifats, entwickelte sich auch zum geistigen Zentrum. Als Wirkungsstätte einiger der bedeutendsten Wissenschaftler der Zeit strahlte es nicht nur in die arabische Welt, sondern auch in das christliche Europa aus. Diese Karte spiegelt die Gebietsverteilung um 800 wider.

Historiker, der sich auf ältere, nicht genannte Vorlagen bezieht, überliefert nicht nur den Namen des Fliegers berberischer Abstammung, sondern auch dessen Lebensdaten. Um 810 in der Nähe des heutigen Ronda geboren, avancierte Abbas ibn Firnas zum Hofdichter der Emire von Cordoba. Der musisch und wissenschaftlich Begabte hatte Chemie, Physik und Astronomie studiert. Ihm wird die Entwicklung eines Verfahrens zugeschrieben, mit dem Kristalle geschnitten und geschliffen werden konnten. Außerdem soll er eine Wasseruhr und einen meteorologischen Versuchsaufbau entwickelt haben, der umfangreiche Wettersimulationen möglich machte.

Seine Entwicklungstätigkeit auf dem Gebiet der Fliegerei nimmt Ibn Firnas erst spät auf. Sollten die Angaben al-Makkaris stimmen, dann war der Aviator bei seinem spektakulären Flugversuch im Jahre 875 bereits Mitte sechzig: »Nachdem er, nach vielen Versuchen, den endgültigen Prototypen seines Gleiters gebaut hatte, lud Ibn Firnas die Bewohner Cordobas ein, den Ausgang seines Experimentes, das an einem Hang außerhalb der Mauern stattfinden sollte, zu verfolgen. Die Zuschauer wurden Zeugen eines erfolgreichen Starts und einer ausgedehnten Flugphase. Aber bei der Landung zog sich der Held Verletzungen zu, die ihn fortan behindern und weitere Flugversuche ausschließen sollten.«

Der Bericht deutet an, dass Ibn Firnas mit Methoden, die wissenschaftlich genannt werden können, an die gefährliche Aufgabe herangegangen war. Wie bei den meisten späteren Flugversuchen lieferten auch bei dem maurischen Pionier Vögel das technologische Vorbild. Bei der Analyse seiner Bruchlandung soll der Flieger bekannt haben, dass er es beklagenswerterweise unterlassen habe, an seinem Gleiter eine Apparatur anzubringen, die der stabilisierenden Funktion des Vogelschwanzes entsprochen hätte.

Der Flug des Ibn Firnas war die Glanztat eines Gelehrten, dessen Forschergeist und Mut zu einer Sternstunde der arabisch-islamischen Wissenschaften führte. Der muslimische Flugpionier fand Nachahmer wie den angelsächsischen Mönch Eilmer von Malmesbury, dessen Flug im Jahre 1010 einen ähnlichen Verlauf – mit glücklichem Beginn und schmerzhaftem Ende – nahm. 1250 versuchte der Franziskaner Roger Bacon, mit einem Ballon zu fliegen. Und am 3. Januar 1496 führten die Anstrengungen Leonardo da Vincis in Florenz zu einem glimpflichen Sturz von einer Brücke in den Fluss Arno.

Ist es Zufall, dass die Fortentwicklung des bemannten Fluges – nach den Anfängen im maurischen Andalusien – im westlichen Abendland stattfand? In der arabischen Welt gerieten die unter hohem Einsatz gewonnenen Kenntnisse des fliegenden Berbers von Cordoba beinahe in Vergessenheit.

Der 888 im Alter von 78 Jahren verstorbene Pionier blieb ein Einzelfall. Mit seinem Höhenflug durchmaß er den Freiraum, den die islamische Ge-

Die Mezquita von Cordoba ist mit einer Länge von 179 Metern und einer Breite von 134 Metern eine der größten Sakralbauten der Welt. Nach mehreren Erweiterungen wurde die Moschee, deren Bau unter dem Emir Abd ar-Rahman im Jahre 784 begonnen worden war, 987 vollendet. Aufwändig gestaltete Pforten verbanden den Gebetsraum mit dem Palast der maurischen Herrscher. Nach der Eroberung Cordobas unter Ferdinand III. von Kastilien 1236 wurde die Moschee in eine christliche Kirche umgewandelt. Auch auf die Gestaltung des Außenbereichs wurde große Sorgfalt verwendet. Sie zeugt von immenser Kunstfertigkeit.

sellschaft in der Blütezeit ihren Wissenschaftlern und Entdeckern gewährte. Erst in der Neuzeit wird die arabisch-islamische Welt die Leistungen des maurischen Aviators würdigen. An der Zufahrt zum Internationalen Flughafen von Bagdad zeigt eine Statue den maurischen Helden. Und im Norden der irakischen Hauptstadt wurde ein kleiner Flughafen nach ihm benannt. Der Westen ehrte den Flieger auf seine Weise: Ein Krater auf der dunklen Seite des Mondes trägt den Namen des Ibn Firnas.

Cordoba

»Die helle Zierde der Welt, die junge, herrliche Stadt, stolz auf ihre Wehrkraft, berühmt durch ihre Wonnen, die sie umschließt, strahlend im Vollbesitz aller Dinge.«

Die sächsische Dichterin Hrotsvit von Gandersheim (10. Jh.)
in ihrer Heiligenlegende »Pelagius« über Cordoba

Von den alten Kalifenstädten war Cordoba politisch die am wenigsten bedeutende. Aber der Zauber des Orients ist – jedenfalls für das europäische Empfinden – weit mehr mit der Metropole der Mauren in Andalusien verbunden, als etwa mit Damaskus, Bagdad oder Kairo. Das gilt nicht nur für die Gegenwart, das war bereits so, als die Emire von Cordoba von ihrer prachtvollen Residenz aus ein Reich schaffen wollten, das dem Glanze Bagdads nicht nachstehen sollte.

In der Heimatstadt des Ibn Firnas ist das Vermächtnis der Mauren noch heute in Teilen sichtbar. Und die alten statistischen Aufzeichnungen der Hofbeamten liefern dazu die passende Ergänzung: Um die erste Jahrtausendwende zählte die Stadt am Guadalquivir eine halbe Million Einwohner. Damit war sie die größte Metropole Europas und hatte Konstantinopel den Rang abgelaufen. Wenn mit dem Sonnenuntergang die Städte im Norden Europas in der Dunkelheit versanken, gingen im Cordoba des 10. Jahrhunderts die Lichter an. Innerhalb der Mauern gab es Straßenbeleuchtung und ein ausgeklügeltes Frisch- und Abwassersystem. Die Kanzlei des Kalifen ermittelte im Stadtgebiet 113 000 Häuser, 80 455 Läden, 600 Moscheen, 300 Bäder, 80 öffentliche Schulen und 50 Hospitäler. In eines dieser Krankenhäuser wird man auch den Fliegerhelden Ibn Firnas nach seinem Sturz eingeliefert haben.

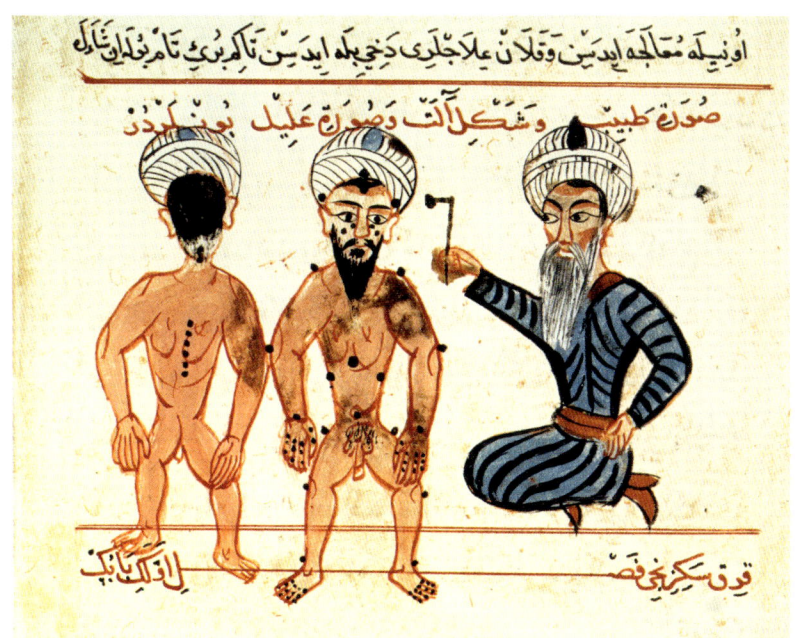

Im 10. Jahrhundert waren die arabischen Mediziner führend auf ihrem Gebiet. So entwickelten sie – um nur eines von vielen Beispielen zu nennen – das moderne Krankenhaus. Diese türkische Buchmalerei aus dem 15. Jahrhundert zeigt einen muslimischen Arzt beim Ausüben seiner Kunst: Er behandelt seine Patienten gegen Lepra, indem er befallene Hautpartien verätzt.

Medizinwesen

Historiker nennen vor allem die Einrichtung von Krankenhäusern, wenn es darum geht, den Beitrag der arabisch-islamischen Wissenschaften zum Weltkulturerbe zu beschreiben. Aber wie hat man sich ein Krankenhaus im Stadtgebiet von Cordoba im 10. Jahrhundert vorzustellen? Anhaltspunkte liefert das berühmte Bimarestan Nuri, eines der Krankenhäuser des alten Damaskus. 1154 hatte es der wissenschafts- und kunstfreundliche syrische Herrscher Nur ad-din mithilfe christlicher Lösegelder errichten lassen. Heute ist in den Gebäuden ein medizinhistorisches Museum untergebracht. Wie bei den Krankenhäusern der arabischen Blütezeit üblich, diente es nicht nur der Patientenversorgung, sondern zugleich der Lehre und Forschung.

Das Portal des Nuri-Krankenhauses in Damaskus hat Symbolwert: Der Türsturz ist eine Spolie – ein Bauteil, das aus einem antiken Gebäude stammt, und das bei der Errichtung des Krankenhauses noch einmal verbaut wurde. Eingerahmt wird der antike Architrav von Arabesken. Hier geht es aber nicht um »Recycling« am Bau, sondern um einen architektonischen Hinweis auf die Quellen des medizinischen Wissens, das im Bimarestan Nuri zur Anwendung kam.

Das freimütige Bekenntnis der arabischen Baumeister zu ihren Vorgängern scheint Skeptiker zu bestätigen, die der arabischen Wissenschaft keine eigenständigen Leistungen zubilligen. Sie meinen, dass zum Beispiel das islamische Gesundheitswesen den Erkenntnisstand der antiken Medizin bestenfalls bewahrt, aber nicht erweitert hätte – eine Haltung, die dem Beitrag der arabisch-islamischen Welt, nicht nur auf dem Gebiet der Medizin, in keiner Weise gerecht wird.

Bereits die Wahl des Standortes im Stadtgebiet von Damaskus lässt ein ausgeprägtes Bewusstsein für medizinische Zusammenhänge erkennen. Das Bimarestan Nuri wurde im 12. Jahrhundert in einer Zone errichtet, in der regelmäßige Frischluftströme auch in den heißen Sommermonaten für ein heilungsfreundliches Klima sorgten. Das Krankenhaus verfügte auch über eine unabhängige Wasserversorgung – ein wichtiges Element zur Vermeidung von Seuchen und Epidemien.

Im Bimarestan Nuri, das als repräsentatives Modell eines Krankenhauses im Goldenen Zeitalter des Islam gelten kann, gab es einen festen Ärztestab und verschiedene Fachabteilungen für Chirurgie, Orthopädie, Fieber- und Geisteskrankheiten. Auf dem Gelände des Hospitals war auch eine Apotheke untergebracht, in der Schmerz- und Heilmittel für den eigenen Bedarf hergestellt wurden. Und das zu einer Zeit, da Kranke in abendländischen Siechenhäusern Kräuterbehandlung und Aderlass nur gegen Bezahlung erhielten und kostenlos lediglich geistlicher Beistand zu erwarten war.

Jedes islamische Krankenhaus verfügte über eine Bibliothek, und an großen Hospitälern wie dem Bimarestan Nuri gab es Räume, die der Lehre, also der Weitergabe medizinischen Wissens vorbehalten waren. Wissenschaftlich betriebene Medizin war in Europa zu dieser Zeit noch völlig unbekannt. Die Heilkunst ist hier eine Geheimwissenschaft, Rezepturen wie die für den »Antoniuswein«, der gegen die Symptome des »Antoniusfeuers« (Mutterkornbrand) eingesetzt wurde, wurden nicht veröffentlicht. Aussätzige und chronisch Kranke fristeten ein Dasein als Bettler vor den Toren der Städte. Hospitäler waren städtische Einrichtungen für Arme, Alte und Pilger. Die eigentliche Krankenpflege lag in den Händen von Mönchen.

An Pflege und Fürsorge fehlte es den arabischen Patienten nicht. In den – allen Bürgern kostenlos zugänglichen – Krankenhäusern beschränkte man sich nicht auf die Behandlung des Körpers, sondern dachte und handelte auch psychosomatisch. Und wenn es Patienten nötig hatten, wurden sie bei ihrer Entlassung neu eingekleidet und erhielten eine finanzielle Hilfe.

Aber es ist nicht nur die Erfindung des modernen Krankenhauses, die den arabischen Beitrag zur Fortentwicklung des Gesundheitswesens beschreibt. Es sind auch die Leistungen von Ärzten, deren Werke den medizinischen Fortschritt unter dem Halbmond dokumentieren. Aus der Vielzahl genialer Mediziner des Islam ragt einer heraus.

Ibn Sina – der Arzt

»Von den Griechen besitzen wir nur Sammlungen, Auszüge, Kompi-
lationen. Der Kanon ist ein Werk aus einem Guss. Heutzutage
braucht man ein ganzes Kollegium, um ein entsprechendes Hand-
buch zu schaffen. Ein halbes Jahrtausend hat der Kanon gegolten,
hat Ibn Sina geherrscht!«

Julius Hirschberg in seiner »Geschichte der Augenheilkunde«, 1908

Abu Ali al-Hussain ibn Abdallah ibn Sina (latinisiert auch Avicenna) kommt
im Jahre 980 als ältester Sohn eines Hofbeamten in Buchara zur Welt. Die
Stadt im heutigen Usbekistan gehörte damals zu Persien und war ein bedeutender Handels- und Regierungssitz an der Seidenstraße.

Bereits mit 16 Jahren ist der Hochbegabte Jurist, Arzt, Philosoph und
Theologe. Mit 18 ist die Ausbildung zum Universalgelehrten abgeschlossen und Ibn Sina »mit den Kenntnissen seiner Zeit am Ende«, wie er selbst
sagte. Ibn Sina war beileibe kein Bücherwurm; er griff auch in das politische Geschehen ein. Aber seine Aktivitäten als Wesir, als Statthalter des
persischen Herrschers, standen unter keinem glücklichen Stern. Das Militär revoltierte gegen ihn. Ibn Sina wurde abgesetzt und für einige Monate
inhaftiert. Fortan hielt er sich von der Politik fern und finanzierte seine
Forschungen als Leibarzt für wechselnde Fürsten. Immer wieder musste
er an deren Seite in den Krieg ziehen, ein Umstand, der letztlich dazu führte, dass der medizinische Theoretiker durch die Behandlung von Verletz-
ten umfassende anatomische Kenntnisse erwarb. Auch seine Erfahrungen
im Umgang mit Seuchen und epidemischen Krankheiten gewann er auf
den Feldzügen seiner Herren. Zum Studieren und Schreiben blieb Ibn Sina
dabei nur nachts Gelegenheit. Aufkommende Müdigkeit bekämpfte der
dem Leben zugewandte Entdecker nach eigenen Angaben mit der Gesellschaft von Hofdamen und saurem Wein.

Ibn Sina wollte, ähnlich wie es später die Scholastiker im christlichen
Abendland unternahmen, Religion (in diesem Fall die Mohammeds) und
Vernunft (hier vor allem die des Aristoteles) miteinander versöhnen. Er-
kenntnis, davon war er überzeugt, führte zum Ursprung allen Daseins
zurück: Wissenschaft ebnet den Weg zu Gott. In den Hauptwerken Ibn
Sinas kommt dieser Ansatz zum Ausdruck. Der Kanon der Medizin be-
schreibt als Weiterentwicklung der seit Hippokrates und Galen geltenden
»Viersäftelehre« das Wissen über den menschlichen Körper. Das Buch der
Genesung bietet eine Zusammenfassung der Philosophie. Ibn Sinas Veröf-
fentlichungen gehen weit über eine reine Kompilation des vorhandenen
Wissens seiner Zeit hinaus. Sie enthalten eine Vielzahl eigener Beobachtungen und zugelassen sind nur Argumente, die der strengen methodi-

Annäherung an ein Genie: Ein russischer
Anthropologe rekonstruierte mithilfe des
aufgefundenen Schädels von Ibn Sina des-
sen Aussehen. Ibn Sina war ein persischer
Universalgelehrter, dessen Schriften in
lateinischer Übersetzung bis nach Europa
gelangten und die dortigen Gelehrten bis
in die Neuzeit beeinflussten. Seine um-
fassenden Forschungen u. a. zur Krank-
heitsübertragung führten dazu, dass er
bis in die Gegenwart als einer der größten
Mediziner gilt.

schen Auffassung des Autors genügen: »In den Wissenschaften, welche die wahre Wirklichkeit vermitteln, also in den Naturwissenschaften, ist längst klar und steht fest, dass Kenntnis einer Sache nur erworben wird durch Kenntnis ihrer Ursachen und Ursprünge!« (Aus dem »Kanon der Medizin« des Ibn Sina.) Im Qanun at-Tibb vereinte und erweiterte der geniale Wissenschaftler die medizinischen Traditionen der europäischen Antike und Persiens. Avicenna bewies in seiner Schrift, dass Tuberkulose ansteckend ist und dass Krankheiten auch durch Wasser und verunreinigte Erde übertragen werden können. In seinem Hauptwerk beschrieb er auch den Einfluss von Diäten, Klima und Umwelt auf die Gesundheit. Er hielt Chirurgen dazu an, bei ihren Eingriffen betäubende Mittel einzusetzen und lieferte auch die Anweisungen zu deren Herstellung. Er mahnte Untersuchungen zur Früherkennung von Krebs an und verlangte, dass krankes Gewebe vollständig entfernt werden müsse. Exakt stellte er die Funktionsweise von Auge und Herz dar, warnte vor den Ansteckungsgefahren bei sexuellen Krankheiten und beschrieb den engen Zusammenhang von psychischen und physischen Symptomen. Der pharmazeutische Anhang des Kanons enthält Angaben zur Herstellung und Anwendung von mehr als 750 Medikamenten und Wirkstoffen.

Mit seinen philosophischen Ansichten geriet der Denker immer wieder ins Visier konservativer Geistlicher. Aber Anfang des 11. Jahrhunderts war die Welt des Islam den Wissenschaften gegenüber noch offen genug, und der persische Gelehrte konnte bis zu seinem Tod im Alter von 57 Jahren ungehindert seinen Forschungen nachgehen. 1037 starb Ibn Sina auf einem Feldzug im persischen Hamadan. Später entstand dort ihm zu Ehren ein Mausoleum.

Ab dem 12. Jahrhundert gelangten Ibn Sinas Werke in lateinischer Übersetzung ins Abendland. Unter dem Namen Avicenna beeinflusste der gelehrte Muslim das Denken des mittelalterlichen Europas. Mit seinen Werken stieß er die Wiederentdeckung des Aristoteles an und gilt bis zum heutigen Tage als einer der größten Gelehrten. Auch im Westen wurden dem gebürtigen Perser Denkmäler errichtet. Im Dom zu Mailand, ein halbes Jahrtausend nach dem Tod Avicennas erbaut, stiftete die Zunft der ortsansässigen Apotheker dem Begründer der modernen Medizin ein eigenes Kirchenfenster.

Wasserbau

Der Beitrag der Muslime zum Wissen der Welt beschränkt sich keineswegs auf das Gebiet der Medizin, wie ein Blick in die Vergangenheit Südspaniens zeigt. Der Reichtum Andalusiens in seiner Blütezeit unter den Mauren, den

noch heute Bauwerke wie die Mezquita von Cordoba, die Giralda von Sevilla oder die Alhambra von Granada zum Ausdruck bringen, basiert auf zwei Faktoren: dem massenhaften Sklavenhandel (auf diesem Gebiet standen sich Europäer und Mauren in nichts nach) und einer Landwirtschaft, die auf neueste Technologien setzte. Der Wasserbau war die wesentliche Voraussetzung für einen Ackerbau, der regelmäßig gute Erträge erzielte.

Die flächendeckende Wasserversorgung der Anbaugebiete Andalusiens war im 9. Jahrhundert nach Vorbildern aus Syrien angelegt worden. Fast alle modernen spanischen Begriffe aus dem Wasserbau stammen aus dem Arabischen: *noria* und *aceña* etwa bezeichnen Mühlen bzw. hydraulische Wasserräder. Die arabischen Begriffe belegen, dass es im vorislamischen Spanien diese Technologien, die im Mittleren Osten und in Nordafrika bereits weit verbreitet waren, noch nicht gab. Die Mauren in Andalusien ergänzten die wasserbaulichen Errungenschaften Arabiens um bewegliche Wassermühlen, sogenannte »Schiffsmühlen«. Der Geograf al-Idrisi (12. Jahrhundert) berichtet von schwimmenden Mühlen auf den Flüssen Ebro bei Saragossa und auf dem Segura bei Murcia. Die Mühlen standen auf Pontons oder Booten, die an die Stelle des Flusses gezogen werden konnten, an der die Strömung am vorteilhaftesten war.

Die Ruinen eines Schöpfwerkes am Guadalquivir in Cordoba zeugen davon, dass die Araber auch auf dem Gebiet des Wasserbaus lange Zeit führend waren.

Am Institut für die Geschichte der islamisch-arabischen Wissenschaften in Frankfurt hat man anhand zeitgenössischer arabischer Texte ein funktionsfähiges Modell einer solchen schwimmenden Mühle gebaut. Die Vorteile hinsichtlich des Wirkungsgrades der Schiffsmühlen sind offensichtlich.

Der Wert des wasserbaulichen Wissens wird deutlich, wenn man sich mit Ereignissen beschäftigt, die seinen Verlust zur Folge hatten. Im 13. Jahrhundert erobern die Mongolen innerhalb weniger Jahrzehnte weite Teile Asiens. 1258 erreichen die Steppenreiter Bagdad und machen die Hauptstadt der Abbasiden dem Erdboden gleich. Die einstige Millionenmetropole versinkt in der Bedeutungslosigkeit. Aber es sind nicht allein die Gräueltaten an der Zivilbevölkerung, die die Blüte des Mittleren Ostens wieder in eine Wüste verwandeln. Es ist vor allem der Verlust an Wissen, der sich bis in die Gegenwart auswirken wird.

Die Zerstörungswut der Nomaden richtete sich auch gegen Bücher. »Die Wasser des Tigris haben sich schwarz gefärbt von der Tinte der Bücher«, heißt es im Bericht eines Augenzeugen. Die Bibliotheken Bagdads wurden ausgeräumt und der Wissensschatz von Generationen dem Vergessen preisgegeben.

Die Gründe für dieses Vorgehen konnten nie genau ermittelt werden. Kulturwissenschaftler sprechen von einem generellen Misstrauen nomadisierender Völker gegenüber dem geschriebenen Wort. Aber Mitte des 13. Jahrhunderts verfügten die Mongolen mit dem von Dschingis Khan gegründeten Karakorum bereits über eine eigene repräsentative Hauptstadt, in der auch Bibliotheken angelegt wurden. Vielleicht wurden die Bücher in Bagdad auch deswegen vernichtet, weil sie auf Arabisch geschrieben waren. Und mit der Zerstörung des »kulturellen Gedächtnisses« konnte auch verhindert werden, dass Bagdad wieder zu einer ernsthaften Konkurrenz erstarkte.

Unter den Kalifen war das Zweistromland, ähnlich wie Andalusien, mit fortschrittlichster Bewässerungstechnik in ein fruchtbares Paradies verwandelt worden. Den Überlebenden der Massaker aber fehlte fortan das Wissen um die Erfordernisse des Wasserbaus. Mit dem Mongoleneinfall ging die agrarwissenschaftliche Revolution zwischen Euphrat und Tigris schlagartig zu Ende.

Der Wasserbau war nur ein Aspekt der landwirtschaftlichen Revolution, die in Südspanien – anders als an Euphrat und Tigris – fortgesetzt werden konnte, um sich später in ganz Europa auszubreiten. Einen Eindruck über den Umfang der von Arabern nach Europa eingeführten Agrarprodukte und -techniken gibt der Kalender von Cordoba. Verfasst wurde das Werk von einem Mozaraber namens Recemund.

Mozaraber nennt man die unter maurischer Herrschaft lebenden Christen, die in Andalusien verblieben waren. Der Begriff selbst ist vom arabischen *musta'rab* – arabisch »sein wollend« – abgeleitet. Die Mozaraber sprachen Arabisch und hatten sich der maurischen Lebensart weitgehend angepasst. Viele Mozaraber hatten unter den ummayadischen Herrschern Andalusiens ähnlich wie Recemund Karriere gemacht.

Der Geistliche übte verschiedene Funktionen unter Abd ar-Rahman III. aus, der sich im Jahre 929 zum ersten Kalifen von Cordoba erklärt hatte. Als Bischof von Elvira, dem heutigen Granada, blieb Recemund auch unter dessen Nachfolger, Kalif al-Hakam II. (ab 961), im Amt. Ihm widmet Recemund ein Werk, das den jungen Regenten mit den Sitten und Gebräuchen des Landes vertraut machen soll: den Kalender von Cordoba.

»15. Juni – Das Korn auf der Tenne wird gewogen, und man bestimmt die Wächter der Speicher zur Entgegennahme des Zehnten. Es gibt die ersten Trauben. Walnüsse und Zirbelnüsse bilden sich, man sieht die ersten Melonen; 16. Juni – Es ergeht die Anweisung, Hirschgeweihe und Hörner von wilden Böcken zur Herstellung der Bögen einzusammeln.«

Der Kalender von Cordoba enthält Angaben zu jedem Tag des Jahres und liefert einzigartige Einblicke in den maurischen Alltag des 10. Jahrhunderts. Die Einträge machen nebenbei deutlich, wie umfangreich der arabische Beitrag zur Speisekarte Europas ausgefallen war: Dazu gehörten Reis (ohne den es die Paella, das spanische Nationalgericht, nicht geben würde), Zucker, Aubergine, Wassermelonen und Bananen, Hartweizen, Spinat, Artischocken, Orangen, Zitronen und Limonen. Die abwechslungsreiche Ernährung lässt auch Rückschlüsse auf die Gesundheit der Bevölkerung zu. Und Hartweizen hat außerdem die Eigenschaft, gut lagerbar zu sein. Der Historiker ar-Razi (gest. 955) berichtet, dass in der Umgebung von Toledo Getreide lagerte, das bis zu 60 Jahre lang genießbar blieb. Die Gefahr von Hungersnöten war so minimiert worden.

Papierproduktion

Eng mit Wasserbau und Mühlentechnik verknüpft war die industrielle Herstellung von Papier, das zum unerschöpflichen und kostengünstigen Rohstoff für die Speicherung und Weitergabe von Wissen werden sollte.

Es ist nicht die Erfindung des Papiers selbst, die dem islamisch-arabischen Kulturraum zuzuschreiben ist. Die Gewinnung von beschreibbaren Blättern aus zerstampfter Baumwolle oder Hanf stammt aus China. Erst die massenhafte Herstellung des Rohstoffes für Papier mittels Mühlen ging auf arabischen Erfindergeist zurück.

Die muslimischen Herrscher hatten die Bedeutung des Papiers frühzeitig erkannt. Bei der Verwaltung ihres Reiches, das von Indien bis an die Westspitze Europas reichte (und somit die halbe Welt umschloss!), war Pa-

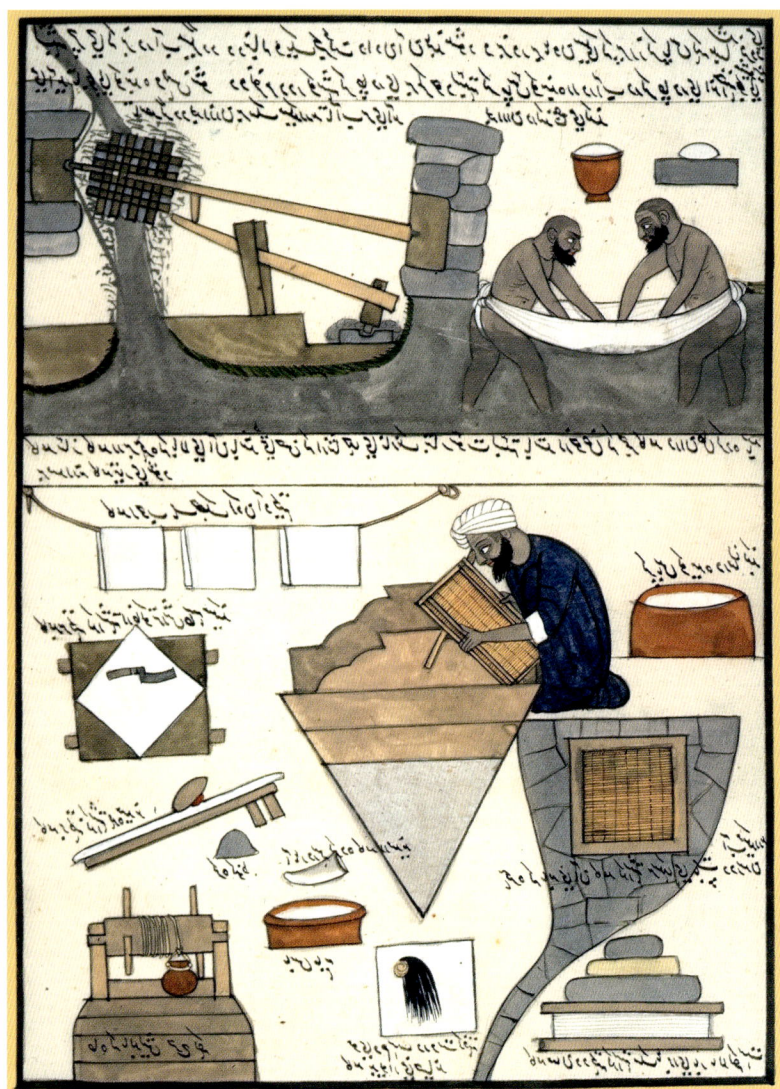

Die Entwicklung von Papiermühlen gehört zu den wichtigsten Beiträgen der Muslime zum Weltkulturerbe. Papier war im Gegensatz zu dem aus Tierlcdcr hergestellten Pergament günstig und in großen Mengen herstellbar. Bei der Verwaltung der riesigen Herrschaftsgebiete war es ebenso unabkömmlich wie bei der Speicherung und Weitergabe von Wissen. Die persische Miniatur zeigt die verschiedenen Arbeitsschritte der Papierherstellung.

pier unverzichtbar. Die erste Papiermühle der Welt wurde Ende des 8. Jahrhunderts in Bagdad errichtet. Von dort aus verbreitete sich die Technik über Damaskus, Kairo und Fez, bis schließlich bei Valencia, im maurischen Spanien, die erste Papiermühle auf europäischem Boden entstand.

Für die Menge an Papier, die benötigt wurde, musste ein neuer Rohstoff gefunden werden. Flachs war bislang vor allem zur Produktion von groben Leinenstoffen verwendet worden. Zu Brei zerstampft, eignet er sich aber auch zur Herstellung von Papier.

Die erste Papiermühle auf europäischem Boden wurde deshalb in Jativa, südwestlich von Valencia (der »Stadt der 1000 Brunnen«), erbaut. Diese Region war das wichtigste Anbaugebiet für Flachs in ganz Spanien. 1144 wurde die Papiermühle erstmals schriftlich erwähnt. Das Museu Valencia del Paper, das in der Villa Rosario in Banyeres de Mariola untergebracht ist, erinnert an die bis heute ungebrochene Tradition der Papierherstellung in der Region.

Die Technik der Papiermühle entsprach im Prinzip der von Getreidemühlen. Ein Wasserrad trieb über Transmissionsriemen eine Reihe von Stampfbalken an, mit deren Hilfe der Flachs zu feinem Brei verarbeitet wurde. Beim Umfüllen in Setzbottiche filterte man den Papierbrei, Der Zusatz von pflanzlicher Stärke verbesserte die Leimung des Papiers und verhinderte ein Zerlaufen der Buchstaben nach dem Tintenauftrag. Vor dem Schöpfen des Papiers mit formatgerechten Sieben wurde der Papierbrei aufgerührt. Das geschöpfte Blatt wurde auf ein Trenntuch gelegt, bevor die Blätter stapelweise in einer Presse grundgetrocknet wurden. Einzeln wurden die Blätter dann zum Resttrocknen aufgehängt.

Papier spielte auch beim Wissenstransfer vom Morgenland in das christliche Abendland eine zentrale Rolle. Ohne das im maurischen Spanien produzierte Papier wäre das Kopieren der antiken und arabischen Schriften in der erforderlichen Stückzahl schlechthin unmöglich gewesen. Die Alternativen – Pergament (zumeist aus Ziegenhaut hergestellt) oder Papyrus (aus dem gleichnamigen Gewächs) wären außerdem zu teuer oder zu wenig haltbar gewesen. Der Aufbruch Europas am Ende des Mittelalters wäre ohne arabische Technologie nicht möglich gewesen. Das Papier, das für die Speicherung und den Transport des Wissens ins Abendland benötigt wurde, stammte aus den Papiermühlen der Mauren. Allerdings ist am Umgang mit Papier auch der Niedergang der arabisch-islamischen Kultur abzulesen. Bei der Erfindung des Buchdrucks im 15. Jahrhundert etwa spielte sie bereits keine Rolle mehr.

Papier war das Medium, auf dem das Vermächtnis der arabisch-islamischen Welt gespeichert und dem christlichen Europa zugänglich gemacht wurde. Aber das älteste Schriftstück des Abendlandes auf maurischem Papier ist kein Werk der Wissenschaft, sondern ein Messbuch mit liturgischen Anweisungen für das Kirchenjahr: das »Missale de Silos« aus dem 11. Jahrhundert. In der Schatzkammer des Benediktinerklosters von Silos wird das kostbare Dokument aufbewahrt. Ein Zeugnis für den lebendigen Kulturaustausch, der auf der Iberischen Halbinsel eine Zeit lang stattgefunden hatte. Friedlich und konstruktiv war das Nebeneinander von Muslimen und Christen aber nicht immer.

Im Benediktinerkloster von Silos in der nordspanischen Provinz Burgos wird ein überaus wertvolles Dokument aufbewahrt: das älteste, auf Papier geschriebene Dokument des Abendlandes. Das »Missale von Silos« ist ein katholisches Messbuch. Verfasst wurde es auf Papier aus maurischer Produktion.

Christen unter dem Halbmond

14. Juni 853. Seit eineinhalb Jahrhunderten herrschten die Muslime in Andalusien. Die Scharia, das aus islamischen Glaubensvorstellungen abgeleitete Gesetz, galt im ganzen Emirat von Cordoba, auch für die Nichtmuslime. Gemäß der Scharia waren an diesem Tag drei Christen namens Anastasius, Felix und Digna zum Tode verurteilt und enthauptet worden. Ihnen hatte man Aufruhr und Beleidigung des Propheten zur Last gelegt.

Das Leben der *dhimmis*, wie Juden und Christen genannt werden, verlief unter der Herrschaft der Muslime ohne größere Einschränkungen. Bestimmte Ämter und Privilegien jedoch blieben ihnen vorenthalten, und sie mussten eine Kopfsteuer entrichten, die nicht für Muslime galt. Eine Erhöhung dieser Steuer hatte 837 in Toledo zu einem Aufstand der *dhimmis* geführt, der blutig niedergeschlagen wurde.

Das Verhalten der Märtyrer von Cordoba, deren Zahl bis zum Jahr 859 auf insgesamt 48 anwuchs, war aber nicht als Reaktion auf vorenthaltene Rechte oder gesteigerte Abgaben zu verstehen. Es ging ihnen darum, die fortschreitende Ausdünnung und Islamisierung der christlichen Gemeinden zu stoppen. Es gab in Andalusien Mitte des 9. Jahrhunderts zwar noch Kirchen und Klöster in großer Zahl, aber der Anteil der Christen an der Gesamtbevölkerung war auf ein Drittel gesunken. Das hatte auch mit den in der Scharia festgeschriebenen Regeln für Eheschließungen zwischen Nichtmuslimen und Muslimen zu tun. Diese Regeln verlangen, dass sich der nichtmuslimische Partner zum Islam bekehrt. Auf den Abfall vom Glauben Mohammeds stand (ebenso wie heute noch in streng muslimisch regierten Ländern) die Todesstrafe. Den Übertritt eines Muslims zum Christentum gab es deshalb de facto nicht. Mit ihrem Todesgang, den die Märtyrer von Cordoba durch die öffentliche Verunglimpfung des Propheten Mohammed provoziert hatten, wollten sie eine Radikalisierung der Verhältnisse und eine Umkehr der Entwicklung zugunsten der Christen herbeiführen.

Die Gruppe der Märtyrer wurde von einem Geistlichen namens Eulogius angeführt – einem Mann, den der mozarabische Bischof von Cordoba, Reccafred, schlicht als Fanatiker bezeichnete. Reccafred suchte den Ausgleich mit den muslimischen Machthabern. Als mozarabischer Würdenträger war er zwar von seinen Gemeinden zum Bischof gewählt worden, aber der Emir musste ihn in seinem Amt bestätigen. Der Papst in Rom hatte hingegen keinen Einfluss auf die Ein- oder Absetzung der Bischöfe im maurischen Spanien.

Mit ihrem kalkulierten Opfergang wollten die Märtyrer die lateinisch-christliche Gemeinschaft in Andalusien mobilisieren. Die muslimischen

Autoritäten befürchteten hingegen den Beginn einer Rebellion und reagierten kompromisslos. Die Erscheinung der Märtyrer blieb Episode. Die gemäßigten Kräfte setzten sich mit der Linie eines respektvollen Nebeneinanders von Christen und Muslimen in Andalusien durch. Das sollte jedoch nicht so bleiben.

In der Nähe von Cordoba kann man die Überreste der Palastanlage Medinat az-Zahra besichtigen, die einst der Kalif Abd ar-Rahman III. erbauen ließ. Der Anblick der filigranen Ornamente und der elegant geschwungenen Bögen lässt noch erahnen, in welcher Pracht die Anlage damals erstrahlt sein muss.

Medinat az-Zahra

Das Ende der Toleranz unter dem Halbmond ist eng mit dem Schicksal der Palastanlage verbunden, die Abd ar-Rahman III. nach der Ausrufung des Kalifats von Cordoba unweit der Stadt errichten ließ: Medinat az-Zahra. Die »glänzende Stadt« – so nannte der Herrscher ummayadischer Abstammung seinen weitläufigen Herrschaftssitz – sollte seinen Anspruch auf den Titel eines Stellvertreters des Propheten legitimieren. Besucher der Palastanlage berichteten von ungesehener Pracht und überbordendem Luxus. Zehntausend Laibe Brot mussten täglich an die Zierfische in den künstlich angelegten Teichen des Parks verfüttert werden. Eine Märchenstadt, wie aus den Erzählungen aus Tausendundeiner Nacht. Aber die

KLEINES GLOSSAR ARABISCHER WORTE UND VERBALLHORNUNGEN

von Georg Graffe

Die Überlegenheit arabischer Wissenschaftler im Mittelalter hatte zur Folge, dass ihre europäischen Kollegen die Begriffe für die faszinierenden neuartigen Erkenntnisse und Methoden übernahmen. Aber auch Handelsprodukten und Gegenständen des täglichen Lebens, die als Importware nach Europa gelangten, haftete ihre ursprüngliche Bezeichnung weiter an. So gelangten viele arabische Worte auch in die deutsche Sprache. Im Folgenden eine kleine Auswahl:

Algebra (arabisch: *al-dschabr* – die Ergänzung) geht auf den Namen eines im Mittelalter weitverbreiteten mathematischen Lehrbuchs zurück.

Alkohol (arabisch: *al-kuhl*) war ursprünglich der Name für ein feines Pulver. Im Laufe der Zeit wurde der Begriff auf den Weingeist übertragen.

Haschisch ist das arabische Wort für »Gras« oder »Heu«. Umgangssprachlich hat sich die ursprüngliche Bedeutung des Wortes bis heute erhalten.

Kabel (arabisch: *chabl* – Strick, Schnur)

Kaffee: Das Wort leitet sich vom Namen der Landschaft Kaffa im südlichen Äthiopien ab, die als Heimat des Kaffeestrauches gilt.

Matratze (arabisch: *matrah* – das Bodenkissen)

Makaber (arabisch: *kabr* – Grab und *makbara* – der Friedhof)

Razzia bezeichnet im Arabischen ursprünglich einen kleinen Feldzug.

Schachmatt zusammengesetzt aus dem persischen Wort *schah* für »König« und dem arabischen Wort *mat*, das »tot« bedeutet.

Simsalabim: Das berühmte Zauberwort geht auf das arabische *Bismi-llahi-r-rahmani-r-rahim* – »Im Namen Gottes, des Barmherzigen« zurück. Die von gläubigen Muslimen im Alltag oft verwendete Formel geriet in einer lautmalerischen Verballhornung nach Europa. Nicht zuletzt, da die Muslime im Mittelalter wegen ihrer naturwissenschaftlichen Kenntnisse häufig als Zauberer galten.

Tarif ist im Arabischen eine Bekanntmachung.

Ziffer (arabisch: *sifr* – leer): Im Arabischen wurde der Begriff ursprünglich nur für die Null verwendet. Da das Rechnen mit der Null über die Araber nach Europa kam und eine Revolution darstellte, bürgerte sich der Begriff im Westen für die Zahlen schlechthin ein.

Prunkanlage, die an die ruhmvollen Zeiten erinnern sollte, in denen die Ummayaden nicht nur Andalusien, sondern die ganze islamische Welt beherrschten, stand nur 80 Jahre. Um die Vorgänge zu verstehen, genügt ein kurzer Blick in die Geschichte des Islam.

Unter den Ummayaden von Damaskus spannte sich das arabisch-islamische Weltreich über 8000 Kilometer vom Fluss Indus im Osten bis an die Westküste Nordafrikas und Europas. Mitte des 8. Jahrhunderts übernahmen die Abassiden die Macht und verlegten den Herrschaftssitz nach Bagdad. Die Dynastie der Ummayaden wurde fast vollständig ausgerottet. Einigen Überlebenden gelang der Rückzug nach Andalusien, wo sie 756 den abbasidischen Statthalter von Cordoba absetzten, Andalusien zu einem ummayadisch geführten Emirat, und 929 schließlich zu einem Kalifat machten. Die Ausrufung des Kalifats von Cordoba stellt eine weitere Teilung des islamischen Weltreiches dar. Bereits 909 hatten die schiitischen Fatimiden in Tunesien ein eigenes Kalifat gegründet. Der Niedergang der abbasidischen Macht in Bagdad wurde von der Gründung zahlreicher unabhängiger Emirate und Sultanate begleitet. Anfang des 11. Jahrhunderts war damit die *umma*, die ewige Gemeinschaft aller Muslime, längst Vergangenheit. Die verlorene Einheit des islamisch-arabischen Reiches erleichterte den christlichen Kräften die Rückeroberung Andalusiens.

Aber es waren nicht die Kämpfer der Reconquista, die für die Zerstörung von Medinat az-Zahra im Jahre 1010 verantwortlich sind. Die Traumstadt bei Cordoba wurde das Opfer von Muslimen. Für den Kampf gegen die christlichen Rückeroberer hatten die letzten Ummayaden Hilfe aus Nordafrika angefordert. Die Söldnertruppen der fundamentalistischen Almoraviden, eigentlich zum Schutz der Kalifenherrschaft angeheuert, brachten sie durch einen Putsch endgültig zu Fall.

Medinat az-Zahra wurde zerstört und nie wieder besiedelt. Der Untergang der Palaststadt markiert den Anfang vom Ende der maurischen Präsenz in Spanien.

Die andalusischen Ereignisse vom Anfang des 11. Jahrhunderts wiederholen sich in der Geschichte des Islam bis in die Gegenwart. Militante Kräfte, von fundamentalistischen Predigern angeführt, greifen als dekadent empfundene Machthaber an und stürzen sie. Konkret warf man den selbst ernannten Kalifen von Medinat az-Zahra vor, dass ihre Herrschaft nicht durch Abstammung legitimiert gewesen sei. Dass sie selbstherrlich regierten und auf jede Art von *shura*, von Konsultationen, wie sie der Koran vorschrieb, verzichteten. Und dass sie die islamischen Gesetze nur unzureichend beachteten. Denn nach fundamentalistischem Verständnis sollte das Kalifat nichts anderes sein als ein Gottesstaat.

Die Kalifen von Cordoba hatten die Mezquita, die Große Moschee, gerade noch vollenden können. Die Hochachtung, die die Ummayaden von

Spanien angesichts ihrer kulturellen Leistungen im Westen genießen, wird von der islamischen Geschichtsschreibung nur teilweise geteilt. Oft werden sie als der »verdorbene Ast am Baum des Islam« bezeichnet. Der Konflikt zwischen liberalen und fundamentalistischen Kräften, der auch das Ende des Kalifats von Cordoba herbeiführte, ist ein wesentlicher Grund für das Ende der Blüte und den Beginn des Niedergangs der arabisch-islamischen Kultur.

Wege des Wissens

»Suchet das Wissen, und sei es in China!«

Aus den Hadithen, der Sammlung von
Sprüchen und Taten des Propheten

Bagdad und das »Haus der Weisheit«

»Ich habe die großen Städte gesehen. Jene, die berühmt sind für ihre dauerhaften Bauten. Ich habe sie in den Regionen Syriens ebenso wie auf byzantinischem Gebiet und anderswo gesehen. Aber nie habe ich eine Stadt von größerer Höhe, mit perfekterer Kreisform gesehen, besser ausgestattet oder mit weiteren Toren und besseren Erschließungsstraßen als Bagdad.« Der Schriftsteller ad-Dschahis (778–869) gehörte zu den Mu'taziliten, jener aufgeklärten Denkrichtung des sunnitischen Islam, die unter dem Abbasidenkalif al-Ma'mun eine kurze Blütephase erlebte. Sein Lob Bagdads vermittelt einen Eindruck von der Größe und der Gestaltung der Stadt. Mit der Kreisanlage bringen die Stadtgründer Bagdads den Anspruch zum Ausdruck, im Zentrum des islamischen Weltreiches zu stehen.

Bagdad wurde vom zweiten Kalifen der Abbasidendynastie al-Mansur zwischen 762 und 766 angelegt und hieß ursprünglich Medinat as-salam – Stadt des Friedens. Kalif al Ma'mun (ab 810) machte die Metropole mit der Gründung des »Hauses der Weisheit« auch zu einem Zentrum des Wissens.

In seinem Entwurf »Groß-Bagdad« für König Faisal II. aus dem Jahre 1957 griff Stararchitekt Frank Lloyd Wright die ursprüngliche Kreisanlage wieder auf. Da Faisal bei einem Militärputsch 1958 starb, wurden die Pläne nie realisiert.

Früh hatten die muslimischen Herrscher den Wert der Bücher erkannt. Neben prominenten Gelehrten, die aus allen Teilen des Reiches an den Kalifenhof gerufen wurden, galt vor allem der Besitz von Büchern als

Mit der Stadt Toledo fielen den katholischen Eroberern 1085 Unmengen Bücher in die Hände. Um vom Wissen der Araber profitieren zu können, wurden sie an Ort und Stelle ins Lateinische übersetzt.

Voraussetzung für den zivilisatorischen Fortschritt. Berichte, wonach Bücher auch zu den von unterworfenen Städten geforderten Tributleistungen gehörten, sind deswegen durchaus ernst zu nehmen. Die Kalifen wollten das gesamte Wissen der Antike, aber auch das Indiens und Persiens systematisch erfassen und erweitern. In Bagdad entstanden zu diesem Zweck große Übersetzerschulen, Kopierwerkstätten und Bibliotheken. Um die Weitergabe des gesammelten Wissens ins Abendland zu ermöglichen, griff man in Europa – ein halbes Jahrtausend später – dieses Konzept wieder auf. Südspanien wird als Schnittstelle zwischen Orient und Okzident zum wichtigsten Umschlagplatz für den Wissensschatz Arabiens.

Der Wissbegier des Westens begegneten die Hüter der arabischen Weisheit nicht immer freundlich. Ibn Abdun, der 1100 einen Text zur Verwaltung der Stadt Sevillas verfasste, wies seine Glaubensgenossen an, Juden und Christen keine gelehrten Bücher zu geben, da diese »sofort übersetzt, von diesen Völkern vereinnahmt und zuletzt gegen ihre muslimischen Urheber verwendet werden würden«. Trotz des geäußerten Argwohns gelangten Tausende von Schriften aus den Bibliotheken des maurischen Andalusiens in die Hände von Christen.

Die Übersetzerschulen von Toledo

Mit der Eroberung Toledos am 25. Mai 1085 durch Alfons VI. von Kastilien war nicht nur einer der wichtigsten militärischen Stützpunkte der Mauren an die katholischen Eroberer gefallen, sondern – mit den arabischen Bibliotheken – auch ein geistiger Schatz von ungeheurem Wert. In der Stadt am Tajo begann daraufhin ein gigantisches Übersetzungswerk, dessen Ziel es war, das Wissen des Morgenlands dem lateinisch sprechenden Abendland zugänglich zu machen.

Um dem Umfang der Aufgabe gerecht zu werden, brachte Toledo eine Innovation hervor: die *lengua puente* – Intermediärsprache. Diese Übersetzermethode bestand in der mündlichen *viva voce* – Übersetzung (in der Regel durch einen Juden oder Mozaraber) vom Arabischen ins Romance (einer Frühform der kastilischen Sprache). Diese Version wurde wiederum von einem Latinisten ins Lateinische übersetzt und anschließend aufgeschrieben. Das Übersetzerkollektiv bestand also aus zwei bis drei Personen, die das interkulturelle Erbe Andalusiens verkörperten. An anderen Orten Europas wäre das nicht möglich gewesen.

Die schnelle – und dadurch nicht besonders präzise – Arbeitsweise des gemeinsamen Übersetzens wurde bald durch die Tätigkeit einzelner Übersetzer ergänzt. Dabei handelte es sich zumeist um Gelehrte, die mehrere Fachgebiete und Sprachen beherrschten und dadurch die Schlüssigkeit der Übersetzungen garantieren konnten. Im Umfeld der *escuelas de traductores* entstanden auch neue Tätigkeiten wie die des Korrektors, des Glossators (der den Texten Randbemerkungen und Kommentare hinzufügte), und des *capitulador*, der die Gliederung des Werkes vornahm. Zu den wichtigsten Übersetzern Toledos im 12. Jahrhundert gehörten Dominicus Gundissalinus, Johannes Hispanus und vor allem Gerhard von Cremona.

Gerhard von Cremona

Gerhard von Cremona (1114–1187) reiste im Auftrag Kaiser Friedrich I. um 1145 nach Spanien, um dort den »Almagest« des Ptolemäus zu holen, eines der Hauptwerke der antiken Astronomie. Von diesen kommentierten Sternentafeln wusste man im Abendland. Fragmente des Werkes, das mit dem »ptolemäischen Weltbild« die seit der Spätantike geltenden Vorstellungen vom Kosmos geprägt hatten, waren bereits bis nach Europa gekommen. Viele Astronomen und Astrologen (vor 1000 Jahren gehörten diese beiden Wissensgebiete noch eng zusammen) bezogen sich darauf. Die Nachricht von einer arabischen Abschrift, die vollständig und zuverlässig war (immerhin enthielten die Sternentafeln Tausende von Positionsangaben zu den Sternen im Jahresverlauf), weckte selbst am Hofe des staufischen Kaisers höchste Erwartungen.

Gerhard von Cremona begann mit der Übertragung des »Almagest«, und es sollte nicht dabei bleiben. Angesichts der literarischen und wissenschaftlichen Schätze, die er vorfand, blieb er in Toledo, um mehr als

80 astronomische, mathematische, medizinische und philosophische Werke aus dem Arabischen ins Lateinische zu übersetzen. Aus dem geplanten Kurzaufenthalt wurde ein Lebenswerk. Zu den Werken, die Gerhard von Cremona dem Abendland übergab, gehörten nahezu alle Texte von Hippokrates und Galen nebst ihren arabischen Kommentatoren. Darüber hinaus übersetzte er arabische Meisterwerke der Medizin wie das »Liber Almansoris« des persischen Arztes ar-Razi, die Schriften über Chirurgie aus dem at-Tasrif des az-Zahrawi und vor allem den Kanon des Ibn Sina.

Im 13. Jahrhundert setzten u. a. Michael Scotus und Hermann Alemannus die Vermittlung der arabischen Wissensbestände in Toledo fort. Ende des 20. Jahrhunderts hat man die Tradition der spätmittelalterlichen Übersetzerschulen am Tajo wieder aufleben lassen: 1994 wurde die neue Escuela des Traductores de Toledo in Zusammenarbeit mit der Universitat Castilla-La Mancha und der Europäischen Kulturstiftung gegründet.

Toledo war nur eines der Tore durch die morgenländisches Wissen nach Europa kam. Byzanz/Konstantinopel und das Süditalien des Stauferkaisers Friedrich II. sind in diesem Zusammenhang ebenfalls zu nennen. Doch Toledo wird am meisten Bedeutung beigemessen, was nicht zuletzt an seinen einzigartigen Übersetzerschulen lag. Mit der Übertragung der Wissensbestände ins Lateinische war aber nur der erste Schritt in der zivilisatorischen Aufholjagd des Westens getan. Wie weit der Weg noch sein würde, macht eine Anekdote aus dem Jahrhundert nach der Eroberung Toledos deutlich.

Bei der Einnahme der Stadt waren die christlichen Eroberer am Ufer des Tajo auf ein Gebäude gestoßen, das eine geheimnisvolle Vorrichtung beherbergte. Es handelte sich um eine Klypsedra, eine Wasseruhr, die unter dem letzten Regionalfürsten von Toledo angelegt worden war. Der Astronom az-Zarqal hatte die Wasseruhr, die zu den technischen Wundern Andalusiens gehörte, konstruiert. Sie bestand aus zwei großen Becken, die sich gemäß dem Mondkreislauf füllten und leerten. 1135, 50 Jahre nach der Eroberung Toledos, ließ Alfonso VII. die Wasseruhr zerlegen, um herauszufinden, wie sie funktionierte. Den anschließenden Zusammenbau brachten die Ingenieure des kastilischen Königs aber nicht mehr zustande. Die zerstörte Klypsedra wird zum Sinnbild für die gebrochene Kette des Wissens, die sich erst viel später wieder schließen sollte.

Die Zeit der Kreuzzüge

Jerusalem

1095 rief Papst Urban II. zur »Befreiung« Jerusalems von den »ungläubigen« Muslimen auf. Vier Jahre später erreichten französische und deutsche Kreuzritter die Heilige Stadt. Dieser Feldzug ging als Erster Kreuzzug in die Geschichte ein. Noch sechs weitere sollten folgen. Die christlichen Angriffe auf den Nahen Osten sollten schwerwiegende Folgen für die Beziehungen zwischen Orient und Okzident haben.

Jahrhundertelang war die iberische Halbinsel der Hauptschauplatz der Auseinandersetzung zwischen Orient und Okzident. Aber Ende des 11. Jahrhunderts sollte ein neuer Brennpunkt hinzukommen, einer, der bis heute nicht an Brisanz verloren hat: Jerusalem. Hier, wo Abraham einen seiner Söhne opfern wollte, liegt eines der bedeutendsten religiösen Zentren der Welt. Die Erben Abrahams – Juden, Christen und Muslime – erheben gleichermaßen Anspruch auf die Heilige Stadt. Jerusalem ist ein Brennpunkt im Konflikt zwischen den Religionen. Begonnen hat der bewaffnete Kampf um das Haus Gottes auf der Welt vor 1000 Jahren. Und er sollte das Verhältnis zwischen Morgenland und Abendland nachhaltig prägen.

Zur Zeit Christi lag die Hinrichtungsstätte außerhalb der Stadtmauern an einem Ort, den die Überlieferung Golgatha – die »Schädelstätte« –

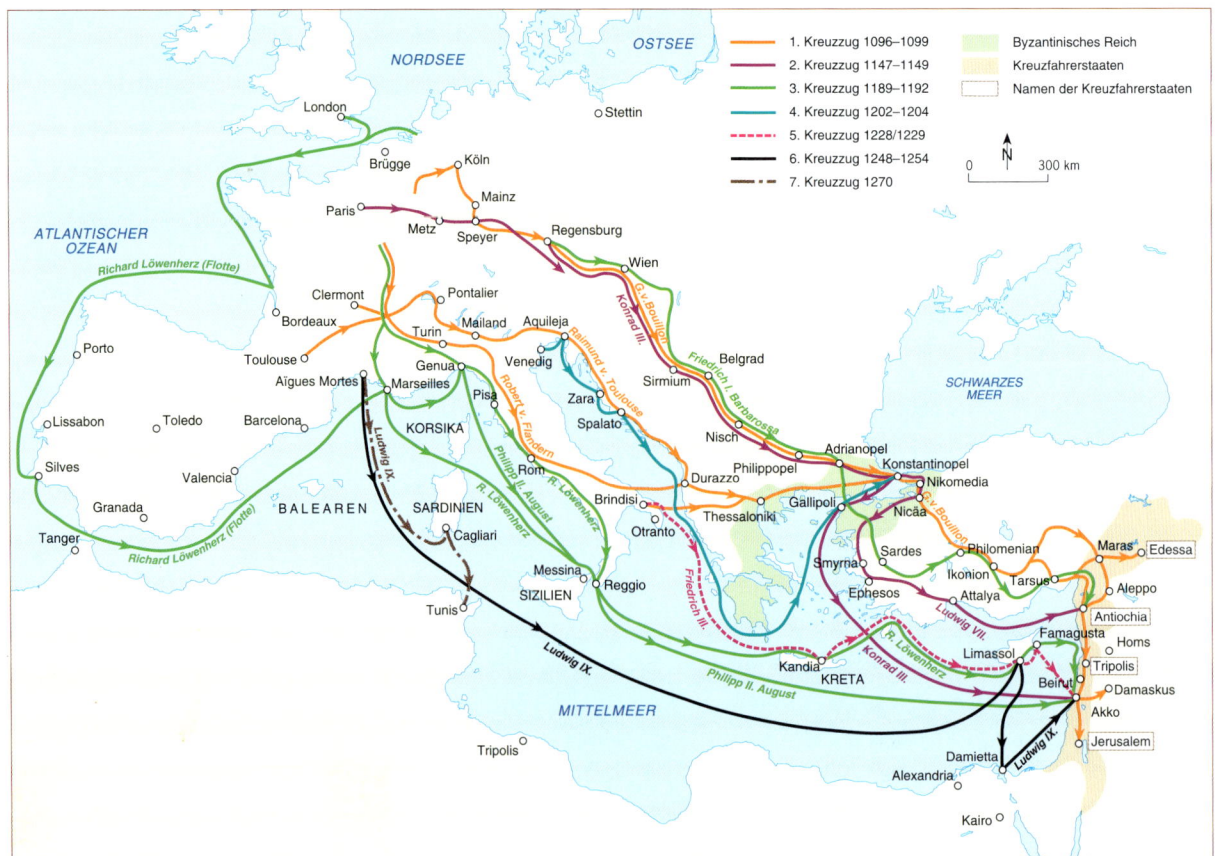

nannte. Im 4. Jahrhundert lokalisierten frühe Christen den Ort, an dem Jesus starb und bestattet wurde, in einem Steinbruch im Nordwesten der Stadt. Über den Felsengräbern, die man hier fand, wurde die Grabeskirche errichtet. Der Kirchenkomplex über dem Heiligen Grab wurde stetig erweitert und blieb auch nach der Eroberung Jerusalems im 7. Jahrhundert durch die Muslime das wichtigste christliche Pilgerziel. Bis zum Anfang des 11. Jahrhunderts.

In einem Anfall von religiösem Eifer ließ der fatimidische Kalif von Kairo christliche Kirchen plündern und zerstören. Im Jahre 1009 wurde auf seinen Befehl hin auch die Grabeskirche von Jerusalem vollständig niedergebrannt. Später ließen die schiitischen Kalifen die Grabeskirche zwar wieder aufbauen (1055 vollendet), aber das Gefühl, dass die im Koran verankerte religiöse Toleranz gegenüber den *dhimmis*, den »Gläubigen des Buches«, auch vom schwankenden Wohlwollen der muslimischen Herrscher abhängt, wird die Christen nicht mehr loslassen. Bei der antiislamischen Propaganda, die Ende des 11. Jahrhunderts den ersten Kreuzzug vorbereitete, spielten die Ereignisse von Jerusalem eine wesentliche Rolle.

Das Glaswrack von Serce Limani

Dass das Verhältnis von Orient und Okzident keineswegs so feindselig war, wie es die Kreuzzugsbefürworter im Westen Europas darstellten, wird an einem bedeutenden archäologischen Fund deutlich: das sogenannte »Glaswrack«, das im Sommer 1977 vor dem Naturhafen von Serce Limani an der Südküste der Türkei gefunden wurde. Die bei einer zweijährigen, marinearchäologischen Kampagne geborgenen Reste werden heute im Unterwassermuseum von Bodrum aufbewahrt. Der gute Erhaltungszustand des Schiffsrumpfes und der Umfang der sichergestellten Ladung geben einmalige Einblicke in den Seehandel des Mittelalters.

Mit einer Länge von 16 Metern und einer Breite von 5 Metern konnte das von zwei Lateinersegeln angetriebene Schiff bis zu 35 Tonnen an Ladung transportieren. Seine relativ bescheidenen Maße machten es gerade noch tauglich für die Küstenfahrt. Aber sie erlaubten, im Verbunde mit dem flachen Kiel, auch die Fortbewegung auf Flüssen. Die besondere Bauart und Teile der Ladung sprechen mithin dafür, dass die Seeleute auf einer Handelsroute unterwegs waren, die den von den Fatimiden beherrschten, östlichen Mittelmeerraum mit den byzantinischen Städten an der unteren Donau verband. Das Ziel der Fracht, die nach dem Schiffbruch auf dem Meeresboden landete, war Europa. Die Herkunft der geladenen Güter aber lag eindeutig im Nahen Osten.

Das sogenannte Glaswrack von Serce Limani wurde 1977 vor der türkischen Südküste geborgen und lässt Rückschlüsse auf den Seehandel zwischen Morgen- und Abendland im Mittelalter zu.

Das Schiff führte mindestens fünf Tonnen an Rohglas mit sich, das wahrscheinlich auf dem Gebiet des heutigen Bulgarien weiterverarbeitet werden sollte. Darüber hinaus fanden die Taucher Hunderte von Werkstücken aus Glas, Keramik und Metall. Münzen sind darunter, Waagegewichte, Siegel, sowie vielfältige Schmuck- und Haushaltswaren. Die Fracht stammt aus orientalischer Produktion und war, wie die Siegelabdrücke belegen, mit Genehmigung des fatimidischen Herrschers in Kairo von Syrien aus verschifft worden. Die genaue Datierung des Schiffsuntergangs auf das Jahr 1025 gelang mittels dendrochronologischer Untersuchung des Brennholzes, das die Besatzung zum Kochen mit sich führte. Das Glaswrack von Serce Limani ist ein Beleg für den florierenden Güterverkehr zwischen Morgen- und Abendland, der im 11. Jahrhundert auch nach der Zerstörung der Grabeskirche noch möglich war.

Kreuzzüge

»*Deus lo vult* – Gott will es!« Mit diesen Worten erwiderte die Menge den Aufruf Papst Urbans II. zu dem, was der Kirchenmann die »Befreiung« Jerusalems nannte. Ein Befreiungsschlag war es tatsächlich, denn mit dem Aufruf zum Ersten Kreuzzug wollte das Oberhaupt der römisch-katholischen Christen eine der schwersten Krisen der Kirchengeschichte beenden.

Die folgenreiche Predigt, in der der Krieg gegen die Bewohner des Heiligen Landes als »Wille Gottes« bezeichnet wurde, hielt der Papst zum Abschluss einer Versammlung kirchlicher Würdenträger in der zentralfranzösischen Kleinstadt Clermont. Man schrieb den 27. November 1095, und die Ereignisse, die an diesem Wintertag ihren Anfang nahmen, sollten fatale Folgen für das Verhältnis zwischen Morgen- und Abendland haben. Dabei war der Kreuzzug in erster Linie ein Mittel, um die Probleme der Papstkirche aus der Welt zu schaffen.

Da war zum einen die Spaltung der Christenheit in eine West- und eine Ostkirche. Dieses sogenannte »morgenländische Schisma« hatte Urbans Vorgänger im Amt, Papst Leo IX., ein halbes Jahrhundert zuvor durch die »Exkommunikation« des Patriarchen von Konstantinopel ausgelöst. Das Oberhaupt der orthodoxen Christen reagierte auf den gegen ihn verhängten Kirchenausschluss mit gleicher Münze. Mit seinem Aufruf zum Kreuzzug ins Heilige Land wollte Urban II. diese Entwicklung rückgängig machen und West- und Ostkirche durch einen gemeinsamen Feind – die Muslime – wieder vereinen.

Zum anderen ging es dem Papst darum, sich im Machtkampf mit dem Kaiser weitere Vorteile zu verschaffen. Der Streit, wer Gottes erster Stellvertreter auf Erden war, hatte sich vor allem an der Investitur entzündet.

Diese italienische Buchmalerei aus dem 14. Jahrhundert stellt die Belagerung Jerusalems durch die Kreuzritter dar.

DIE GEFÜRCHTETEN MÄNNER DES ALTEN VOM BERG: DER MYTHOS DER ASSASSINEN

von Georg Graffe

Keine andere religiöse Splittergruppe der Muslime machte so von sich reden wie die Assassinen. Bis in den modernen Sprachgebrauch hat sich die Erinnerung an die legendenumwobene, mittelalterliche Sekte erhalten. Noch heute bezeichnet das Wort *assassin* im Englischen einen Attentäter oder Meuchelmörder. In Europa wurde der Mythos der »Mördersekte«, die auf der Burg Alamud am kaspischen Meer gegründet wurde, vor allem durch den berühmten Reisebericht Marco Polos aus dem 13. Jahrhundert genährt.

Die Burg Masyaf diente dem »Alten vom Berg«, einem Assassinen-Anführer, als Residenz.

»Der Meister versetzt die Schüler mit einem berauschenden Trank in Schlaf. In einem exotischen Garten wachen sie wieder auf, um dort – umgeben von schönen Mädchen – das Leben für einige Tage in vollen Zügen zu genießen.« Die mit Sex und Drogen gefügig gemachten jungen Männer schwärmen anschließend als willenlose Werkzeuge ihres Herrn in die Welt hinaus und begehen Morde – meist an den politischen und religiösen Widersacher ihres Anführers. Aber das eigentliche Markenzeichen der Assassinen ist eine frappierende Todesverachtung. Bei den Anschlägen nehmen sie nämlich ihren eigenen Tod gelassen in Kauf. Deshalb gelten sie auch als die Ahnherren heutiger Selbstmordattentäter.

Vieles an den Berichten über die Assassinen ist Legende. Aber dass sie existierten, daran besteht für Historiker kein Zweifel. Den Hintergrund für die Entstehung der Assassinen bilden politisch-religiöse Auseinandersetzungen unter den schiitischen Muslimen. Um 770 kam es zu einem Streit um den rechtmäßigen Nachfolger des Propheten. Ein Teil der Schiiten betrachtete einen gewissen Ismail als legitimen Erben Mohammeds und nannte sich fortan Ismailiten. Deren radikalster Zweig wurden die Assassinen.

Einige zogen nach Syrien. Dort in der Burg Masyaf residierte der legendäre »Alte vom Berg«, der es in Europa sogar zu Berühmtheit brachte, weil er zeitweise mit den christlichen Kreuzfahrern gegen den arabischen Feldherrn Saladin paktierte.

Allerdings ist der Mythos der Assassinen viel größer als ihre tatsächliche politische Bedeutung während der 200 Jahre ihres Wirkens.

Die Ismailiten dagegen existieren bis heute. Ihre Glaubensgemeinschaft zählt etwa 20 Millionen Anhänger, die als ihr geistliches Oberhaupt den Aga Khan verehren. Der prominente Weltbürger, der sich in vielen Entwicklungsprojekten engagiert, gilt als direkter Nachfolger des Propheten.

Dabei ging es um das lukrative Recht, Bischofssitze zu besetzen. Der Gang des Kaisers nach Canossa im Jahre 1077, bei dem der deutsche Herrscher Heinrich IV. den damaligen Papst Gregor VII. um Wiederaufnahme in die Kirche bitten musste, hatte den Investiturstreit nur vorläufig zugunsten des Kirchenoberhauptes entscheiden können. Mit der Ausrufung des Kreuzzugs stellte sich der Papst an die Spitze der Christenheit und konnte dabei auch den Kaiser in die Pflicht nehmen.

Für die bei der Predigt in Clermont versammelten Gläubigen spielte das kirchenpolitische Kalkül des Papstes wohl kaum eine Rolle. Die Worte der Predigt sind überliefert und dokumentieren die verhängnisvolle Verbindung, die christlicher Glaubenseifer und antiislamische Propaganda mit der Kreuzzugsidee eingegangen waren: Die Stadt des Herrn sei besudelt von den Ungläubigen. Die Heiligen Bauten der Christenheit seien der Willkür der heidnischen Herrscher ausgeliefert. Diese Schmach müsse endlich ein Ende haben. Am Schluss seiner Predigt schwört Urban II. seine Zuhörer auf eine geradezu aberwitzige Vision ein: Die Christenheit solle Jerusalem zurückerobern! Die Reaktion der Zuhörer ist bekannt: Spontan zerriss man rote Tücher in Streifen und heftete sie kreuzweise auf die Gewänder. Der Erste Kreuzzug hatte begonnen.

Die Eroberung Jerusalems

In zähem Kampf hatten sich die französischen und deutschen Ritter bis nach Palästina durchgeschlagen und erreichten schließlich am 7. Juni des Jahres 1099 Jerusalem. Von den 7000 Rittern, die sich zum Kreuzzug verpflichtet hatten, waren nur noch 1500 an der Belagerung der Heiligen Stadt beteiligt. Die gepanzerten Reiter wurden von 12 000 Fußsoldaten unterstützt. Unter den Augen der erstaunten Verteidiger umrundete das christliche Heer dreimal in feierlicher Prozession die Mauern Jerusalems.

Die Nachricht, dass eine Entsatzarmee der Fatimiden aus Ägypten im Anmarsch sei, veranlasste die Kreuzritter Mitte Juni zu einem Sturmangriff, der aber scheiterte. Nun setzte man auf den Bau von Belagerungsmaschinen, mit deren Fertigstellung einen Monat später der Großangriff auf Jerusalem begann.

In den Morgenstunden des 15. Juli 1099 machte der Belagerungsturm mit den Männern Gottfrieds von Bouillon an den Mauern Jerusalems fest. Der flämische Ritter Lethold – so heißt es später in den Berichten der Eroberer –, überwand als Erster mit einem gewagten Sprung den Zinnenkranz.

Was dann folgte, ist eines der düstersten Kapitel in der Geschichte Jerusalems. Die Raserei der Sieger, die nach unendlichen Strapazen ihre Mission erfüllt sahen, kannte keine Besinnung und keine Gnade. Sie richteten unter den Muslimen, Juden und Christen, die in der Stadt verblieben waren, ohne Unterschied ein schreckliches Blutbad an: »Gott wird die Seinen schon erkennen!« Die Ritter verschonten auch Frauen und Kinder nicht. Etwa 30000 Menschen – so schätzt man – fielen dem Massaker zum Opfer.

Saladin

Die christliche Herrschaft über die Heilige Stadt währte nur 88 Jahre. Die Anwesenheit der Kreuzritter hatte zur Folge, dass sich die zerstrittenen Muslime zu einer gemeinsamen Kraftanstrengung zusammenfanden. Am 2. Oktober 1187 gelang unter Saladin die Rückeroberung Jerusalems. Der kurdischstämmige Feldherr, Wesir, und spätere Sultan, rang nicht nur den Kreuzrittern weite Teile der besetzten Gebiete ab. Saladin beendete auch das Kalifat der schiitischen Fatimiden in Kairo und verhalf damit den sunnitischen Abbasiden in Bagdad vorübergehend zu neuer Stärke. Die Gestalt des Saladin wurde in späteren Jahrhunderten nicht nur in der muslimischen Welt zu einem Idealbild verklärt. Auch im Westen würdigte man sein ritterliches Auftreten und seine Großmut.

Es sollte aber noch bis 1291 dauern, bis die Kreuzritter mit der Hafenstadt Akkon ihre letzte Bastion im Heiligen Land aufgeben mussten. Zweihundert Jahre christliche Präsenz bedeuteten einen tiefen Einschnitt in den muslimisch beherrschten Nahen Osten. Die Existenz der Kreuzfahrerstaaten war, nach Meinung von Historikern, einer der Gründe für das Ende der arabisch-islamischen Hochkultur. Während der Handel der Kreuzfahrerstaaten mit Europa neuen Aufschwung nahm, und vor allem den großen italienischen Hafenstädten zu Reichtum und Macht verhalf, brach der innerislamische Austausch weitgehend zusammen.
Der geografische Keil, den die Kreuzfahrer für zwei Jahrhunderte in das islamische Imperium trieben, trennte den Osten vom Westen des Reiches. Handel, Verwaltung und Kulturaustausch wurden durch die Besetzung der schmalen Landbrücke zwischen Asien und Nordafrika blockiert. Der grenzfreie Verkehr mit Gütern und Ideen, der jahrhundertelang funktioniert hatte, kam fast zum Erliegen. Ohne dass sie sich der Langzeitwirkung ihrer Aktion bewusst gewesen wären, sorgten auch die Kreuzritter dafür, dass das Goldene Zeitalter der arabisch-islamischen Welt im 13. Jahrhundert zu Ende ging.

Der Bedeutungsverlust Arabiens ging einher mit dem Erscheinen von Persönlichkeiten, die als Mittlergestalten zwischen Orient und Okzident auftraten und damit den Fortbestand des morgenländischen Kulturerbes garantierten. Der prominenteste und wichtigste unter diesen Grenzgängern war zweifelsohne der deutsche Stauferkaiser Friedrich II.

Das Erbe des Orients

Friedrich II.

»Die Fürsten des Reiches kamen ihm bis Regensburg entgegen. Wie es der kaiserlichen Erhabenheit ansteht, so zog er daher in großer Glorie, und es folgten ihm die vielen Quadrigen mit Gold und mit Silber beladen, mit Byssus und Purpur, mit Gemmen und köstlichem Gerät. Er führte mit sich Kamele und Elefanten, Maultiere und Dromedare, Affen und Leoparden, auch viele Sarazenen und dunkle Äthiopier, die sich auf mancherlei Künste verstanden und als Wache dienten für Gelder und Schätze.«

Zeitgenössischer Bericht über den Einzug
Friedrichs II. in Regensburg 1235

Man nannte ihn *stupor mundi* – er war der Mann, der »die Welt Staunen machte«. In die Anerkennung für seine Leistungen mischten sich schon zu Lebzeiten des Enkels von Friedrich I. Barbarossa Zweifel und Argwohn über seine Gesinnung. Der König von Sizilien und Deutschland, der Kaiser des Heiligen Römischen Reiches – war er Christ, war er ein Muslim, oder war er ganz und gar ein Ungläubiger? Die Propaganda des Papstes hatte den angefeindeten Herrscher oft sogar mit einem Ungeheuer verglichen.

Der Staufer hat es seinen Widersachern in Rom leicht gemacht. Sein Auftritt glich in vielen Zügen dem eines orientalischen Herrschers. Aber was war Friedrich II. nun wirklich – und inwiefern wurde er zum Mittler zwischen den Kulturen? Wer war der Mann, der am 26. Dezember 1194 in einem Zelt auf dem Marktplatz im mittelitalienischen Jesi geboren wurde und dessen glücklicher Aufstieg an die Spitze der westlichen Welt mit dem tragischen Scheitern seiner dynastischen Pläne endete? Friedrich II. starb fünfundfünfzigjährig am 13. Dezember 1250. Sein italienisches Königreich, das zu einem Einfallstor für arabische Kultur und Wissenschaften nach Europa werden sollte, würde ihn nur um wenige Jahrzehnte überdauern.

Friedrich II., hier in einem Kupferstich aus dem 17. Jahrhundert nachempfunden, wuchs in Sizilien auf, wo Muslime und Christen lange Zeit friedlich nebeneinander lebten. Früh kam der Kaiser auf diese Weise mit der arabischen Kultur in Berührung. Diese Erfahrungen legten wohl den Grundstein für seine tolerante Haltung gegenüber dem Islam.

Schmelztiegel Sizilien

Im 9. Jahrhundert hatten nordafrikanische Muslime Sizilien und Teile Süditaliens von den Byzantinern erobert. 200 Jahre später übernahmen die Normannen die Herrschaft über Sizilien und errichteten dort ein Königreich. Die ungeschlachten Haudegen aus dem kalten Norden wandelten sich in südlicher Sonne schnell zu Genießern und äußerst toleranten Herrschern.

Einzigartig in der damaligen Christenwelt war, dass hier mehrere Kulturen und Religionen das Recht auf Entfaltung hatten. Ihre sarazenischen Vorgänger behandelten die Normannen mit Respekt. Für ihre Paläste und Kathedralen engagierten die Verwandten der Wikinger islamische Baumeister. Ein besonders spektakulärer Beleg für die Aufgeschlossenheit der Normannen ist die Zusammenarbeit König Rogers II., Friedrichs Großvater mütterlicherseits, mit dem muslimischen Geografen al-Idrisi. Roger gab bei dem aus Andalusien stammenden Mauren ein Kartenwerk in Auftrag, das die gesamte damals bekannte Welt möglichst präzise darstellen sollte. 1154 lieferte al-Idrisi auf 70 Doppelseiten eine Weltkarte, die als »Tabula Rogeriana« zu den umfassendsten und genauesten Kartenwerken ihrer Zeit gehörte.

Die religiöse und kulturelle Toleranz im Königreich Sizilien nahm gegen Ende des 12. Jahrhunderts unter dem Einfluss Roms ab. Während der maurische Reisende Ibn Dschubair noch 1185 von intakten muslimischen Vierteln in den Städten Siziliens sprechen konnte, zogen sich die Sarazenen ab 1190 in die Berge im Landesinnern zurück. Der Druck, sich entweder zum Christentum zu bekehren, oder Sizilien zu verlassen, war von Jahr zu Jahr stärker geworden. Es war niemand anderes als Friedrich II., der die Sarazenen schließlich unterwerfen sollte.

Jugend in Palermo

Seine Jugend verbrachte der auf den Namen seines staufischen Großvaters Getaufte in Palermo. Sizilien hatte zuvor ein Vierteljahrtausend arabischer Herrschaft erlebt. In den Gärten und Landvillen, in den Kirchenbauten und Stadtpalästen des süditalienischen Königreiches lebte der Orient auch nach dem Rückzug der Sarazenen fort.

In diesem Umfeld wuchs der spätere Kaiser ohne die früh verstorbenen Eltern und unter relativ bescheidenen Bedingungen heran. Viele Legenden ranken sich um seine Jugendjahre. Neun Sprachen soll er gelernt und das Arabische in Wort und Schrift beherrscht haben. Über seine materiellen Verhältnisse erzählt man, dass Friedrich so arm gewesen sei, dass er von wohlgesinnten Bürgern Palermos durchgefüttert werden musste. Arabische Historiker sehen Beweise, dass der junge Staufer in Palermo einen arabischen Lehrmeister hatte. Westliche Historiker bestreiten dies hingegen.

Großmut statt Vernichtung

Es erscheint wie eine schicksalhafte Fügung, dass der Waise aus Süditalien am 22. November 1220 vom Papst in Rom zum Kaiser des Römischen

Reiches gekrönt wurde. Sofort nahm der junge Herrscher eine Kampagne zur Unterwerfung der aufständischen Araber auf Sizilien in Angriff (1221–1223).

Nach erbitterten Kämpfen im gebirgigen Hochland Siziliens, vor allem im Val di Mazara bei den Befestigungen von Jato und Entella, hatte der Staufer die letzten arabischen Widerstandsgruppen auf der Insel ausgehoben. 25 000 muslimische Gefangene warteten in einem abgeriegelten Gefangenenlager auf ihre Verurteilung. Der Anführer des Widerstands, Ibn Abbad (genannt Mirabettus), wurde zum Tode verurteilt. Gegenüber den gemeinen muslimischen Kämpfern und ihren Familien ließ Friedrich Gnade walten. Mit einer Geste, die den Großmut über die Vergeltung stellte und dabei großen politischen Weitblick verriet, machte Friedrich seine ehemaligen Widersacher zu seiner neuen Gefolgschaft. Er bestand auf absoluter Loyalität, einer Umsiedlung aufs Festland, und auf die Bezahlung der Steuern für Nichtchristen. Aber der Staufer ließ den besiegten Muslimen ihren Glauben. Alles in allem war dies eine Vorgehensweise, die er von arabischen Vorbildern gelernt hatte. So gelang es ihm, aus seinen einstigen Feinden treue Untergebene zu machen. In Lucera und Girofalco, unweit Friedrichs neuer Residenzstadt Foggia, wurden die ehemaligen Rebellen angesiedelt.

Auf die Sarazenen des Kaisers hatte der Papst keinerlei Einfluss. Die muslimischen Militärkolonien wurden zu wichtigen Eckpfeilern der Stauferherrschaft in Süditalien. Aus diesen Truppen rekrutierte Friedrich seine Leibwache, hier wurden die Reichsinsignien und der Staatsschatz aufbewahrt und bewacht. Auch am Hofe des Kaisers standen Sarazenen in verantwortungsvollen Positionen. Der oberste Philosoph Friedrichs war ein Muslim, und sein Kanzler war ein Araber: Der Mann mit Namen Richard begleitete Friedrich II. ab dessen 18. Lebensjahr und blieb für 20 Jahre sein engster Berater. Friedrichs Vorgehen war für einen christlichen Herrscher ohne Beispiel. Er nahm damit nicht nur einen ruhmvollen Platz in der Geschichte ein, sondern weckte auch den Argwohn innerhalb der christlichen Welt.

Kreuzzug der Versöhnung

Der Kreuzzug stellte (nach der Jugend im arabisch-normannisch geprägten Sizilien und der Unterwerfung der muslimischen Rebellen) die dritte Begegnung Friedrichs mit der Welt des Islam dar. Anlässlich seiner Krönung zum deutschen König 1215 in Aachen hatte der Staufer öffentlich einen Kreuzzug zur Befreiung Jerusalems gelobt. Dies war vor allem als politische Geste gemeint, denn in den Augen des Papstes musste die selbstherrliche Ausrufung eines Kreuzzugs als ungeheuerliche Anmaßung erscheinen. Mit seinem Verhalten warf Friedrich Rom einen Fehdehandschuh zu. Und dort hat man diesen auch ergriffen. Einem tatsächlichen Kreuzzug stand der deutsche König mehr als skeptisch gegenüber. Als die Beteiligten des Fünften Kreuzzuges im Jahre 1217 in Richtung Ägypten aufbrachen, fehlte Friedrich II. unentschuldigt. Auch die Hilferufe des christlichen Heeres, das bei Mansura im Nildelta in eine militärisch aussichtslose Lage geraten war, ließen den Kaiser unberührt. Als er im Jahre 1227 schließlich mit eigenen Truppen aufbrach, zwang ihn eine Seuche, an der er auch selbst erkrankte, zur Rückkehr. Gregor IX. belegte Friedrich daraufhin mit dem Kirchenbann.

Als Friedrich im folgenden Jahr zum zweiten Mal mit seinem Heer ins Heilige Land aufbrach, traf ihn erneut der Bannstrahl des Papstes. Diesmal fürchtete das Kirchenoberhaupt einen Erfolg Friedrichs. Ein Sieg im Heiligen Land hätte die Position des Kaisers gegenüber dem Papst erheblich gestärkt. Für den Staufer stand bei seinem Kreuzzug alles auf dem Spiel: Sollte er ohne Erfolg zurückkehren, würde er Königs- und Kaiserwürde endgültig verlieren.

Friedrich hat Jerusalem schließlich erobert – ohne Waffen und allein mit Worten. Als einziger Kreuzzug endete der von Friedrich angeführte völlig unblutig und trotzdem erfolgreich: Am 18. Februar 1229 unterzeichneten der Stauferkaiser und der ägyptische Sultan al-Kamil nach monatelangen Verhandlungen einen Vertrag, der die Städte Jerusalem, Betlehem und Nazareth sowie die Pilgerstraßen, die zu ihnen führten, für zunächst zehn Jahre unter christliche Herrschaft stellte. Bis zuletzt hintertrieb Papst Gregor IX. Friedrichs Bemühungen. Es wird sogar von einem Brief des Papstes berichtet, in dem er den Sultan von Kairo bittet, dem deutschen König die Heiligen Stätten nicht zu überlassen! Nach dem spektakulären Friedensschluss besuchte der Kaiser die Heiligen Stätten. Die Besichtigung der Qubbat as-sachra-Kuppel, des achteckigen Felsendoms in Jerusalem, könnte ihn bei der Konzeption des Castel del Monte inspiriert haben.

Sizilianische Reformen

In die Verwaltung des süditalienischen Königreiches flossen morgenländische Elemente ein. Friedrich kopierte das arabische Steuersystem und führte eine der arabischen Kopfsteuer für Andersgläubige entsprechende Abgabe für Muslime und Juden ein. Papier spielte ebenfalls eine wichtige Rolle bei der Dokumentation und Verbreitung von Verwaltungsentscheidungen. Als es aufgrund schlechter Papierqualität (das in Süditalien ver-

wendete Papier wurde aus billiger Baumwolle hergestellt) zu schwerwiegenden Dokumentenverlusten kam, verbot der Kaiser vorübergehend dessen Nutzung. Friedrich setzte außerdem eine tiefgreifende Staatsreform
durch, als er das in Europa geltende Lehnswesen durch eine Beamten-
hierarchie ersetzte, die auf die Zentralgewalt des Herrschers eingeschwo-
ren war. Vorbild hierfür waren byzantinische Herrschaftsstrukturen. Für
die Ausbildung seiner Beamten gründete der staufische Herrscher nach
arabischem Muster eine Universität.

Schulen des Wissens

»Wir verfügen, dass in der lieblichen Stadt Neapel Wissenschaften
jeglicher Art gelehrt werden und die Studien blühen sollen, damit
alle, die hungrig und durstig sind nach Gelehrsamkeit, nicht gezwungen sind, auf der Suche nach Wissen andere Völker aufzu-
suchen.«

Aus dem Friedrich II. zugeschriebenem
Gründungsdokument der Universität Neapel

Nach der Rechtsschule von Bologna, die sein Großvater Barbarossa ge-
gründet hatte, erhielt Neapel 1224 die zweite von deutschen Staufern in
Italien errichtete Universität. Die Lehrstätte, die völlig unabhängig von der
Kirche betrieben wurde, trägt noch heute den Namen ihres Gründers.
Neben den Rechtswissenschaften bot die Universität von Beginn an ein
breites Angebot an Fächern. Vorbilder für den Lehrplan und die Ausstat-
tung waren die Studienzentren in Bagdad, Fez und Cordoba. Gelehrte aus
Arabien waren es, die den Lehrbetrieb an Friedrichs Hochschule prägten.
Systematisch wurden für die Universitätsbibliothek Bücher aus dem Arabischen ins Lateinische übersetzt und somit dem christlichen Abendland zugänglich gemacht. Prominentester Student in der Gründungszeit der Universität Neapel war Thomas von Aquin. Weitläufig mit Friedrich verwandt,
wurde Thomas später in Paris zum Begründer der mit wissenschaftlichen
Methoden arbeitenden Denkschule der sogenannten Scholastiker. Thomas
und die von ihm vertretene Erkenntnismethode markierten das Ende des
christlichen Mittelalters und den Beginn der Neuzeit.

In Salerno richtete Friedrich – nach dem Vorbild des Bimarestan-Nuri
von Damaskus – eine medizinische Akademie mit angeschlossenem Lehr-
krankenhaus ein. Zur Vorbereitung mussten die angehenden Ärzte ein
Aufbaustudium in Logik absolvieren. Im anatomischen Unterricht fanden
Leichensektionen statt. Die Absolventen mussten zwei Prüfungen bestehen, für Chirurgen gab es eine dritte.

Die Falkenjagd galt unter arabischen Fürsten als »vornehmste« aller Freizeitbeschäftigungen. Friedrich II. betrieb sie nicht nur mit Leidenschaft, sondern auch mit wissenschaftlichem Interesse. Sein Buch »Von der Kunst, mit Vögeln zu jagen«, dem auch dieses Bild des Kaisers entnommen ist, wurde zu einem Standardwerk der Vogelkunde.

Adam von Cremona, der in Salerno lehrte, schrieb für Friedrich ein medizinisch-diätetisches Handbuch für den Kreuzzug. Die katastrophalen Erfahrungen von 1227, als des Kaisers Heer von einer Seuche heimgesucht und dezimiert wurde, sollten sich nicht wiederholen.

Von der Kunst, mit Vögeln zu jagen

Die Falkenjagd war unter orientalischen Herrschern ein beliebter Zeitvertreib, dem auch der Stauferkaiser gerne nachging. Aber Friedrich ging es bei der Beschäftigung mit Jagdvögeln nicht nur um arabische Lebensart, er machte auch eine Wissenschaft daraus. Das Buch »Von der Kunst, mit Vögeln zu jagen«, das der Herrscher zusammen mit seinem Falkner Moamin verfasste, wurde zu einem aufwendig illustrierten Lehrbuch, das auf jahrelangen Beobachtungen und eigenen Experimenten beruhte. Die Autoren waren bei ihren Untersuchungen mit empirischen Methoden vorgegangen: Ihre Erfahrungen haben sie aufgezeichnet, verglichen und überprüft. Ein Vorgehen, das im spätmittelalterlichen Europa revolutionär und neu war. Das kaiserliche Manuskript markiert den Beginn der modernen Erfahrungswissenschaften.

Sizilianische Fragen

»Hat Aristoteles die Ewigkeit der Welt nachgewiesen? Wenn nicht, was sind seine Argumente dann wert? Was ist das Wesen der Seele? Ist sie unsterblich? Was beweist ihre Unsterblichkeit?«

Mit diesen und anderen »letzten« Fragen wandte sich Friedrich 1242 an die Denker der damaligen Welt. Seine Briefe mit den berühmten »sizilianischen Fragen« gingen nach Ägypten, Syrien, Kleinasien, Marokko, in den Irak und in den Jemen. Der Mann, der als Grenzgänger zwischen den Kulturen gelebt hatte, versuchte in seinen letzten Lebensjahren eine Bilanz, die einmal mehr das weit gesteckte Interesse dieses ungewöhnlichen Herrschers deutlich macht.

War Friedrich nun ein orientalischer Herrscher oder gar Muslim? Beides ist zu verneinen. Das Handeln Friedrich II. war von den politischen Zwängen seiner Zeit bestimmt und in erster Linie pragmatisch ausgerichtet. Sein Herrschaftsstil wurde von byzantinischen Elementen ebenso geprägt wie von arabisch-islamischen. Als Mensch und als Herrscher war der Staufer noch gänzlich in die Vorstellungswelt des Mittelalters eingebunden, und es wäre Schwärmerei, in ihm einen »Wegbereiter der Moderne« sehen zu wollen. Dazu hatte sein süditalienisches Reich nicht lange genug Bestand.

Was bleibt ist das Bild eines Mannes, der für die Errungenschaften des Orients empfänglich war und im Umgang mit den Muslimen unter seiner Herrschaft religiöse Toleranz walten ließ. Das machte ihn in den Augen seiner christlichen Zeitgenossen suspekt und im Vergleich mit anderen abendländischen Herrschern einzigartig. Letztlich ist es diese Aufgeschlossenheit gegenüber östlichen Einflüssen, die Friedrich II. zu einem der prominentesten Grenzgänger und Mittler im Staffellauf der Kulturen machte.

Castel del Monte

Nirgendwo wird die offene Haltung des Staufers so deutlich wie in der Festung, die er 40 Kilometer westlich von Bari auf den Ruinen eines Klosters errichten ließ.

Mit dem rautenförmig gesetzten *opus reticulatum* macht die Innenausstattung Anleihen bei antiker römischer Architektur. Der orientalische Einfluss wird bei einigen dekorativen Bauelementen sowie bei der Wasserversorgung und den integrierten Toiletten mit Wasserspülung deutlich. Die Vorbilder für diese in Europa einmaligen Installationen stammen aus

Die architektonischen Merkmale des Castel del Monte bringen die – in kultureller Hinsicht – offene Haltung ihres Erbauers Friedrich II. zum Ausdruck. Nach dem Willen des Stauferkaisers wurden im dem Bauwerk antike, byzantinische, orientalische und abendländische Elemente vereint.

Die Palastfestung verfügte auch über Toiletten mit fließendem Wasser. In Europa war diese Sanitärtechnik, deren Vorbilder aus islamischen Palastanlagen in Nordafrika stammen, einzigartig.

einem Palast in Nordafrika. Die Architektur des Castel del Monte stellt eine Synthese all der Kulturtraditionen dar, die den Stauferkaiser beeinflusst haben: die Antike, der Orient und das Abendland. Und sie repräsentiert damit auch alle Bevölkerungsgruppen, die unter Friedrichs Herrschaft im Süden Italiens friedlich zusammenleben konnten – die Nachkommen der Griechen und Normannen, die Sarazenen und die eingeborene italienische Bevölkerung. In der achteckigen Anlage des Castel del Monte, dessen Vorbilder nicht nur in der Pfalzkapelle zu Aachen, sondern auch im Felsendom von Jerusalem zu finden sind, macht Friedrich seinen universellen, gottgegebenen Herrschaftsanspruch deutlich: Wunschdenken eines alternden Herrschers, wie der weitere Verlauf der Geschichte zeigen sollte.

Mit der öffentlichen Enthauptung von Friedrichs Enkel, dem sechzehnjährigen Konradin, in Neapel starb 1268 die Stauferdynastie aus. Die sarazenischen Kolonien in Lucera und Girofalco wurden Ende des 13. Jahrhunderts von Karl von Anjou angegriffen, aufgelöst und die muslimischen Bewohner auf Sklavenmärkten verkauft. Die letzte große arabische Gemeinschaft auf italienischem Boden verschwand für immer.

Leonardo von Pisa

Zu den Mittlergestalten des 13. Jahrhunderts gehörte auch der Kaufmannssohn Leonardo von Pisa. Seine Geburtsstadt an der Mündung des Arno war am größten Transportgeschäft der damaligen Zeit beteiligt: dem organisierten Handel zwischen Ost und West. Pisa unterhielt Handelsniederlassungen rings um das Mittelmeer. Vorsteher des pisanischen Stützpunktes in Bugia an der algerischen Küste war Bonaccio – übersetzt »der Gute«. Sein Sohn Leonardo ging unter dem Beinamen Fibonacci in die Geschichte der Mathematik ein.

Früh begleitete Leonardo seinen Vater auf Geschäftsreisen im Mittelmeerraum. Er lernte dabei den ganzen Reichtum der orientalischen Welt kennen. Aber vor allem eine Sache erregte sein Interesse: die Mathematik. Leonardo war fasziniert vom Umgang der arabischen Händler mit Zahlen. Eine Leidenschaft, die ihn nicht mehr loslassen sollte. Nach den Lehrjahren im Orient wurde Leonardo zum ersten großen Mathematiker des Abendlandes.

Die Welt der Zahlen

Die Vorteile der arabischen Ziffern begreift man sofort, wenn man die römische Rechenart, die im Abendland im Spätmittelalter immer noch galt, mit der indisch-arabischen vergleicht. So entspricht die arabische Zahl 888 der römischen Zeichenkolonne DCCCLXXXVIII! Wer dann versucht, das römische Ungetüm mit seinen unbeweglichen Schwellenwerten zu addieren, zu multiplizieren oder gar zu dividieren wird schnell merken, dass er sich auf ein schwieriges Unterfangen eingelassen hat.

Wie viel leichter dies mit den arabischen Ziffern geht, wird rasch klar. Dennoch hat es Jahrhunderte gedauert, bis sich die arabischen Ziffern im Abendland durchsetzten. Ihre Herkunft machte sie verdächtig. Was aus dem Osten kam, war Teufelswerk. Die Null rief besonderen Argwohn hervor. Sie bezeichnet das Nichts, was aus christlicher Sicht bereits an Gotteslästerung grenzte, aber hinten angefügt führt sie die Zahlenwerte zu unglaublicher Größe. Mit rechten Dingen zugehen konnte das nicht! Bei der Einführung der arabischen Mathematik im Abendland spielte das Hauptwerk Leonardos, das »Liber Abaci«, eine wesentliche Rolle. Im Jahre 1203 verfasste Leonardo in lateinischer Sprache das Buch, das seinen Ruhm begründete. In einem Band hatte er all das zusammengetragen, was er bei arabischen Rechenmeistern und in den Bibliotheken und Akademien des Orients gelernt hatte. Das epochemachende Werk erregte auch die Aufmerksamkeit Friedrichs II. und bescherte dem Kaufmannssohn aus Pisa eine Einladung an den Hof des Stauferkaisers.

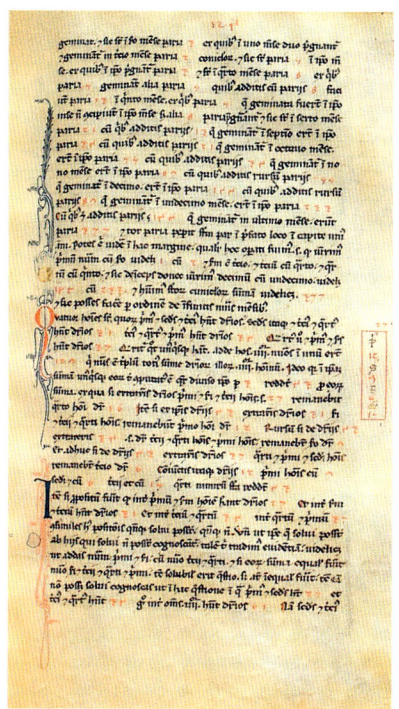

Die Überlegenheit des arabischen Ziffernsystems gegenüber dem römischen war Leonardo von Pisa schnell klar. Mit seinem »Liber Abaci« – hier eine Seite der Handschrift, die in der Nationalbibliothek Florenz aufbewahrt wird – machte er die arabische Mathematik im Westen bekannt und begründete seinen Ruf als erster großer Mathematiker des Abendlandes.

Schach

Wie die arabische Mathematik hatte auch das Schachspiel indische Wurzeln. Im Umgang der Muslime mit dem beliebten Brettspiel äußert sich aber auch eine Entwicklung, die beispielhaft die Begleitumstände des Niedergangs der arabisch-islamischen Kultur zeigt.

Im 7. Jahrhundert entwickelte sich das Strategieduell aus den militärischen Planspielen indischer Regionalfürsten. Als der Islam Indien eroberte, brachten die muslimischen Kämpfer das Spiel mit in ihre Heimat. Die schwarz-weißen Felder des Spielbretts sind Sinnbild für Tag und Nacht, Leben und Tod, Gut und Böse. Die Spielfläche ist ein virtuelles Schlachtfeld – der Ort, an dem die bessere Taktik über Sieg oder Niederlage entscheidet. Prominente Muslime wie Kalif Harun ar-Raschid oder Sultan Saladin sollen exzellente Spieler gewesen sein (ebenso wie später der Staufer Friedrich II.). Aber ab dem 11. Jahrhundert wird es aus dem öffentlichen Leben Arabiens verdrängt. Die Schachfiguren verstießen gegen das islamische Bilderverbot, das in dieser Zeit strenger ausgelegt wurde. Für die Ablehnung figürlicher Darstellungen finden sich im Koran keine eindeutigen Hinweise. Aber einige der Aussprüche und Weisungen des Propheten, die in den Hadithen zusammengefasst wurden, bringen die Abneigung des Religionsstifters gegenüber bildlichen Darstellungen der göttlichen Schöpfung zum Ausdruck. Auf diese Texte beziehen sich jene konservativen Theologen, die auch in den Figuren des Schachspiels einen Verstoß gegen das Bilderverbot sahen. Das Bilderverbot wurde fortan auch zu einer schwerwiegenden Behinderung bei der Weitergabe von Wissen, etwa für die medizinisch-anatomische Literatur, die auf Darstellungen des menschlichen Körpers weitgehend verzichten musste.

Mongolen

Die Zerstörung Bagdads 1258 durch die Mongolen unter Hülegü, einem Enkel Dschingis Khans, markiert das Ende der arabischen Dominanz in der Welt des Islam. Von nun an sind es nicht mehr die Dynastien aus dem Nahen und Mittleren Osten, die die Geschicke der Muslime bestimmen. Der Sturz Arabiens im 13. Jahrhundert war so tief, dass es bis in die Neuzeit und zur Erschließung der reichen Ölvorkommen dauerte, bis sich die Region erholte.

Die Nachfolger der Araber sind im Westen die Mameluken – ehemalige Militärsklaven türkischer Herkunft mit Sitz in Kairo – und im Osten die Mongolen. Die ehemaligen Steppenreiter geben mit der Nomadenkultur schließlich auch ihre Naturreligion auf – das türkische Mongolenvolk der Timuriden etwa übernimmt den sunnitischen Islam und errichtet seine Hauptstadt in Samarkand im heutigen Usbekistan. Auch die Wissenstradition des Goldenen Zeitalters wird dort wieder aufgegriffen. Unter Ulugh Beg, dem Enkel des Dynastiegründers Timur Lenk, wird Samarkand in der ersten Hälfte des 15. Jahrhunderts zu einem Leuchtturm des Wissens inmitten einer endlosen Sandwüste. Von der Kunstsinnigkeit des Ulugh Beg zeugt die prachtvolle Medrese am Registan-Platz noch heute. Die Leidenschaft des Sultans aber gilt den Wissenschaften – der Mathematik und vor allem der Astronomie.

Märtyrer der Wissenschaft

Die Beobachtung der Himmelskörper diente bei den Muslimen zunächst nur zur Bestimmung der Gebetszeiten und der Gebetsrichtung. Dabei hatten die arabischen Astronomen auf Sternentafeln aus der Spätantike zurückgegriffen. Unter Ulugh Beg werden zum ersten Mal seit 1000 Jahren wieder systematische astronomische Messungen durchgeführt. Der Sternenkatalog, der unter tatkräftiger Mithilfe des Timuridenherrschers entstand, listet 1018 Himmelskörper und ihre Positionen am Nachthimmel auf. Erst die Sternentafeln von Tycho Brahe und Johannes Kepler werden, fast 200 Jahre später, die Beobachtungen der Astronomen von Samarkand an Zahl und Genauigkeit übertreffen.

Am Stadtrand seines Herrschaftssitzes errichtete Ulugh Beg ein gigantisches Observatorium, das selbst die mächtigen Moscheen von Samarkand in den Schatten stellte: ein dreistöckiger Rundbau von 46 Metern Durchmesser und 30 Metern Höhe. Von Anfang an war das exklusiv der Wissenschaft gewidmete Gebäude den geistlichen Führern von Samarkand ein Dorn im Auge.

Das Observatorium selbst war als monumentaler Sextant konzipiert. Die 32 Meter lange Winkelskala des Sextanten lag unterhalb des Gebäudes und erlaubte erhebliche Verbesserungen bei der Messgenauigkeit. Im Rahmen ihrer Kalenderforschungen konnten die timuridischen Himmelskundler das Sonnenjahr auf eine Dauer von 365 Tagen, 6 Stunden, 10 Minuten und 8 Sekunden berechnen. Vom heute gültigen Wert trennen die Messungen aus der ersten Hälfte des 15. Jahrhunderts nur 58 Sekunden!

Seine Zeitgenossen konnten sich für die astronomischen Leistungen ihres Sultans nicht begeistern. Die meisten sahen in den aufwendigen Forschungen einen Frevel gegenüber Gott und den islamischen Gesetzen. Angesichts politischer Unruhen verhielt sich der Timuridenherrscher wie ein Despot, der sich in erster Linie um die Beseitigung der Kritiker küm-

Auch in der Astronomie waren die Vertreter der arabischen Welt führend. Allerdings waren nicht alle Muslime von der Beobachtung des Himmels, wie sie auch auf diesem italienischen Holzschnitt aus dem 16. Jahrhundert zu sehen ist, begeistert. Manche strenggläubigen Theologen sahen in der wissenschaftlichen Beschäftigung mit den Planeten einen Verstoß gegen islamische Gesetze.

merte und nicht um das Abstellen der Missstände in seinem Reich. Wirtschaftlicher Niedergang, Korruption und die schlechten Lebensbedingungen der einfachen Stadtbevölkerung führten zu einem explosiven Gemisch, das sich nicht nur die konservativen Geistlichen zunutze machten. Unter Führung eines seiner Söhne kam es schließlich zum Aufstand gegen Ulugh Beg. Der Volkszorn gegen den ungeliebten Herrscher entlud sich auch am oberirdischen Gebäude des Observatoriums, das komplett niedergerissen und als Steinbruch missbraucht wurde.

Ulugh Beg ließ es nicht auf eine Entscheidungsschlacht ankommen. Er ergab sich den Aufständischen. Von seinem eigenen Sohn abgesetzt, verurteilte man den Enkel Timur Lenks zu einer Pilgerfahrt nach Mekka. Zur Reue hatte der gedemütigte Herrscher aber kaum Zeit. Wenige Kilometer außerhalb Samarkands lauerte man ihm auf. Am 27. Oktober 1449 starb Ulugh Beg als Märtyrer der islamischen Wissenschaften unter den Messerstichen seiner gedungenen Mörder. Die Überlieferung hat einen Ausspruch des Timuriden festgehalten, der den Charakter und die Tragödie des großen Forschers in einem Satz zusammenfasst: »Die Religionen zerstreuen sich wie Nebel, die Reiche zerstören sich von selbst, aber die Arbeiten des Gelehrten bleiben für alle Zeiten!«

Die astronomischen Arbeiten von Samarkand entgingen nur knapp ihrer unwiderruflichen Vernichtung. Ein treuer Mitarbeiter rettete eine Kopie der Sternentafeln Ulugh Begs. Um 1500 tauchte eine Abschrift in hebräischer Sprache in Venedig auf. Das himmelskundliche Meisterwerk aus Samarkand wurde zu einer wichtigen Voraussetzung für die astronomischen Umwälzungen im Abendland unter Kopernikus und Galileo Galilei.

Das Ende der arabischen Dominanz in der Welt des Islam beendete keineswegs den Grundkonflikt zwischen korantreuen und wissenschaftsfreundlichen Traditionen. Die Erben der Araber – ob Mameluken, Mongolen oder die türkischen Osmanen –, sie alle hatten ihre Ulugh Begs. Und es war deren wissenschaftliche Hinterlassenschaft, die die Entwicklung des Abendlandes prägte. Ironie der Geschichte: In ihrer »Goldenen Zeit« waren es die Muslime, die die antike, europäisch geprägte Geistesgeschichte vor dem Verschwinden bewahrten. Die Meisterwerke der morgenländischen Hochkultur wiederum, von fundamentalistischen Eiferern bedroht, überlebten im Abendland.

Die Höhenflüge der zentralasiatischen Kulturgeschichte sind in Samarkand und Buchara nur noch in der Gestalt von musealen Denkmälern zu bestaunen. Von den Universitäten und Forschungseinrichtungen, an denen einst Geschichte geschrieben wurde, sind nur noch Medresen – Koranschulen – übrig. Für die Schüler, die sich hier noch heute zum Religionsunterricht einfinden, hat der Sinnspruch oberhalb der Eingangspforte zu den Lehrräumen keine Bedeutung mehr: »Streben nach Wissen – das ist die Pflicht aller Muslime, eines jeden Mannes und einer jeden Frau.« Für die Koranschüler geht es häufig nicht mehr um das Erlernen universalen Wissens, sondern um das Auswendiglernen von Suren aus dem Koran.

Das Zeitalter der Entdeckungen

Dem Niedergang der Wissenschaften in Zentralasien folgte ein wirtschaftlicher Einbruch. Die Seidenstraße, seit Jahrhunderten die Handelsroute zwischen China und dem Mittelmeer, verlor im 16. Jahrhundert zunehmend an Bedeutung. Die Ursachen für die dramatische Entwicklung sind im Westen zu suchen.

Ende des 15. Jahrhunderts begann im Abendland eine Epoche, die als »Zeitalter der Entdeckungen« in die Geschichte einging. Europäische Seefahrer machten sich auf, um von Spanien und Portugal aus den Seeweg nach Indien zu erforschen. Die Schiffe der Abenteurer sind Sinnbild eines Aufbruchs, der das Abendland innerhalb weniger Jahrzehnte in die Neuzeit katapultieren sollte – eine Entwicklung, an der das Morgenland keinen Anteil mehr hatte.

Des Mauren letzter Seufzer

Das Jahr 1492 war ein Wendepunkt der Geschichte. Es markiert die Entdeckung Amerikas durch Christoph Kolumbus und den endgültigen Rückzug der Mauren aus Europa. Mit dem Rückzug von Boabdil, dem letzten Emir von Granada, verloren die Muslime ihre letzte Bastion in Spanien. Der Zugang zum Atlantik, das Tor zum Westen, wurde dem Morgenland endgültig verschlossen. Boabdil hatte seine Stadt kampflos aufgegeben, um sie vor der Zerstörung zu bewahren. Die Alhambra von Granada bleibt eine glänzende Erinnerung an das Goldene Zeitalter der arabisch-islamischen Welt.

Nach den Kreuzzügen im Hochmittelalter und dem Einfall der Mongolen im 13. Jahrhundert war es vor allem der Ausschluss der arabisch-islamischen Welt von der Expansion nach Westen, der entscheidend dazu beiträgt, dass das Morgenland kulturgeschichtlich an Bedeutung verliert.

Trotz der Anfeindungen durch die eigenen Glaubensbrüder gelangen muslimischen Astronomen beeindruckende wissenschaftliche Erfolge. Wichtiges Hilfsmittel dabei war das Astrolabium, (griech. »Sternnehmer«), ein Messgerät zur Winkelmessung am Himmel. Dieses wurde zwar von den Griechen erfunden, von den Arabern jedoch entscheidend weiterentwickelt.

Osmanen

Mit Andalusien ging das letzte arabisch-islamisch geprägte Reich unter. Den Verlusten im Westen stand aber ein neuerliches Erstarken der Muslime im östlichen Mittelmeerraum entgegen. Ausgehend vom Hochland Anatoliens breitete sich das Reitervolk der türkischen Osmanen aus. Im 15. Jahrhundert waren sie bereits die bestimmende Macht im östlichen Mittelmeerraum. Eine letzte christliche Bastion stand der weiteren Expansion der Türken im Wege: Byzanz, das alte Konstantinopel.

Seine Vorgänger konnten die altehrwürdige Stadt am Bosporus nicht bezwingen. Doch Sultan Mehmet II. versammelte ein riesiges Heer vor den Mauern von Byzanz. Die Belagerung verlief zunächst erfolglos, bis eine Wunderwaffe dem Kriegsgeschehen die entscheidende Wendung gab. Es handelte sich um eine gigantische Kanone, die mit dazu beitrug, die Mauern der alten Kaiserstadt und den Verteidigungswillen seiner Bewohner zu brechen. Ihre Maße beeindrucken noch heute: Mit einer Rohrlänge von 8 Metern und einem Durchmesser von 75 Zentimetern verschoss die Superkanone Stein- und Eisengeschosse mit einem Gewicht von zehn bis zwölf Zentnern. Das sogenannte »Konstantinopel-Geschütz« stammte aber nicht aus eigener, osmanischer Herstellung, sondern war durch einen wahrscheinlich aus Ungarn stammenden Christen namens Urban geliefert worden. Der Ausgang des Kampfes um Byzanz, das am 29. Mai 1453 an die Osmanen fiel, wurde auch durch neue Technologie aus Europa entschieden.

West-östliche Einsichten

»Die Tinte der Gelehrten ist heiliger als das Blut der Märtyrer!«

Aus den Hadithen, der Sammlung
der Sprüche und Taten des Propheten

Der Blick in die Geschichte des Kulturtransfers zwischen Morgen- und Abendland zeigt, wie stark der Aufbruch Europas zu Beginn der Neuzeit durch Impulse aus der arabisch-islamischen Welt geprägt war. Die erfolgreiche Entwicklung in die Moderne wäre im Westen ohne die Grundlagen aus dem »Goldenen Zeitalter« des Islam nicht möglich gewesen. Und der islamischen Welt führt diese Betrachtung vor Augen, dass es sich bei den oft verteufelten Errungenschaften des Westens auch um sein eigenes Erbe handelt.

1492 wird zum Schicksalsjahr für die
islamische Welt. Während europäische
Seefahrer nicht nur Amerika entdeckten –
der Kupferstich aus dem 16. Jahrhundert
zeigt Kolumbus bei der Landnahme in der
Karibik –, sondern auch den Seeweg nach
Indien erschlossen, mussten die Mauren
mit Granada ihre letzte Bastion auf spani-
schem Boden aufgeben. Am »Zeitalter der
Entdeckungen« haben die Muslime keinen
Anteil mehr.

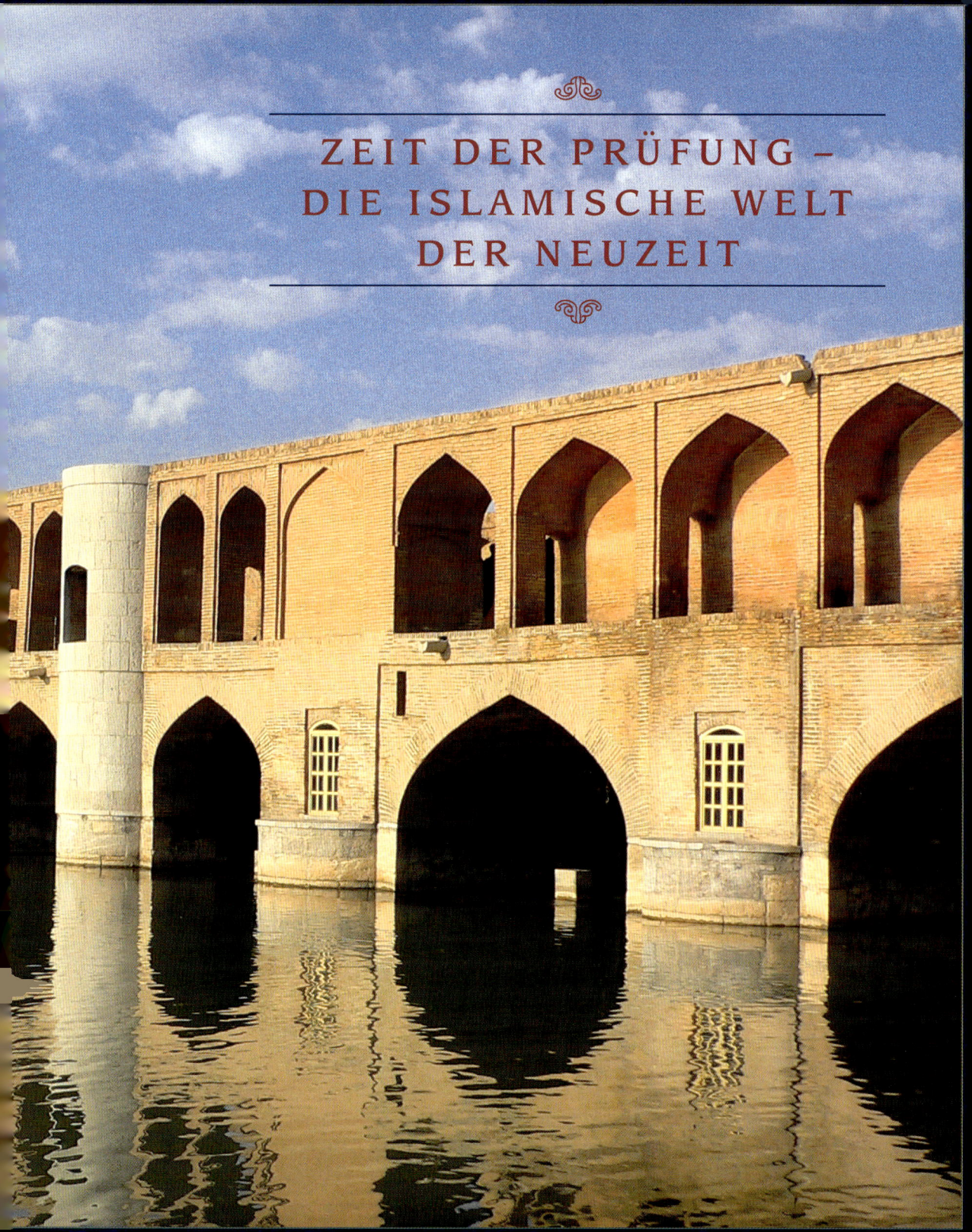

ZEIT DER PRÜFUNG –
DIE ISLAMISCHE WELT
DER NEUZEIT

Zeit der Prüfung –
Die islamische Welt der Neuzeit

von Daniel Gerlach

Die Angst trägt einen Bart

Angriffe muslimischer Piraten auf europäische Küsten waren im 17. Jahrhundert keine Seltenheit. Die isländische Insel Heimaey wurde im Jahr 1627 überfallen, viele Bewohner verschleppt und als Sklaven verkauft.

Das Bild auf der Doppelseite zuvor zeigt die 33-Bogen-Brücke in Isfahan/Iran, die Anfang des 17. Jahrhunderts erbaut wurde und als Meisterwerk der Safawidenzeit gilt.

Für die Menschen auf Heimaey hatte der Sommer großartig begonnen. Die Luft war mild und die Tage gingen nicht zu Ende. Täglich stachen die Insulaner in die Brandung, um wenig später mit prallen Netzen wieder zu landen.

Heimaey war die größte der Westmännerinseln, die vor der Südküste Islands stolz in den Atlantik ragten. Der Reichtum ihrer Fischgründe galt als sagenhaft. Gelegentlich fing man auch *kaest skata*, den Gammelrochen. Dieser Fisch, mit seinem Körper voller Harn, verbreitete einen seltsamen Geruch, doch wenn man ihn vier Wochen fermentieren ließ, wurde er zum Festschmaus. Die Menschen auf dem Kontinent rümpften darüber die Nase – sie hatten ja keinen Schimmer davon, wie gut Gammelrochen schmeckte und wie schön die Sommer auf Heimaey waren.

Guoriour Simonardottir hatte derer schon 30 erlebt und beobachtete nun stolz, wie ihre Kinder mittags zum Strand liefen, um mit ihrem Vater den Fang an Land zu ziehen. Doch an jenem Sommertag – ein Chronist sagt, es sei der 27. Juni des Jahres 1627 gewesen – kamen sie früher als geplant zurück und rannten dabei um ihr Leben. Kanonenschläge zerrissen die Idylle. Panikschreie und seltsam kehlige Schlachtrufe hallten von den Klippen.

Als Guoriour zum ersten Mal in das vernarbte Gesicht eines dunkelhäutigen Berberpiraten blickte, betete sie für einen schnellen Tod und dafür, dass ihr die Vergewaltigung erspart bliebe. Sie wusste nicht, dass ihr Erbeuter für eine blonde, schlank gewachsene und unversehrte Frau wie sie mehr Geld bekommen würde, als sie imstande war zu tragen. Auch von den Sklavenmärkten in Meknes, Algier und Tunis, deren Namen erfahrene Seeleute erzittern ließen, wusste Guoriour noch nichts.

Der »Türkenangriff« gilt bis heute als schlimmstes Ereignis in der – insgesamt nicht sonderlich aufregenden – Geschichte der Westmännerinseln. 242 Insulaner soll der berüchtigte Korsar Murad Rais verschleppt und in Nordafrika verkauft haben. Es mochte einer der spektakulärsten Vorfälle in der Geschichte der Piraterie gewesen sein, allein weil es der Flotte des Murad Rais überhaupt gelungen war, die Island-Route zu finden und sie dafür insgesamt rund 6000 Seemeilen zurückgelegt hatte.

Ungewöhnlich für das 17. Jahrhundert waren solche Beutezüge sicher nicht. Tausende Überfälle muslimischer Korsaren auf europäische Küsten und Handelsschiffe sind bekundet, die hauptsächlich dem »weißen Gold« galten – Sklaven aus Europa. Seemächte wie Spanien, Frankreich, England, die Niederlande oder Schweden unterhielten Botschaften in den nordafrikanischen Städten, ganze Abteilungen in den Schatzhäusern befassten sich mit der Abwicklung von Lösegeldzahlungen. Priester und Pastoren predigten für das Seelenheil der Geiseln, und in den Hafenstädten liefen Spendensammler für sie umher. Nur manche kamen zurück – die schönsten Frauen landeten in den Gemächern reicher Würdenträger, die stärksten Männer auf den Palastbaustellen der Sultane und Beys.

Die muslimischen Piraten überfielen Island und segelten sogar die Themse hinauf. Sie konnten nahezu überall zuschlagen – heimtückisch und unerwartet. Und die Europäer taten sich schwer, dem Schrecken mit einer gemeinsamen maritimen Sicherheitspolitik zu begegnen, denn die Piraten zogen sich in ihre Schlupfwinkel an der nordafrikanischen Küste zurück und standen unter dem Schutz mächtiger Despoten wie Moulay Ismail von Marokko – *safe havens of terror* – »sichere Häfen für Terroristen«, so hätte man diese Gebiete wohl im 21. Jahrhundert genannt. Heute erinnert nur noch wenig daran, dass die Insel Salé vor der marokkanischen Küste einst ein Umschlagplatz für europäische Sklaven war. Auch Sidi Bou Said, heute ein nobler, überwiegend von Franzosen bewohnter Vorort von Tunis, der sich elegant an einen Felsen schmiegt, diente als Piratennest. Wo heute Segeljachten dümpeln, ankerten damals Brigantinen.

Ihre Besatzung galt als gierig, brutal und unbarmherzig – fanatische Muslime waren die Männer allerdings nicht, obwohl sie beim Angriff manchmal den Namen Gottes auf den Lippen führten. Dennoch stimulierten die muslimischen Korsaren im 17. Jahrhundert gewisse Klischeebilder islamischer »Barbarei«. Dabei stammten viele Korsaren nicht einmal von Berbern ab – der berüchtigte Murad Rais etwa hieß eigentlich Jan Janszoon. Selbst Opfer eines Piratenüberfalls, konvertierte dieser holländische Seemann zum Islam und brachte es bald zum Kommandanten eines Schiffes. Die durch ihn verschleppten Sklaven sprachen von ihm vor Angst fröstelnd, aber auch voller Bewunderung. So auch die Isländerin Guoriour, die Jahrzehnte nach ihrer Entführung freigelassen und nach Dänemark gebracht wurde – so entfremdet, dass sie ihre Muttersprache neu erlernen musste.

Sklaverei und Piraterie hatte es auch in den vorhergehenden Jahrzehnten gegeben. Neu war jedoch die Art und Weise, wie die europäische Bevölkerung sie rezipierte. Denn das Entstehen größerer Handelsstädte, höhere Bildung und der Erfolg des Buchdrucks brachten es mit sich, dass Menschen lasen – und zwar nicht nur die Bibel und geschäftliche Korrespondenz, sondern auch allerhand Kurioses, Bildendes und Unterhaltendes. Reiseberichte und Tagebücher – oft dramatisiert und romantisiert – bedienten das Bedürfnis nach allen drei Qualitäten. Die sogenannte Sklavenerzählung bildete zu Beginn des 18. Jahrhunderts ein regelrechtes Literaturgenre. Zu den herausragenden Werken zählt der Bericht des Thomas Pellow aus Cornwall, der 1716 im Alter von elf Jahren in Piratenhände fiel und als Sklave am Hof des marokkanischen Sultans Moulay Ismail lebte.

Nach zahlreichen Prüfungen und Qualen erhält Pellow einen Posten als Leibwächter und erlangt das Vertrauen des Despoten. Die Geschichte klingt wie das Drehbuch eines Abenteuerfilms, der schließlich mit Pellows Flucht endet. Farbenfroh schildert dieser Zustände von Willkür, Grausamkeit und Größenwahn an Moulay Ismails Hof.

Das 17. und frühe 18. Jahrhundert war eine Ära, die sich in vielerlei Hinsicht mit der heutigen vergleichen lässt: Sie erlebte einen schier schwindelerregenden Aufstieg des Welthandels. Entlang der Seerouten von Europa nach Amerika und Indien segelten Retourschiffe auf regelrechten Meeresautobahnen. Traditionelle Handelswege wie die Salz-, Seiden- oder Gewürzstraße verloren dadurch ihre überregionale Bedeutung. Neue Importprodukte, etwa Farbstoffe, machten ganze Berufsgruppen obsolet. Europäische Transportfirmen drängten auch in den »innermuslimischen«

Handel. Sie brachten Waren von Ceylon zum Persischen Golf, von Sumatra nach Bengalen oder zu den Häfen der Levante, wie man die Küste des östlichen Mittelmeers bezeichnet.

Der wirtschaftlichen Expansion folgte allmählich auch eine politische, der politischen bald eine militärische. Kontakt und Begegnung zwischen Europa und der muslimischen Welt waren unausweichlich. Und obwohl die Europäer die wirtschaftliche Existenz ihrer muslimischen Nachbarn zusehends weit mehr gefährdeten als umgekehrt, schienen sie die »bärtige Heimsuchung« zu fürchten. Verglichen mit dem Elend, das sich die Staaten im Dreißigjährigen Krieg (1618–1648) gegenseitig zugefügt hatten, fiel der Piratenterror nicht weiter ins Gewicht. Aber vermutlich empfand man die »asymmetrische Kriegführung« der – objektiv schwächeren – Muslime als etwas Unberechenbares. Wahrscheinlich liegt es in der Natur des Menschen, dass er in der Wildnis mehr Angst vor dem Biss einer kleinen, in Bedrängnis geratenen Schlange als vor den Stoßzähnen einer wilden Elefantenherde hat, obwohl Letztere ihm eine weitaus geringere Überlebenschance lässt.

Der letzte Elefant, der drohte, Europas Türen von der Südflanke her einzutreten, war das mächtige Osmanische Reich. 1683 scheiterte Großwesir Kara Mustafa vor Wien. Er bezahlte für seinen Ehrgeiz und seine Selbstherrlichkeit mit dem Leben. Ihm wurde der Kopf abgeschlagen – so verfuhr man im osmanischen Beamtenstaat mit Führungspersönlichkeiten, die Steuergelder und menschliche Ressourcen ergebnislos verschleuderten. Unter dem Kommando des Savoyarden-Prinzen Eugen drängten die Truppen des österreichischen Kaisers die Osmanen auf dem Balkan weit nach Süden zurück. Zwischenzeitlich sah es sogar so aus, als liefe der Sultan in Konstantinopel Gefahr, die Kontrolle über Griechenland zu verlieren.

Das wenig schmeichelhafte Bild, das viele Europäer von den Muslimen hatten, war nicht zuletzt im Versuch der Osmanen, Wien zu erobern, begründet. Diese Illustration zeigt zwei muslimische Soldaten, die an der zweiten Belagerung Wiens teilnahmen.

Die zweite Wiener Türkenbelagerung ging in die europäische Geschichte als großer Moment ein, in dem das christliche Abendland zusammenhielt und der islamischen Bedrohung widerstand. Dabei wird meistens außer Acht gelassen, dass Wien nicht jene endzeitliche Schicksalsschlacht war, die einen unersättlichen Expansionsdrang nach Westen stoppte – zumindest nicht aus osmanischer Sicht. Das Wiener Abenteuer war eine eher zufällige Folge eines innenpolitischen Konflikts zwischen ungarischen Adelshäusern. Die Osmanen entschieden sich nach langem Abwägen dafür, für eine der beiden Seiten militärisch Partei zu ergreifen, gerieten darüber in eine Auseinandersetzung mit dem Haus Habsburg und sahen schließlich die Gelegenheit, die Donaumonarchie zu kippen.

Eine viel entscheidendere Rolle als die Niederlage vor Wien spielt für die osmanische Geschichte der Friede von Karlowitz in der Voivodina, geschlossen im Jahr 1699 mit Österreich, Polen, der Republik Venedig und

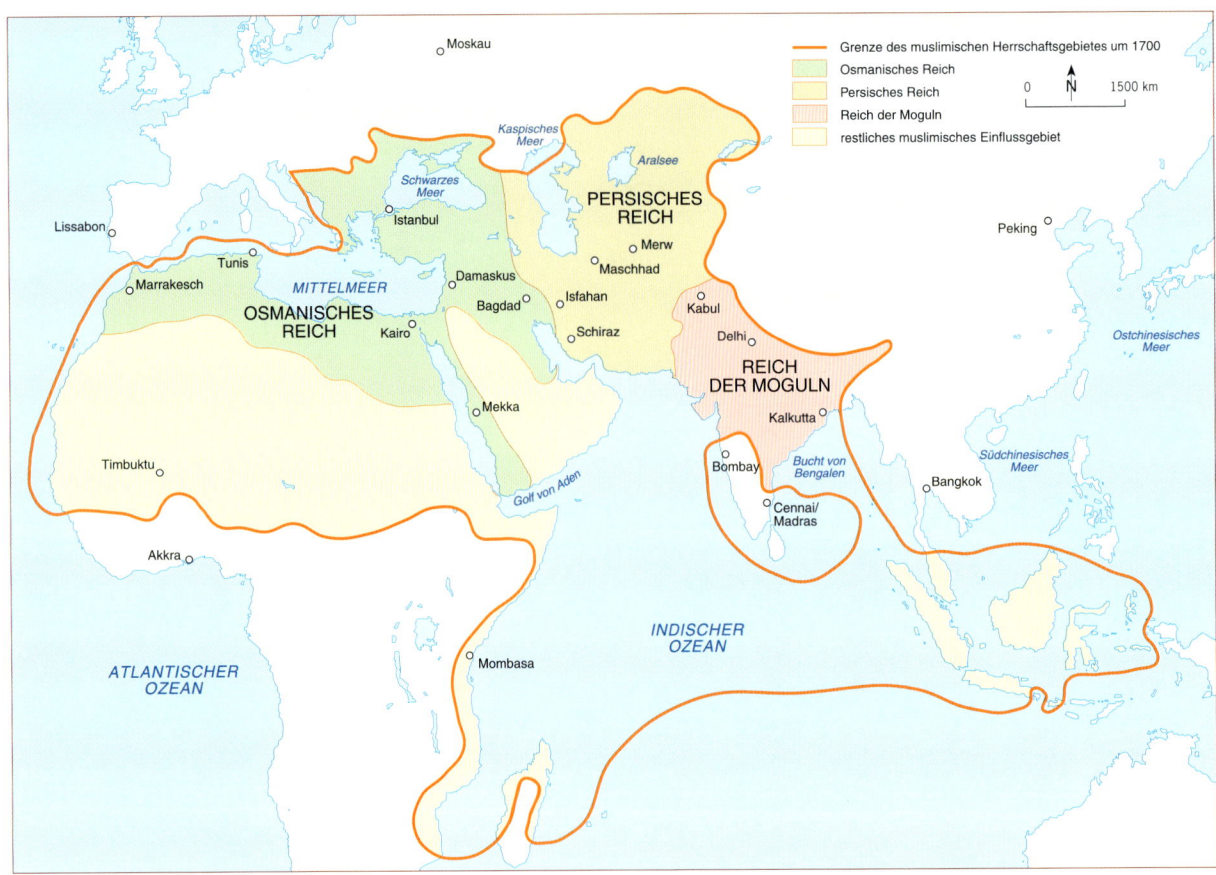

Diese Karte zeigt die muslimische Welt um 1700. Es dominieren drei große Imperien: das Osmanische Reich, das Mogulreich und das Persische Reich.

Russland – nicht allein wegen der schlechten Verhandlungsergebnisse für den Sultan, sondern weil sich dieser zum ersten Mal überhaupt gezwungen sah, mit christlichen Mächten einen schriftlichen Vertrag zu unterzeichnen. In den darauf folgenden zwei Jahrhunderten sollte es derer viele geben, als sich eine lebhafte osmanisch-europäische Diplomatie entwickelte.

Das Interesse der Europäer an einer inneren Durchdringung der islamischen Welt wuchs. Während die einen auf wirtschaftliche oder diplomatische Instrumente setzten, wählte Russland, der große und größer werdende Nachbar der Osmanen im Norden, ein Mittel, das man später als Salamitaktik bezeichnen sollte: Scheibchen für Scheibchen schabten die Zaren vom osmanischen Territorium ab. Mit Russland führten die Osmanen im Laufe ihrer Geschichte mehr Kriege als mit allen europäischen Mächten zusammen. Das Eroberungsziel der Zaren hieß Konstantinopel, auch wenn sie es nie erreichen konnten.

Balanceakt der Imperien – Osmanen, Perser und Moguln

Wer Mitte des 18. Jahrhunderts auf eine Karte der islamischen Welt in ihrer gesamten Ausdehnung schaute, dem fiel auf, dass sie im Wesentlichen in drei Imperien geteilt war, die, trotz fortwährender Grenzkämpfe, in einem austarierten Gleichgewicht der Macht koexistierten. Das Osmanische Reich mit seiner Hauptstadt Konstantinopel, das Imperium der Moguln in Indien und, dazwischen, Persien.

Die Herrschaft der osmanischen Sultane, die im 16. Jahrhundert fast den gesamten arabischen Raum erobert hatten, erstreckte sich von Libyen über den Hedschas nach Palästina, Syrien und Mesopotamien. Die Westküste des Persischen Golfes leistete ihnen lange Zeit Tribut, auch der Jemen unterstand nominell ihrem Befehl. Im Norden begrenzten die Machtkreise Russlands, des Königreichs Polen und Österreich-Ungarns das Osmanische Reich. Theoretisch herrschte in Konstantinopel eine Zentralgewalt, deren Schaltzentralen sich im Topkapi Serai, dem Palast des Sultans, und hinter der »Hohen Pforte«, dem Amtssitz des Großwesirs, befanden. Praktisch hielten Dutzende Paschas, osmanische Gouverneure, das Reich zusammen. Sie regierten ihre Provinzen mehr oder minder eigenständig. Das Osmanische Reich war ein komplexer Verwaltungsstaat, in dem man über Staatsgeschäfte gemeinhin auch Buch führte.

Letztendlich gelang es diesem System aber nicht, das ganze Territorium wirkungsvoll zu kontrollieren. Je weiter die Provinzen des Reiches von Konstantinopel entfernt lagen, desto unabhängiger und – mitunter auch korrupter – wurden sie administriert. Der Herrscher trug mehrere Titel zugleich: Sultan, Padischah, was auf Persisch in etwa »Großkönig« bedeutet, »Beherrscher der Gläubigen« und »Kalif«. Mit dem letzten Titel verband sich der theoretische Anspruch auf die Statthalterschaft über die gesamte islamische Welt. »Kalif« bedeutete eigentlich »Nachfolger« des Propheten. Symbol dieses Amtes war ein mit Halbedelsteinen verziertes, goldenes Schwert, das – schwer vorstellbar – Mohammed selbst am Gürtel getragen haben soll.

Der Träger des Kalifentitels verstand sich als Vertreter der Interessen der *umma*, der Gemeinschaft der Muslime. Entscheidend für das Selbstbild der osmanischen Sultane war allerdings, dass sie damit keinerlei religiöses Amt verbanden. Vordergründig scheint es widersprüchlich, dass eine türkische Dynastie, deren Vorfahren einst aus dem heidnischen Zentralasien nach Anatolien eingewandert waren, den Islam zur Grundlage ihres Herrschaftsanspruchs machte und sich in die Tradition des Propheten stellte, es dennoch ablehnte, eine religiöse Funktion zu übernehmen. Aber bei genauerem Hinsehen stellt man fest, dass diese Haltung nur konsequent war: Die Sultane herrschten von Gottes Gnaden, wie es ihre europäischen Zeitgenossen taten, aber sie traten lediglich als weltliche Schutzherren der Muslime und ihrer Religion auf. Kein islamisches Dogma gestand ihnen das Recht zu, den Koran auszulegen oder zu entscheiden, was Gottes Wille und im Sinne des Islam war.

Für diese Aufgabe existierte im Osmanischen Reich der Scheich al-Islam – oder Scheyhülislam, wie er Türkisch ausgesprochen wurde. Dieser oberste Religionsbeamte war kein osmanischer Papst, sondern ein hoher Geistlicher, der Maßnahmen und Gesetze auf ihre Verträglichkeit mit dem Islam hin überprüfte. Er erledigte im Großen, was Tausende islamische Rechtsgelehrte, die sogenannten *ulama*, im Kleinen erledigten – den Koran und die Passagen, die sich konkret auf das gesellschaftliche Leben bezogen, anzuwenden. Die einzige »heilige Pflicht«, die der Sultan auszuführen hatte und die eine solche Auslegung erforderlich machte, war es, die Bevölkerung zum Dschihad zu rufen, wenn äußere Feinde das Reich bedrohten.

Aber auch für diese Form der Kriegserklärung benötigte er nominell die Unterstützung seines Geistlichen. Das bedeutet nicht, dass der Scheyhülislam stets nur in Verantwortung gegenüber dem Islam und seinem eigenen Gewissen entschied. Die meisten Amtsträger handelten gewiss als Diener des Sultans und unter Berücksichtigung der komplizierten, politischen Interessenlagen bei Hofe.

Dieses Detail ist insofern wichtig, als der islamischen Welt immer wieder vorgeworfen wird, sie könne Religion und Staat, Islam und Politik, nicht voneinander trennen. Oft wird behauptet, dass der religiös begründete Herrschaftsanspruch und die Institution des Kalifats von Anfang an eine solche Sphärentrennung verhindert hätten, da Mohammed selbst sowohl Religionsführer als auch Feldherr und Politiker gewesen sei. Deshalb sei es bis heute kaum gelungen, in der islamischen Welt Pluralismus und Demokratie durchzusetzen.

Ein Blick in die Geschichte des Osmanischen Reiches, die für die heutige Lage im Vorderen Orient von kaum zu überschätzender Bedeutung ist, zeigt, dass dieses Argument schwach oder zumindest unscharf ist. Schon im 16. Jahrhundert erließ Sultan Süleiman der Prächtige, der im Türkischen den Beinamen *kanuni* – »der Gesetzgeber« trägt, eine Vielzahl weltlicher Gesetze, die mit der Scharia nichts zu tun hatten. Allein das Erlassen von Gesetzen kann streng genommen eigentlich als unislamisch gelten, denn traditionell fußte das Recht auf der Auslegung des einen, göttlichen Gesetzes.

In der Politik bestand die Trennung zwischen Staat und Kirche tatsächlich länger als in Europa. Die Vorstellung, dass, wie es in Deutschland bis zur Zeit Napoleons noch üblich war, Erzbischöfe als kaiserliche

Lehnsherren über Ländereien regierten, musste einem osmanischen Staatsbürger ausgesprochen befremdlich vorkommen.

Auch das Imperium der Moguln, das sich über große Teile des indischen Subkontinents erstreckte, pflegte de facto eine Trennung weltlicher und religiöser Herrschaft. Mehr noch als die Osmanen waren sie mit einer Vielzahl verschiedener Religionen, Sekten und Konfessionen konfrontiert. Hindus, Muslime, Buddhisten, Zoroastrier, Juden, Christen, Jains und Sikhs – diese Aufzählung umfasst nur einige, in etwa die zahlenmäßig größten, Religionsgruppen im Mogulreich.

Über Jahrhunderte lieferten sich die Moguln, die ihre Abstammung auf den legendären, türkisch-mongolischen Kriegerfürsten Timur zurückführten und in Indien zunächst als Fremdherrscher galten, Machtkämpfe mit stolzen Hindu-Fürsten, den sogenannten *rajputs*. In allen Teilen des Reiches ging es deshalb darum, Allianzen zu schmieden und Kompromisse auszuhandeln. Eine restriktive Religionspolitik oder eine Einmischung

Der Glanz, der vom Mogulreich einst ausging, lässt sich heute noch beim Anblick des Taj Mahal erahnen, das im 17. Jahrhundert von Shah Jahan zu Ehren seiner verstorbenen Frau errichtet wurde und heute das bekannteste Wahrzeichen Indiens ist.

137

in kultische Angelegenheiten hätten der Herrschaft der Moguln wohl in kurzer Zeit das Rückgrat gebrochen.

Eine Ausnahme von dieser Regel stellt ausgerechnet jener Mann dar, der als Architekt einer besonders toleranten Religionspolitik gilt: Dschalal ad-Din Mohammed Akbar, was übersetzt in etwa »der Größere« bedeutet, bestimmte von 1556 bis 1604 die Geschicke des Reichs. Gegen diejenigen, die seine Macht herausforderten, ging er mit schonungsloser Härte vor. Wer sich dagegen seiner Herrschaft unterwarf, konnte auf seinen Großmut zählen.

Akbar passte in sehr pragmatischer Weise sein Staatswesen den südasiatischen Verhältnissen an. Er schaffte sogar die in der islamischen Welt übliche Kopf- oder Schutzsteuer für Nichtmuslime ab und öffnete ihnen den Weg zu Karrieren in der Staatsverwaltung. Während er den anderen Religionsgruppen Freiheit schenkte, mischte er sich in die Belange seiner eigenen Glaubensbrüder jedoch mit missionarischem Eifer ein.

Historiker vermuten, dass Akbar sich in seiner Islam-Auslegung stark von freigeistiger Philosophie und Mystik beeinflussen ließ. In geistlichen Fragen legte er jedenfalls großes Engagement und Selbstbewusstsein an den Tag. Im Jahr 1579 stieg er sogar selbst auf die *minbar*, die Predigtkanzel der berühmten Moschee von Fatehpur Sikri. Die Tatsache, dass Chronisten dieses Ereignis als ein besonderes schilderten, belegt im Grunde nur, wie ungewöhnlich es für die islamische Geschichte war.

Der Mystiker Akbar schien zu glauben, dass Gott nicht nur in allem Leben steckte, sondern sich durch ihn selbst artikulierte. Seine Vereinigung mit Gott ließ ihn zu einer Ansicht gelangen, die die meisten Muslime als Blasphemie betrachtet hätten: Akbars Verkündigung endete, wie viele Predigten, mit dem Satz *allahu akbar* – »Gott ist größer.« Im Falle des berühmten Moguln hatte er noch eine zweite Bedeutung: »Akbar ist Gott.«

Ob Akbar dies vermitteln wollte oder ob seine Feinde diese Deutung herleiteten, um ihn als Gotteslästerer zu schmähen, lässt sich schwerlich aufklären.

Wichtig ist, dass Akbar als Herrscher mit seiner universalistischen Religionsauffassung keinen Schaden anrichtete und den Islam nicht benutzte, um gegen Andersgläubige zu hetzen. Womöglich benutzte er die Religion auch als Mittel der Politik – allerdings in einem durchaus konstruktiven Sinn.

Auch im dritten Reich dieser »Ära der islamischen Imperien« ließen sich die zwei wesentlichen Eigenschaften im Verhältnis zwischen Macht und Religion erkennen: Die Politik nutzte den Islam, um ihren Herrschaftsanspruch zu untermauern, aber sie überließ anderen die Schriftauslegung. Im Königreich Persien entwickelte sich dieses Verhältnis jedoch unter anderen Vorzeichen.

Die Herrschaft der Schahs aus dem Geschlecht der Safawiden er-streckte sich – mit eher dynamischen Grenzverläufen – vom Ostirak bis zum Kaukasus und vom Persischen Golf bis nach Zentral-Afghanistan und Belutschistan im heutigen Pakistan. Betrachtet man eine Karte Persiens aus dem frühen 18. Jahrhundert und vergleicht sie mit einer des heutigen Iran, so fällt eine erstaunliche Deckungsgleichheit auf.

Und obwohl auch in diesem orientalischen Reich verschiedene Eth-nien zusammenlebten – allein aus Zentralasien waren in den vorherge-henden Jahrhunderten Dutzende Völkerschaften eingewandert – konnte es eine gewisse kulturelle Einheit bilden. Das lag nicht nur daran, dass die Perser ihre Geschichte bis in die Antike zurückverfolgen konnten und ihre Sprache und Kultur ihre Nachbarn besonders stark beeinflusst hatten, sondern auch an einer religionsgeschichtlichen Besonderheit: In Persien lebte eine beachtliche Anzahl schiitischer Muslime.

Über Jahrhunderte sahen sich die Schiiten als Underdogs in der isla-mischen Geschichte. Ihre Partei war die der unrechtmäßig Unterdrückten, der um ihr Erbe Gebrachten – kein Gefühl ist als Bindemittel zwischen so-zialen Gruppen so wirksam wie dieses. Das Schiitentum besaß also gro-ßes machtpolitisches Potenzial.

Ismail, ein Edelmann aus Aserbaidschan und Führer einer schiitischen Bruderschaft, des Safawiya-Ordens, nutzte dieses Potenzial – ungewiss

Die Silhouette von Isfahan, einst Haupt-stadt des persischen Reiches, wird domi-niert von der verschwenderisch verzierten Kuppel der Lutfollah-Moschee. Davor er-streckt sich der majestätische Maidan-e-Emam – mit 500 Metern Länge der größte Platz seiner Art und Teil des Weltkultur-erbes der UNESCO.

ist, ob allein aus zynischem Machtkalkül oder auch aus blankem Fanatismus. Mithilfe türkischstämmiger Nomaden im Nordiran und auf dem Kaukasus schwang er sich zum Despoten auf. Er eroberte weite Teile des iranischen Kernlandes am Fuße der Gebirgsmassive Zagros und Elburz und expandierte nach Süden, Osten und Westen.

Gegen die sunnitischen Untertanen und vor allem gegen ihre geistlichen Wortführer, die Ulama, ging Ismail mit einer Härte vor, die in der islamischen Welt ihresgleichen suchte: Zwangsbekehrungen von Sunniten zum Schiismus waren an der Tagesordnung. Wer gegen diese Politik öffentlich anpredigte, bekam Ismails sprichwörtliche Grausamkeit zu spüren.

Ismail begründete die Dynastie der Safawiden-Schahs, die rund zwei Jahrhunderte über Persien herrschen sollten. Die Reichsgründung führte unmittelbar zu militärischen Konflikten mit den Osmanen – Persien entwickelte sich zum ewigen Herausforderer der Sultane. Der spätere Schah Abbas, genannt »der Große«, dessen Herrschaft von 1587 bis 1629 dauerte, hielt am Dogma der schiitischen Staatsreligion fest. Er erklärte sich zum Schutzherrn der Schiiten in der Welt und übernahm damit den Gegenpart zum Sultankalifen in Konstantinopel.

Naqshe Dschahan – »Tafel der Welt« nannte Schah Abbas den großen Platz in seiner neuen Reichshauptstadt Isfahan. Ein Stadtpalast, drei prächtige Moscheen und umlaufende Kolonnaden machen diesen Ort bis heute zu einem der eindrucksvollsten Kulturdenkmäler der islamischen Welt. Dieser Platz, auf dem der Schah Paraden abnahm, Feste und Polospiele ausrichten ließ, stand für den Anspruch des Schahs, zu den Mächtigsten der Welt zu gehören. Abbas und seine Nachfahren unterhielten diplomatische Beziehungen nach Europa, denn als Erzfeinde der Osmanen boten sie interessante Bündnisoptionen an.

Die Safawidenherrschaft bildete kein sonderlich stabiles politisches System, aber sie legte die Grundlage für das, was sich später zu einem persischen Nationalstaat entwickeln sollte. Immer wieder lieferten sich die Perser Kämpfe mit den Osmanen um die Grenzgebiete, in denen die höchsten Heiligtümer der Schiiten lagen: Nadschaf, Kufa und Kerbala im heutigen Irak. Um den Schiismus jedoch zu iranisieren, investierten die Safawiden große Summen in den Ausbau von Pilgerstätten auf ihrem eigenen Gebiet: In vielen persischen Städten finden sich heute Heiligenschreine bedeutender Persönlichkeiten des Schiismus. Maschhad in der östlichen Provinz Chorassan entwickelte sich im Laufe der Jahrhunderte zu einer gigantischen Pilgerstadt, die bis heute wie eine permanente Baustelle erscheint, weil sie stetig wächst.

Natürlich pilgern iranische Schiiten, sofern es ihnen möglich ist, auch nach Mekka, Medina oder Nadschaf, aber in der praktischen Religions-

Die iranische Stadt Maschhad ist eine der wichtigsten Pilgerstätten des schiitischen Islam und wird jährlich von Hunderttausenden Menschen aufgesucht.

ausübung der Iraner spielt das Grab des schiitischen Imams Reza in Maschhad eine herausragende Rolle. Das ist auch, oder vor allem, ein Ergebnis der safawidischen Politik. Die Safawiden zeichneten ebenfalls für eine weitere Besonderheit des iranischen Schiismus verantwortlich: den Aufbau einer hierarchisch strukturierten Geistlichkeit – eines Klerus, der einmalig in der islamischen Welt ist und gewisse Ähnlichkeiten mit der inneren Struktur christlicher Kirchen aufweist.

Der sunnitische Islam kennt verschiedene Rechtsschulen und Zentren der Schriftauslegung wie etwa die berühmte al-Azhar-Universität in Kairo. Aber eine zentrale Autorität, die Kraft ihres Amtes verbindliche religiöse Vorschriften erlässt, gibt es nicht. Tausende Schriftgelehrte können islamische Rechtsgutachten erlassen, damit trägt der sunnitische Islam gewisse anarchische Züge.

Eine Rechtsmeinung zur Scharia ist niemals endgültig, selbst wenn Präzedenzurteile bekannter Theologen als verbindlich anerkannt werden. Im iranischen Schiitentum liegt die Deutungshoheit über den Koran hingegen in den Händen der Geistlichkeit, die hierarchisch wie eine Pyramide aufgebaut ist. Angehörige des Klerus werden Mullahs genannt, was sich vom arabischen Wort *maula* ableitet und »Herr« oder »Meister« bedeutet. Die höheren Würdenträger heißen – diese Bezeichnung ist seit dem 13. Jahrhundert beurkundet – Ayatollah, »Zeichen Gottes«.

Auf der höchsten Stufe dieser Pyramide steht der Groß-Ayatollah oder Mardscha, dessen Rechtsmeinung für andere Ayatollahs als nachahmenswert gilt. An oberster Stelle steht der Imam, der rechtmäßige Nachfolger des Propheten, der vom Willen Gottes erfüllt ist. Allerdings lebt der Imam im Verborgenen und wird sich erst am Ende der Zeiten offenbaren. Die Ayatollahs sind zwar nicht unfehlbar, dennoch teilt sich der Imam über sie der Welt mit – sie sind in der Lage, seine und damit die Zeichen Gottes zu deuten.

Als Ayatollah Ruhollah Musawi Chomeini nach der islamischen Revolution von 1979 den Titel Imam annahm, zeigten sich viele hochrangige Geistliche empört. Trotz dieser Anmaßung folgte die Mehrheit der Mullahs weiterhin seinen Befehlen. Die innere Disziplin des iranischen Klerus ist das Resultat einer besonderen theologischen Dogmatik – langfristig gesehen aber auch die Konsequenz des politischen Gestaltungswillens der Safawiden-Schahs. Denn sie waren es, die die Geistlichkeit zu einem effizienten Machtsystem ausbauten.

Dieses System verselbstständigte sich und stellte sich im Laufe der Jahrhunderte oft als Gegengewicht, mitunter auch als Konkurrenz zur weltlichen Herrschaft dar. Persien sah zahlreiche Dynastien nach der Macht greifen und wieder verschwinden – die Geistlichkeit erwies sich jedoch im Vergleich dazu als stabil.

Unter den Safawiden galt der Schah als Oberhaupt von Politik und Religion, weshalb manche Historiker in diesem Zusammenhang von einer »feudalen Theokratie« sprechen. Tatsächlich schufen sie jedoch eine eigentümliche Gewaltenteilung zwischen weltlicher und religiöser Macht – erst 1979, als Chomeini und seine Ayatollahs die weltliche Herrschaft abschafften und mit der gesamten geistlichen Führungsriege in die Staatsführung einrückten, war dieses System beendet.

Trotz mannigfaltiger Unterschiede lassen sich, was das Verhältnis von Religion und Politik anbelangt, im Zeitalter der islamischen Imperien viele parallele Entwicklungen erkennen. Weltliche und geistliche Macht stützten einander und hielten eine empfindliche, aber erstaunlich stetige Balance. Aus dem Islam leiteten Sultane, Schahs und Moguln einen Herrschaftsanspruch ab, weshalb manche Historiker von »islamischem Imperialismus« sprechen.

Religiöser Fanatismus war in keinem dieser Reiche die Triebfeder der Politik. Wenn jedoch, wie in einigen besonderen Fällen zu beobachten, Fanatismus, Machthunger und religiöses Sendungsbewusstsein sich verbanden, entfalteten sie gewaltige Zerstörungskraft. Das geschah vor allem dann, wenn am Horizont der Politik neue Machthaber auftauchten, die weder vornehme Abstammung noch Legitimation vorweisen konnten.

Die Sultane, Schahs und Kalifen, die fest im Sattel saßen und nach dem Prinzip *divide et impera* – »teile und herrsche« regierten, benahmen sich in der Regel nicht wie Gotteskrieger. Sie nutzten ihre Rolle als Schutzpatrone des Glaubens, um sich gegen Emporkömmlinge zu wehren – Herausforderer, die das Gleichgewicht der islamischen Imperien immer wieder sabotierten.

Dolch und Diamant

Ein solcher Emporkömmling stand im Frühjahr des Jahres 1739 mit seinen Truppen in Delhi. Tausende Leichen verwesten auf den Straßen der Residenzstadt der Moguln, Garnisonen brannten und Privathäuser waren der Plünderung anheimgefallen. Doch Mohammed Schah, der das Mogulreich regierte und gewiss nicht zu den fähigsten Vertretern seiner Dynastie gehörte, begriff noch immer nicht, welche Stunde für sein Reich geschlagen hatte.

Ein gewisser Nadir, ein Mann ohne Stammbaum, ein Bandit und großmäuliger Söldner, der sich in Persien drei Jahre zuvor an die Macht geputscht und seitdem nichts Besseres zu tun gehabt hatte, als eine Stadt nach der anderen zu verwüsten, bedrohte ihn. Und schlimmer noch: Er wagte es, in dreistem Tonfall um seine Tochter anzuhalten.

Der berühmte smaragdbesetzte Topkapi-Dolch wurde für Nadir angefertigt, der 1739 nach Delhi einmarschierte und sich wenig später, nachdem er grausam in der Stadt gewütet hatte, selbst zum Schah über das Mogulreich erklärte.

Sofern der volkstümlichen Überlieferung dieser Geschichte zu trauen ist, kleidete Mohammed Schah seine Ablehnung dieses Begehrens in eine Frage: Wer sei Nadir und welche Herkunft habe er vorzuweisen? Dies stieß beim Adressaten weder auf Verständnis noch auf Heiterkeit. Als Nadir wenig später im Palast erschien, fuchtelte er dem verschreckten Mogul mit der Klinge vor der Nase herum. Alsdann schlug er ein edelsteinverziertes Möbelstück mit einem Hieb entzwei und brüllte markerschütternd: »Ich bin der Sohn des Schwertes.«

Die Zeugen dieser Szene – selbst der nicht sonderlich helle Mohammed Schah – wussten nun, dass man bei Nadir einen wunden Punkt getroffen hatte. Den Chroniken zufolge war er der Sohn eines frühzeitig verstorbenen Bauern in der Provinz Chorassan. Nadir fand bei türkischen Nomaden, den Afscharen, eine neue Heimat. Schon früh bewies er, dass er sich nicht scheute, zur Durchsetzung seiner Interessen Gewalt anzuwenden und setzte sich an die Spitze seines Stammes.

1719, mit etwa 30 Jahren, stellte der Safawiden-Schah Tahmasp II. den inzwischen landläufig bekannten Kriegsherren als General ein, um sein Reich vor den angreifenden Afghanen zu schützen – eine Fehlentscheidung. Nadir bekämpfte die Afghanen erfolgreich und erweiterte das Territorium in einer Weise, die ihm später den Beinamen »Persiens Napoleon« einbrachte. Allerdings bedankte er sich bei den Safawiden für ihr Vertrauen, indem er ihre Dynastie auslöschte und sich selbst zum Schah krönte.

Seine militärischen Erfolge verliehen Nadirs Größenwahn starke Schwingen. Er schien für sich die Herrschaft über ein Universalreich des Islam zu beanspruchen. Als Angehöriger einer sunnitischen Minderheit demontierte er das schiitische Staatsdogma seiner Vorgänger und wertete den sunnitischen Islam in Persien auf.

Dem lagen gewiss auch strategische Erwägungen zugrunde, denn er brauchte die Unterstützung der Bewohner der Reichsrandgebiete, vor allem der Turk-Nomaden, denen er selbst entstammte. Und diese Gruppen waren großenteils sunnitisch. Darüber hinaus übte Nadir großen Druck auf den schiitischen Klerus aus und ließ viele Mullahs liquidieren. Nadirs Ideen zur Religionspolitik waren weniger durchdacht als seine militärischen Kampagnen: Er versuchte vergeblich, einen neuen schiitischen Kultus zu etablieren und von Ritualen zu reinigen, die Sunniten traditionell als besonders beleidigend empfanden.

Den Osmanen hatte Nadir große Gebietsverluste beigebracht, nun übte er sich in Religionsdiplomatie: Er schickte dem Sultan in Konstantinopel Gesandte und drängte ihn, das Schiitentum als eine »Rechtsschule« anzuerkennen, um die Spaltung zwischen den Bekenntnissen aufzuheben. Wahrscheinlich hätte man diesem überaus interessanten Vorstoß mehr historische Bedeutung beigemessen, wenn Nadir sich in der Ge-

Nadir Schah wurde später aufgrund seiner Qualitäten als Feldherr ehrfurchtsvoll als »Persiens Napoleon« bezeichnet. Diese deutsche Buchillustration von 1769 zeigt den Afscharen auf seinem Pferd.

schichtsschreibung nicht vor allem einen Ruf als paranoider Irrer gemacht hätte. Zeitgenossen berichteten, dass er Pyramiden aus den Schädeln von Gehenkten auftürmen ließ, so hoch, wie man sie seit dem Mongolensturm im Orient nicht mehr gesehen hatte.

Ein britischer Reisender in Persien behauptete, dass Nadirs Untertanen ihre Turbane nicht über die Ohren zogen, um zu zeigen, dass der Tyrann sie ihnen noch nicht hatte abschneiden lassen. Seinem eigenen Sohn, den er verdächtigte, der Drahtzieher einer Palastrevolte zu sein, ließ Nadir mit glühenden Eisen die Augen ausstechen.

Nadirs Angst vor einem Attentat wurde zur selbsterfüllenden Prophezeiung, denn je grausamer er sich aufführte, desto größer wurde die Zahl seiner heimlichen Gegner im Generalstab, einer Institution, die der Stratege Nadir selbst ins Leben gerufen hatte. In der Nacht des 19. Juni 1747 starb er in seinem Schlafgemach eines höchst unnatürlichen Todes. Vier seiner Häscher konnte er noch schlaftrunken erstechen, bevor sein Tyrannenherz für allezeit aufhörte, zu schlagen.

In Europa war Nadir seinerzeit wohl der bekannteste orientalische Machthaber. Und zwei der wertvollsten Schmuckstücke der Welt zeugen noch heute von seinem Aufstieg und Fall: Das eine ist der smaragdbesetzte Topkapi-Dolch, um den sich auch die berühmte Gaunerkomödie »Topkapi« mit Maximilian Schell in der Hauptrolle dreht – ursprünglich ein Geschenk des osmanischen Hofes an Nadir Schah. Die Delegation, die ihn überbringen sollte, erfuhr jedoch auf halber Strecke vom Tod des Schahs und kehrte wieder um.

Das zweite Stück ist der Kuh-e Nur, der »Berg des Lichtes«. Dabei handelt es sich um einen 105-karätigen Diamanten, den Nadir bei der Plünderung Delhis jenem begriffsstutzigen Moguln raubte, der ihn als Schwiegersohn verschmäht hatte. Dieser Diamant liegt heute in London und ist Teil der britischen Kronjuwelen. Und so erzählt der Kuh-e Nur noch ein anderes Kapitel Weltgeschichte: das vom Griff Europas nach den islamischen Imperien.

Karikaturenstreit

Mit der Blendung seines Sohnes hatte sich Nadir Schah einen Platz auf der Rangliste der brutalsten Herrscher seiner Zeit verschafft – auch im fernen Frankreich hörte man von seiner »Heldentat«, die Nadirs Regime zum Inbegriff einer grausamen, fanatischen, eben orientalischen Schreckensherrschaft werden ließ. Im selben Jahr, am 10. April 1741, trug sich in Frankreich ein Skandal zu, den man heute wohl mit dem berüchtigten Streit um die dänischen Mohammed-Karikaturen vergleichen könnte.

WAS BEDEUTET EIGENTLICH DSCHIHAD?

von Georg Graffe

Kein anderer Begriff aus dem Umfeld der islamischen Kultur und Tradition ist so zum Reizwort geworden wie der Dschihad, nicht zuletzt, da ihn heutzutage einige islamistische Terrororganisationen im Namen führen. Im Allgemeinen wird das Wort, das an mehreren Stellen im Koran vorkommt, als »Heiliger Krieg« übersetzt. Aber die ursprüngliche Wortbedeutung hat nichts mit dem Schreckgespenst der westlichen Welt, blindwütigem Fanatismus oder gar Selbstmordattentätern zu tun.

Dschihad besitzt im Koran durchaus unterschiedliche Bedeutungen. Er kann eine geistige Anstrengung meinen, den inneren Kampf gegen die Verführungen falscher Lehren – aber tatsächlich auch den Kampf mit der Waffe in der Hand. »Und kämpfet für Allahs Sache gegen jene, die euch bekämpfen, doch überschreitet das Maß nicht, denn Allah liebt nicht die Maßlosen. Und tötet sie, wo immer ihr auf sie stoßt, und vertreibt sie von dort, von wo sie euch vertrieben ... Wenn sie jedoch ablassen, dann ist Allah allvergebend, barmherzig. Und bekämpfet sie, bis die Verfolgung aufgehört hat und der Glauben an Allah [frei] ist. Wenn sie jedoch ablassen, dann [wisset], dass keine Feindschaft erlaubt ist, außer wider die Ungerechten.« (Sure 2, 190–193) An dieser und an anderen Stellen wird der Dschihad ganz offensichtlich unter Regeln gestellt. Der Koran bemüht sich also um eine Definition eines »gerechten Krieges«, wie man sie auch aus der westlichen antiken Welt kennt.

Krieg ist nach der Auffassung des Korans grundsätzlich nur als Verteidigung des Glaubens legitimiert. Aber der militärische Einsatz soll maßvoll sein, das heißt, Unschuldige verschonen – wie auch den Feind, wenn er kapituliert. An anderen Stellen wird die Behandlung geschlagener Gegner weiter präzisiert: Juden und Christen können sogar ihre Religion ausüben – gegen die Zahlung einer Steuer. Das war ganz im Stil der Zeit. Auch im christlichen Mittelalter mussten Juden eine besondere Abgabe leisten.

Schon in der Nachfolge Mohammeds erfuhr der Begriff eine deutliche Verwandlung. Jetzt wurden auch Kriege um wirtschaftliche und politische Macht zu einem Dschihad hochstilisiert, ganz im Stil der christlichen Kreuzzüge. Ideologen des 20. Jahrhunderts schließlich – wie der Ägypter Sayyid Qutb – gaben dem Begriff die Wendung, die er im radikalen Islamismus noch heute besitzt, nämlich den uneingeschränkten Kampf gegen das, was der Westen aus der Sicht der Gotteskrieger repräsentiert: Kolonialismus, Kapitalismus und Sittenlosigkeit.

Dabei hat bereits Mohammed einer Überlieferung zufolge zwischen einem »kleinen« und einem »großen« Dschihad unterschieden. Danach ist der bewaffnete Kampf nur ein kleines Verdienst im Vergleich zum großen Feldzug gegen die eigenen Fehler und schlechten Charakterzüge. Der fordert unter Umständen den wahren Heldenmut. Eine kluge Einsicht – nicht nur für Muslime.

Im Stadttheater der nordfranzösischen Handelsmetropole Lille rannte ein blutrünstiger Bartträger über die Bühnenbretter und verkündete den Anfang einer neuen Religion, um die Menschheit aufzuhetzen und zu unterdrücken. »Lass uns der Erde Wahn getrost bemühen, ich fühle mich zu ihrem Herrn bestimmt« – Hauptdarsteller Jean-Baptiste Sauvé, damals bekannt unter seinem Künstlernamen Lanoue, zog alle Register, um dem Provinzpublikum von Lille einen unvergesslichen Theaterabend zu bescheren. Betrüger, Schlächter, Intrigant und Zyniker – Lanoue spielte die Rolle seines Lebens: Mohammed, den Propheten des Islam.

Der Skandal war kalkuliert und trug zum Erfolg des Dramas »Der Fanatismus oder Mahomet der Prophet« viel bei. Es hagelte Proteste, allerdings aus einem anderen Lager, als ein heutiger Zuschauer erwarten würde: Als das Stück ein Jahr später auch an der Pariser Comédie Française gefeiert wurde, ordneten die Behörden ein Aufführungsverbot an. Kardinal de Fleury, oberster Strafverfolger und Geistlicher im Dienst des Königs, brandmarkte die Tragödie als »schändlich und gottlos«.

Aus heutiger Perspektive hätte man erwartet, dass muslimische Potentaten wie der Sultan in Konstantinopel die diplomatischen Beziehungen zu Paris abgebrochen und einen Boykott gegen französische Waren angeordnet hätten. Aber in diesem Fall waren es Kirche und Krone, die sich herausgefordert fühlten. Das Stück bediente sich der Figur Mohammeds, um den Missbrauch der Religion für Machtpolitik zu kritisieren – die Herrschaftsordnung im katholisch-absolutistischen Frankreich traf diese Attacke bis ins Mark.

François Marie Arouet, der Verfasser des Dramas, vernahm mit Genugtuung, dass seine Botschaft bei den Adressaten angekommen war. Unter dem Namen Voltaire zählte er bereits zu Lebzeiten zu den bedeutendsten Philosophen – später sollte man die Epoche der Aufklärung, die er maßgeblich mitbestimmte, als »Jahrhundert Voltaires« bezeichnen. Über sein Stück »Mahomet« und das Phänomen Islam korrespondierte Voltaire auch mit dem Preußenkönig Friedrich dem Großen, den er sehr schätzte und bewunderte.

Die Figur Mohammeds sah Voltaire zwar sehr kritisch, doch interessierte sie ihn eher als Phänomen, an dem er seine politische Kritik veranschaulichte: Religionskriege, Grausamkeiten, die Ausbeutung und Zwangsbekehrung fremder Völker, Kreuzzüge – alle Abscheulichkeiten, die im Namen des Kreuzes begangen worden waren, sollten entlarvt werden. Gewiss trug Voltaire auch dazu bei, dass die islamische Welt beim westlichen Publikum keinen ruhmreichen Eindruck hinterließ – vermutlich ungewollt, wie Voltaire in einem Brief über sein Werk ausführte: Der Grundgedanke des Christentums seien Liebe und Menschenfreundlichkeit gewesen, doch Jahrhunderte später nutzten Menschen den Namen Christi

Ein arabisches Sprichwort besagt über die Wüste Nedschd: »Nichts Gutes ist jemals aus dem Nedschd gekommen.« Von dort breitete sich die Bewegung der Wahhabiten aus, die sich den Kampf gegen die aus ihrer Sicht »Ungläubigen« auf die Fahnen schrieb und auch vor der Ermordung moderater Glaubensbrüder nicht zurückschreckte.

für Gewalt und Unterdrückung. Der Prophet Mohammed hingegen habe mit Gewalt und Unerbittlichkeit eine Religion geschaffen, die die Muslime nun auf friedliche und tolerante Weise lebten.

Im Jahr 1799, rund 21 Jahre nachdem Voltaire in Paris gestorben war, entstand die erste deutsche Fassung des »Mahomet«. Der Übersetzer war nicht nur ein Bewunderer des großen Philosophen, sondern hegte ein leidenschaftliches Interesse am Islam und an der Welt des Orients: Johann Wolfgang von Goethe.

Während Goethe im beschaulichen Weimar über den letzten Federstrichen seines Mahomet-Manuskriptes saß, stand am Südufer des Mittelmeers ein gewaltiges europäisches Heer, um sich in ein gewagtes, orientalisches Abenteuer zu stürzen. Zum ersten Mal seit den Kreuzzügen hatte eine europäische Streitmacht mitten im Herzen der islamischen Welt, in diesem Fall Ägypten, zugeschlagen und ein ganzes Land erobert. Napoleons Ägypten-Expedition dauerte nicht lang, dennoch wirkte sie so nachhaltig, dass heutige Orientalisten dieses Ereignis als Beginn der neueren islamischen Geschichte anerkennen. Noch bevor Napoleons Armee den europäischen Kontinent überrollte und jahrhundertealte politische Systeme in Rauch aufgehen ließ, warf sie ihre Schatten auf die Welt des Orients.

Ein Pakt in der Wüste

Über mehr als eine Million Quadratkilometer erstreckt sich das Wüstenplateau des Nedschd im Herzen der Arabischen Halbinsel. Erbarmungslose Hitze und Trockenheit machen dieses Gebiet bis auf einige Oasen und künstlich bewässerte Siedlungen nahezu unbewohnbar. Jahrhundertelang wagten sich nur wenige Fremde in den Nedschd, denn die Stämme der Banu Hanifa, Banu Abs, Banu Tamim, der Schammar und anderer Beduinenclans, die dort ein karges Dasein fristeten, galten als räuberisch und lagen in ständiger Fehde. Auch aus Sicht der osmanischen Sultane galt die Region als *no man's land* – »nichts Gutes ist jemals aus dem Nedschd gekommen«, so lautet eine Redensart der Araber, die angeblich auf den Propheten Mohammed selbst zurückgeht. Im Jahr 1804 sollte der islamischen Welt mit einem Schlag bewusst werden, wie wahr der Volksmund da gesprochen hatte.

Eine gewaltige Streitmacht berittener Krieger sprengte durch die große Wüste auf die Heilige Stadt Medina zu. Wie Heuschrecken fielen die Männer über die Einwohner her. Sie plünderten, drangsalierten und schnitten denen, die sich ihnen in den Weg stellten, die Hälse durch. In der Pilgerstadt lagen viele fromme und angesehene Muslime beerdigt – in heiligem Boden. Fassungslos sahen die Medinenser zu, wie die Eindringlinge Grabsteine zertrümmerten und Friedhöfe schändeten. Auch vor der Ruhestätte des Propheten selbst machte ihre Raserei nicht halt: Die Schätze, die Tausende Muslime, darunter Sultane und Kalifen, als Zeichen ihrer Frömmigkeit gestiftet hatten, wurden geplündert: Edelsteine aus der Fassung gebrochen, Gold- und Silberwaren eingesackt und kostbare Gobelins zerfleddert. Einen solchen Angriff hätte man nur ausgesprochenen Feinden des Islam zugetraut – heidnischen Barbaren oder Kreuzfahrern. Der Letzte, der einen derartigen Raubzug auf Mekka und Medina versucht hatte, war laut den arabischen Chroniken der Kreuzritter Renaud de Chatillon gewesen. Doch seit Sultan Saladin diesem Islamhasser im Jahr 1186 eigenhändig den Kopf vom Leib geschnitten hatte, war keiner seinesgleichen mehr im Hedschas aufgetaucht.

Die Männer, die nun Mohammeds Grab entweihten, gaben sich als fromme Muslime aus. Laut ihrem eigenen Bekenntnis lebten sie den einzig wahren Islam und befreiten ihn von Aberglauben und volkstümlichen Ritualen wie der kultischen Verehrung von Grabstätten, von denen im Koran keine Rede ist, die sich aber im Laufe der Jahrhunderte zu einer frommen Praxis entwickelt hatte. Laut ihrem eigenen Bekenntnis waren diese Männer, die man schon damals »Wahhabiten« nannte, keine Feinde des Islam, sondern seine unerbittlichen Verteidiger – aus heutiger Perspektive lässt sich sagen, dass kaum eine religiös-politische Bewegung den

Muslimen, der Religion des Islam und ihrem Ansehen in der Welt so großen Schaden zugefügt hat wie die ihre.

Der Aufstand der Wahhabiten aus der Wüste Nedschd traf die islamische Welt bis ins Mark. Er sorgte dafür, dass man heute den Dschihad als »Heiligen Krieg« und den gnadenlosen Kampf gegen alle Ungläubigen mit dem Wort Islam als Erstes in Verbindung bringt. Die Wahhabiten lebten nach der kühnen Vorstellung, dass einzig der beim Wort genommene Koran als Regelwerk für das gesellschaftliche Leben genüge und alles andere verboten sei. Dass Wissenschaft und Philosophie, Musik, Tanz, Tabak und andere Sinnesfreuden Werkzeuge des Teufels seien und ein Mann, der Ungläubige töte oder beim Versuch, dies zu tun, falle, umgehend ins Paradies eingehe.

Ungläubige, das waren nach wahhabitischer Lesart nicht in erster Linie Christen, Juden oder andere Religionsgruppen, sondern jene Muslime, die sich nicht ihrer radikalen Weltanschauung anschlossen. Ihr Hass und ihre Mordlust galten zuvorderst den Schiiten, deren Heiligtum im irakischen Kerbala sie 1802 im Verlaufe eines Feldzugs, einer *ghazwa*, demolierten. Aber auch jene Sunniten, die weltweit einen pragmatischen, multikulturell geprägten Islam lebten, galten den Wahhabiten als Götzendiener, die die Lehre des Korans verfälschten.

Die Rechtsgelehrten und Theologen, die seit Jahrhunderten versuchten, auf Grundlage des Korans, der Tradition und der Vernunft zu Urteilen zu kommen, waren für sie nur Ausgeburten einer Dekadenz, die im Lebenswandel der Herrscher von Konstantinopel, Isfahan oder Delhi gipfelte. Schon die Plünderung Medinas barg Anzeichen dafür, dass sich der Wahhabismus zu einem der folgenschwersten Probleme der islamischen Welt entwickeln würde – vielleicht zu ihrem Hauptproblem. Denn islamistischer Terror, al-Qaida, die afghanischen Taliban, der Bürgerkrieg in Pakistan und viele andere Geißeln unserer Zeit nahmen ihren Anfang in der unwirtlichen Wüste des Nedschd.

Die Begegnung zweier Männer, die jeder für sich wohl der verdienten Vergessenheit anheimgefallen wären, gab den entscheidenden Impuls für die Bewegung: Mohammed ibn Abd al-Wahhab, ein überaus kleingeistiger Koranstudent, und Abd al-Aziz Ibn Saud, Scheich eines Beduinenstammes, von dem man damals noch wenig mehr wusste, als dass er gelegentlich seine Nachbarn überfiel und das Fett eines Kamelhöckers für einen Leckerbissen hielt.

Ibn Abd al-Wahhab, geboren in der Oase Uyaina, gehörte zu jener Sorte Menschen, die ihren mangelnden Bildungshorizont nicht als Nachteil empfinden: Je weniger man von der Welt dort draußen weiß, desto einfacher ist es bekanntlich, sie in gut und böse, richtig und falsch zu unterteilen. Auf seine Studienaufenthalte in Bagdad, Mekka und Medina und seine spärlichen Kenntnisse des islamischen Rechts bildete sich Abd al-Wahhab einiges ein. Zu seinen unumstrittenen Qualitäten zählten Eifer, ein gewisses Charisma und großes Selbstbewusstsein: Abd al-Wahhab hielt sich für einen *mudschtahed*, einen Mann, der entgegen der Lehrmeinungen der anerkannten Rechtsschulen den Willen Gottes aus den Schriften herauslesen konnte.

In seiner entlegenen Heimat brachte er es in kurzer Zeit zu großer Anerkennung: Besonders beim Clanchef der Saud in der Oase Dariya stießen Abd al-Wahhabs radikale Lehren auf interessierte Ohren. Die Muslime mussten, so Abd al-Wahhab, zur Lebensweise des Propheten zurückkehren, den Dschihad führen, bis ein jeder diesen Schritt vollzog, die unteilbare Einheit und Einzigartigkeit Gottes anerkannte und allen anderen Praktiken entsagte. Politisch bedeutete dies Krieg, der eine religiöse Mission verfolgte. Für Mohammed ibn Saud und seinen Sohn Abd al-Aziz konnte es keine trefflichere Gelegenheit geben, um sich zu nehmen, was ihnen zustand: die Herrschaft über den Nedschd und die gesamte Arabische Halbinsel. 1744 – drei Jahre zuvor hatte Voltaires Fanatismus-Drama in Lille Premiere gefeiert – verbündeten sich in der Wüste Arabiens die wahren Fanatiker: im »Pakt von Nedschd«.

Abd al-Wahhab und Ibn Saud führten ihre Familien und ihre Machtansprüche zusammen. In ihrem neuen Reich sollte der eine die religiöse, der andere die weltliche Herrschaft übernehmen. Doch dieses Reich musste erst einmal erobert werden.

Junge, kühne, beutelustige und chronisch gelangweilte Männer rüstete man nun mit missionarischem Eifer aus. So wurden die Wahhabiten langsam aber sicher zu einer hoch motivierten und gnadenlosen Truppe, deren Brutalität in den folgenden Jahrzehnten allerdings nur ihre Nachbarn im Nedschd erfahren mussten. Beduinen schlagen sich mit Beduinen – viel mehr wusste man in Konstantinopel oder Kairo nicht von dieser neuen Bewegung. Bis sich 60 Jahre später in Medina das Unglaubliche ereignete.

Abd al-Wahhab starb kurz vor seinem 91. Geburtstag im Jahr 1792. Die Welt, in die die Wahhabiten nun vorstießen, veränderte sich schnellen Schritts. Napoleons Expedition nach Ägypten und Palästina hatte sich trotz beachtlicher Erfolge letztendlich als Fiasko erwiesen. Die Briten, die sich durch den Ausbau ihres Kolonialreichs in Indien bedroht sahen, stützten die Osmanen mit ihren Seestreitkräften und schnitten der Ägypten-Armee die Versorgungslinien ab. Napoleons Gouverneur General Kléber fiel 1800 in Kairo einem Mordanschlag zum Opfer, und bald darauf hatte der letzte französische Kürassier das Land am Nil verlassen.

Dennoch waren die alten Machteliten von der Invasionswelle fortgespült worden, und ein neuer Herrscher, der albanische Pascha Mohammed Ali, ein fähiger General des Sultans, machte Kairo zu seiner Residenz und herrschte quasi unabhängig über Ägypten.

Dem General Jean-Baptiste Kléber war von Napoleon der Oberbefehl über die französischen Truppen in Ägypten übertragen worden. 1800 wurde er von einem Studenten ermordet, bereits wenige Monate später mussten sich die Franzosen aus dem Land zurückziehen.

151

Mohammed Ali Pascha übernahm nach dem Abzug der Franzosen das Regiment in Ägypten und unterzog das Land einer Modernisierung nach europäischem Vorbild.

Die Kanonen und Uniformen der Franzosen, aber auch die Messinstrumente und Konstruktionspläne der Ingenieure, die im Fahrwasser Napoleons nach Ägypten gekommen waren, hatten es dem Pascha angetan. Modernisierung lautete die Parole: So ließ Mohammed Ali nach europäischem Vorbild Baumwollfabriken, ein Offizierskolleg, eine Schnapsbrennerei errichten – sein Nachkomme ergänzte die Baumaßnahmen später noch durch ein Opernhaus. Der ganz dem Weltlichen zugewandte Modernisierungsschub Ägyptens beunruhigte den Sultan in Konstantinopel nicht weniger als jener Aufstand der Verwirrten in der Wüste des Nedschd. Die islamische Welt und vor allem das Osmanische Reich befand sich offenkundig in einem Konflikt, der sich von zwei Fronten her zuspitzte: Von Nordwesten preschten europäische Truppen, Kaufleute und damit europäische Ideen heran. Von Südosten her stießen islamische Fanatiker der bis dahin unangefochtenen Staatsmacht ins Kreuz. Glücklicherweise sah sich Mohammed Ali durch das wahhabitische Gespenst ebenso herausgefordert, denn der Hedschas zählte zu seinem natürlichen Machtbereich und die Tatsache, dass die Wahhabiten anderen Muslimen den Zugang zu den Heiligen Stätten verwehrten, musste er als große Frechheit empfinden, auch wenn er selbst sich aus Religion nicht viel zu machen schien. So zog Mohammed Alis ehrgeiziger Sohn Ibrahim im Jahr 1816 mit einer schlagkräftigen Truppe aus, um dem Hause Saud und seinen Spießgesellen Manieren beizubringen.

In der Wüste werden selten Gefangene gemacht und auch Ibrahims Strafexpedition hatte dafür keinerlei Vorkehrungen getroffen. »Den Wahhabiten gilt es als Segen, im Kampf für die Sache Gottes zu fallen«, schrieb ein zeitgenössischer Beobachter. Ibrahim Pascha bescherte ihnen diesen Segen gern. Clanchef Abdallah bin Saud und seine Verbündeten wehrten sich tapfer. Ihn allein ließ der Pascha am Leben – allerdings nur, um ihn, wie ein seltenes Wildtier im Käfig transportiert, dem Sultan in Konstantinopel zur Hinrichtung zu übersenden.

Wer glaubte, dass das Wahhabitentum und die Macht der Saud mit dem Tode Abdallahs Geschichte seien, täuschte sich. In der Wüste ruhen Saatkörner manchmal jahrzehntelang, bis ein Regenguss sie plötzlich aus dem Boden sprießen lässt.

Fliehkräfte und Erweckungen

Der Name Ypsilanti weckt in Deutschland heute viele politische Assoziationen; Schicksalsschlachten und ein heroischer Befreiungskampf zählen allerdings nicht dazu. In den 1820er Jahren war das anders. Englische Dichter sangen Lobeshymnen, preußische Militärs nickten in würdevoller Anerkennung und junge Männer auf dem Balkan schlugen sich tatendurstig mit der Faust aufs Herz, wenn der Name Alexander Ypsilanti fiel.

Wie viele Griechen seiner Epoche war dieser Mann einst ein osmanischer Bürger gewesen, ein Phanariot, wie die orthodoxen Christen von Phanar, einem Stadtteil Konstantinopels am Goldenen Horn, genannt wurden. Aus einer Vielzahl von Gründen fühlte sich Ypsilantis Vater, eigentlich ein hochrangiger Beamter des Sultans, dem orthodoxen Slaventum verbunden.

Dichter, Denker und Politiker auf dem Balkan und in Russland träumten in jener Zeit davon, eines Tages wieder das Doppelkreuz über der Hagia Sophia zu errichten – jener Basilika, die die Osmanen nach der Eroberung Konstantinopels in eine Moschee verwandelt hatten. Byzanz, das griechisch-orthodoxe Imperium, das die Osmanen damals aufgelöst hatten, war in Ypsilantis Jugend mehr als eine romantische Schimäre: Das wiederentdeckte byzantinische Erbe stiftete Identität – für die einen nationale, für die anderen eine orthodox-religiöse. Und noch etwas beflügelte den griechischen Unabhängigkeitsgedanken: In Europa war die klassische Antike en vogue, nicht nur in der »klassizistischen« Architektur, die den römisch-griechischen Stil nachahmte, sondern auch in Philosophie und Kunst. Wie konnte Griechenland, die Wiege europäischer Zivilisation, noch immer unter der Knechtschaft eines islamischen Despoten stehen?

Als im Jahr 1805 wieder einmal ein Krieg zwischen Russland und dem Osmanischen Reich ausbrach, packten die Ypsilantis ihre Koffer und wanderten nach Petersburg aus, denn in Konstantinopel tobten erstmalig Pogrome gegen Christen.

Das tolerante Antlitz des osmanischen Vielvölkerstaates konnte nicht darüber hinwegtäuschen, dass religiöse Minderheiten, besonders in Zeiten von Krieg, Krankheit und Elend, mit Ressentiments zu rechnen hatten. Es war zwar zu keiner Zeit die offizielle Politik der Hohen Pforte, diese Ressentiments zu schüren, aber die osmanischen Behörden sahen oft genug tatenlos zu, wie sich in den Städten der muslimische Mob gegen Andersgläubige erhob. Verschärft wurde dieser Konflikt nicht zuletzt dadurch, dass Russlands mächtige Zarin Katharina und ihre Nachfolger im Kreml auch die orthodoxen Christen im Ausland als ihre Schutzbefohlenen betrachteten, und ein Großteil dieser Christen lebte auf osmanischem Territorium.

Diese Haltung erinnert unwillkürlich an den Georgienkonflikt des Jahres 2008, als die russische Regierung die Bewohner der abtrünnigen georgischen Republiken Abchasien und Südossetien erst mit russischen Pässen versorgte, um dann im Interesse der »eigenen Bevölkerung« militärisch einzuschreiten.

Im 19. Jahrhundert bemühten die Zaren sich jedenfalls um den Schutz und die Interessen der Orthodoxie, wie es ihnen später auch andere europäische Staaten nachtaten: Frankreich erklärte sich zur Schutzmacht der, vor allem im Libanon ansässigen, maronitischen Katholiken, Großbritannien schützte u. a. die Minderheit der Drusen. Die preußische Krone bot indes zahlreichen Juden konsularische Unterstützung an.

Für die Minderheiten in Hafenstädten wie Beirut, Alexandria oder Konstantinopel brachten derartige Maßnahmen viele Vorteile mit sich. Sie gelangten an lukrative internationale Posten, die vielen Muslimen vorenthalten blieben. Der Mittelmeerhandel mit Europa wuchs stetig dank der Abkommen und Privilegien, sogenannter Kapitulationen, die das Osmanische Reich europäischen Staaten und ihren Untertanen gewährte.

Doch die allzu offensichtliche Anbindung der Minderheiten an das westliche Ausland gereichte diesen nicht nur zum Vorteil: Die muslimischen Bewohner und die Behörden nahmen sie zunehmend als fünfte Kolonne ausländischer Mächte wahr. Je mehr sich aber Staaten wie Russland, Großbritannien und Frankreich in der islamischen Welt als Eroberer gebärdeten, desto größer wurden Hass, Misstrauen und Repressionen gegen ihre vermeintlichen Handlanger – auch wenn gewaltsame Übergriffe unrühmliche Ausnahmen blieben.

Die damals verhältnismäßig junge Leidenschaft der Europäer für das Griechentum wirkte wie ein Brandbeschleuniger auf jene kriegerische Auseinandersetzung, an der General Alexander Ypsilanti entscheidenden Anteil haben sollte. Als Offizier hatte er im Dienste des Zaren bereits gegen Napoleon gekämpft, nun hob er als führender Kopf der griechischen Rebellenbewegung auf dem ganzen Balkan Freiwilligenarmeen aus, um die Osmanen zu bekämpfen. Das Gespenst des Nationalismus, das bald auf andere Völker übergriff, war dem Sultan in Konstantinopel bis dahin eher unbekannt gewesen – umso entschiedener und verzweifelter mühten sich die Osmanen, es nun wieder auszutreiben.

Aus Gründen der Staatsräson hielt sich der russische Zar Alexander I. zunächst aus dem Konflikt heraus. Dafür griffen Frankreich und Großbritannien aufseiten der Griechen ein und zwangen die Osmanen schließlich zur Anerkennung von deren Unabhängigkeit. Auf osmanischer Seite hatte im Übrigen kein anderer als Mohammed Ali Pascha – der ägyptische Herrscher, der sich für seine Modernisierungsmaßnahmen Europa zum Vorbild genommen hatte – die Ehre des Sultans hochgehalten und verteidigt – trotz einer blutigen Niederlage gegen Briten und Franzosen in der Bucht von Navarino ging er aus dem Konflikt gestärkt hervor.

So gestärkt, dass die Europäer, einige Jahre nachdem sich Mohammed Ali in Ägypten zum Quasi-Monarchen aufgeschwungen hatte und

Die Hagia Sophia in Istanbul blickt auf eine wechselvolle Geschichte zurück. Ursprünglich war sie die Hauptkirche des byzantinischen Reiches, bevor sie von den Osmanen zur Moschee umgewandelt wurde. Das Gotteshaus wird heute als Museum genutzt.

sogar nach der Herrschaft über Syrien und die Levante griff, ihn ein zweites Mal bekämpften – diesmal allerdings aufseiten des osmanischen Sultans.

Denn dessen Macht war zwischenzeitlich in der Auflösung begriffen, und den Strategen in London und Paris grauste vor dem Untergang des Osmanenreichs: »Regionale Instabilitäten«, so würde man das Problem heute nennen, mussten die unvermeidliche Folge einer solchen Entwicklung sein. Russland, der Konkurrent im Osten, würde sich in das Machtvakuum begeben und sich den Weg zum Mittelmeer, auf das es schon lange schielte, gewaltsam bahnen. Blutige Reibereien und Verteilungskämpfe standen zu befürchten.

Da war es besser, dass keiner ein Stück vom Kuchen bekam und Ruhe einkehrte. Also musste das Osmanische Reich bestehen bleiben: dies war die – weitgehend konstante – Antwort der Briten und Franzosen auf ein Problem, das als »Orientalische Frage« in die Geschichtsbücher einging. Diese grundsätzliche Haltung hinderte freilich niemanden daran, das Osmanische Reich immer weiter zu durchdringen, zu schwächen und von sich abhängig zu machen – das Gleiche galt im Übrigen für Persien, wo sich vor allem russische und britische Interessen kreuzten.

Die Zeit der islamischen Imperien war nun vorüber: In Indien übernahm die britische East India Company Schritt für Schritt die Macht. Als Alliierte und Handelspartnerin der Moguln ins Land gekommen, besiegte sie deren ewige Rivalen, die Marathen-Fürsten, im Handstreich, um alsbald den Moguln selbst die Herrschaft abzuknöpfen. Nach der Niederschlagung eines blutigen Aufstands muslimischer Rebellen in Indien im Jahr 1857 nahm die britische Königin den Subkontinent als Kronkolonie in Besitz.

Das Osmanische Reich franste zunächst an seinen Rändern aus: Paschas und Gouverneure gründeten ihre eigenen autonomen Fürstentümer. Beduinen-Scheichs am Golf und in Arabien erklärten sich zu Staatsoberhäuptern, auf dem Balkan grassierten Nationalismus und Unabhängigkeitsbewegungen. Und von allen drei Problemen konnten die europäischen Mächte profitieren.

Angesichts dieser Herausforderungen und der offensichtlich überlegenen Fortschrittlichkeit der Europäer machten sich muslimische Intellektuelle an eine Schadensanalyse: Warum war die islamische Zivilisation, die einst alle anderen auf der Welt an Glanz und Vielfalt ausgestochen hatte, derart ins Hintertreffen geraten? Vor allem die arabische Welt, die seit Jahrhunderten in politischer Bedeutungslosigkeit verharrte und etliche Fremdherrscher geduldig ertragen hatte, benötigte aus ihrer Sicht dringend Reformen.

Die Antworten auf diese Überlegungen fielen sehr unterschiedlich aus. Der ägyptische Denker Mohammed Abduh, der viele Schüler und einflussreiche Männer um sich scharen konnte, vertrat folgende Ansicht: Die Araber – und respektive die Muslime – mussten von Europa lernen, sich technische und geistige Errungenschaften aneignen und sie mit einer islamischen Lebensweise übereinbringen. Voraussetzung war jedoch eine zeitgemäße, moderne und rationale Interpretation der islamischen Quellen. Die durch ihn angestoßene Geistesbewegung, der sich Theologen, Philosophen und politische Agitatoren anschlossen, nannte man *nahda*, was sich mit »Wiedererwachen« übersetzen lässt.

Ähnlich einflussreich wie Abduh in Kairo wurde der vermutlich in Persien geborene Dschamal ad-din al-Afghani. Manche moderne Historiker betrachten ihn als einen liberalen Denker in gesellschaftlichen Fragen und als Vorläufer eines islamischen Demokratiemodells.

Was den Umgang mit Europa anbelangte, gab sich Afghani aber weitaus weniger liberal. Auch er rief die Muslime dazu auf, die Imperialisten gut zu beobachten und von ihnen zu lernen, allerdings nur, um sie später mit ihren eigenen Waffen zu schlagen. Afghani verstand den Islam nicht zuletzt als Motor, um die muslimische Welt von westlicher Einflussnahme zu befreien. Diese Thesen wurden in vielen Teilen der islamischen Welt, ob in Ägypten, Persien oder Indien, überaus populär, auch wenn die wenigsten sich trauten, ihrem Sinn entsprechend zu handeln. Afghani träumte von einer Einheit der Muslime, einer Überbrückung konfessioneller und politischer Grenzen. Das unterschied ihn wesentlich von den Wahhabiten, die schon bald nach ihrer vernichtenden Niederlage in der Wüste wieder auf die politische Bühne zurückgekehrt waren.

Am Hindukusch

Einige Dutzend Kilometer nordwestlich der pakistanischen Stadt Peschawar erstrecken sich majestätische Bergketten, die zum Teil nur auf Eselspfaden zu erkunden sind. Für diese außergewöhnliche Landschaft, für deren Erkundung man einen Helikopter benötigt, fällt es schwer, geeignete geografische Begriffe zu finden – vermutlich deshalb heißt dieses Gebiet, das aus Tälern, Bergen und Tälern besteht, schlicht »nordwestliche Grenzprovinz«, in Pakistan abgekürzt als »NWFP«.

Die Bezeichnung stammt aus der Zeit des britischen Imperiums, und sie macht deutlich, dass schon damals niemand wusste, wo die Grenze zu Afghanistan lag und ob es überhaupt eine solche gab. Heute wie damals steht NWFP für fehlende staatliche Autorität – in dem Gebiet herrschen paschtunische Stämme und Clans, Pathans genannt.

Die Helikopter, die seit einigen Jahren vermehrt von afghanischer und pakistanischer Seite über das Grenzgebiet donnern, transportieren keine Naturfreunde, sondern schwere Maschinengewehre, Lenkraketen, Radar-

Die mächtigen Bergketten des Hindukusch erstrecken sich über Afghanistan und Pakistan und ragen hoch in den Himmel.

geräte und Scharfschützen. Denn nirgendwo auf der Welt tobt der Anti-terrorkampf der NATO-Armeen und ihrer pakistanischen Verbündeten derzeit so unerbittlich wie in Afghanistan und im NWFP. Das Stammesgebiet dient den Taliban als Unterschlupf und Rekrutierungsgebiet, und Geheimdienstler vermuten, dass auch der Terrorpate Osama bin Laden dort das Gastrecht eines Stammes genießt.

Seit rund 150 Jahren haben fremde Armeen, vor allem die britische, versucht, die Macht und den dort weitverbreiteten islamischen Fanatismus zu brechen – einige Male wäre es ihnen beinahe gelungen, doch viele Expeditionen in das unwegsame Land endeten mit einer frustrierenden Erkenntnis: Wer die Paschtunen besiegen will, muss mit großen eigenen Verlusten rechnen. Eine solche Kampagne begleitete der junge Offizier Winston Churchill am 7. August 1897 gegen den Stamm der Mohmand, der sich unter Führung eines fanatischen Mullahs erhoben und zahlreiche Ortschaften geplündert und angezündet hatte.

Die asymmetrische Kriegsführung der Mohmand brachte dem rund 1000-Mann starken Expeditionsheer viele Tote und Verwundete, in deren Angesicht Churchill erkannte, dass »Stolz der Rasse, Pomp des Empires und Ruhm des Krieges nichts weiter als ein Produkt unserer Träume sind«.

Churchills große Karriere wäre an diesem Tag um Haaresbreite durch einen paschtunischen Flintenschuss vorzeitig beendet worden.

Dass die Kriege in der Nordwestprovinz so erbittert vonstatten gingen, hing nicht nur mit dem Freiheitswillen der Pathan zusammen, sondern auch mit ihrem unbändigen Fanatismus, der den Dschihad gegen die Ungläubigen als höchstes religiöses Ziel anstrebte. Agitatoren wie der berüchtigte Mullah Sadullah, bei den Briten »the mad fakir« genannt, tauchten dutzendweise in NWFP auf und predigten Hass auf die Ungläubigen und die eigene Unsterblichkeit. Begonnen hatte diese gefährliche Bewegung allerdings in Delhi, während des blutigen Aufstands gegen die britische Kolonialherrschaft im Jahr 1857. Viele muslimische Rebellen hatten damals, auf der Flucht vor der blutigen Rache der Briten, im Grenzgebiet Unterschlupf gefunden.

Dort predigten sie eine Ideologie, die aus dem fernen Arabien nach Indien gekommen war: den Wahhabismus. Es mag erstaunen, dass diese radikale Interpretation des Korans bereits Anfang des 19. Jahrhunderts auf andere Kontinente übergeschwappt war. Aber schon zu Zeiten Abd al-Wahhabs gab es indische Muslime auf der Arabischen Halbinsel, die zur Pilgerfahrt gekommen und dann zum Koranstudium geblieben waren.

Manche von ihnen blieben mehrere Jahre. Als sie zurückkehrten, mussten sie zusehen, wie die Briten den Subkontinent eroberten, ein Fürstentum nach dem anderen zu Fall brachten und die Muslime in Indien gegenüber anderen Religionsgruppen zum Teil erheblich benachteiligten. Die Dschihad-Ideologie der Wahhabiten stieß im multireligiösen Indien allerdings nur auf bedingtes Interesse – zunächst galten sie hier ebenso als ketzerische Abspalter wie bei den Muslimen des Nahen Ostens. Spätestestens seit 1857 war NWFP jedoch ins Visier wahhabitischer Missionare gerückt.

Die Gebiete um den Hindukusch sind schwer zugänglich, der Grenzverlauf zwischen Afghanistan und Pakistan ist unklar. Keine staatliche Regierung hat hier die Macht, stattdessen herrschen die Clanchefs der einzelnen paschtunischen Stämme – das konnten auch die britischen Kolonialherren nicht ändern. Dieses Foto einiger wichtiger Stammesführer entstand um 1880.

In Indien, das von vielen endzeitlichen und esoterischen Strömungen geprägt war, musste selbst der knochenharte Wahhabismus Kompromisse machen – allerdings nicht, was den Dschihad betraf. Ende der 1860er Jahre empfanden auch die britischen Behörden diese Sekte als politisches Problem, sodass Vizekönig Lord Mayo öffentlich ihre Auslöschung verlangte. 1871 quittierten die Wahhabiten ihm dies mit einem tödlichen Messerattentat. Die Polizei konnte den Mörder gefangen nehmen. Die folgenden Ermittlungen führten zu einem Prozess, in dessen Verlauf die Behörden einen Hauptschuldigen ausmachten: Der Wahhabismus hatte seitdem in Britisch-Indien einen ähnlich schauerlichen Leumund wie al-Qaida heute.

Die islamische Karte

Betrachtet man die Rhetorik der Terrorgruppen, die heute im Namen des Islam Anschläge verüben, so fällt auf, dass sie sich gerne an vermeintliche historische Vorbilder anlehnen. Einige bezeichnen sich selbst als Ansar al-Islam, in Gedenken an die Altvorderen, die ersten treuen Anhänger des Propheten. Auch eine Gruppe, die sich Dschaisch Mohammed – »Mohammeds Armee« nannte, unterzeichnete Bekennerschreiben.

Das Terrornetzwerk al-Qaida – »die Basis« um Osama bin Laden – führte ursprünglich eine Zusatzbezeichnung im Briefkopf, die sich mit »Organisation zur Bekämpfung von Juden und Kreuzrittern« übersetzen lässt. Marken- und medienbewusst wie die Köpfe von al-Qaida spätestens seit dem 11. September 2001 geworden sind, verzichten sie heute meist auf diesen Untertitel.

Aber immer wieder tauchen kleine, nie zuvor gekannte Gruppen auf, die sich al-Qaida zugehörig fühlen, und es scheint sich unter ihnen eine feste Regel einzustellen: Je unbedeutender sie sind, desto hochtrabender und historischer klingen ihre Namen und ihr Vokabular. »Wir lieben den Tod, so wie Ihr das Leben liebt« – diesen Furcht einflößenden Satz, der sich an die westliche Gesellschaft richtet, zitieren sie besonders gern, womöglich ohne zu wissen, dass er, in einer etwas anderen Variante, der Weltchronik des arabischen Historikers at-Tabari entstammt.

Laut Tabari versuchte der Kalif und Feldherr Umar mit diesen Worten einst, den Perserkönig Chosrau zur Aufgabe zu überreden, bevor er dessen Armee zerschlug. Was die Freunde der al-Qaida – entweder aus Dummheit oder aus Zynismus – übersehen, ist, dass Umars Drohung als *Ultima Ratio* in ein verhältnismäßig ehrenvolles Kapitulationsangebot gekleidet war. Von einer Absicht Umars, ahnungslose Zivilisten in Restaurants oder Pendlerzügen mit Bomben voller Schrauben und Nägel in die

Luft zu sprengen und sich dabei selbst ins Jenseits zu befördern, berichtet Tabari jedenfalls nicht. Die Anlehnung der Terroristen an historische Figuren und Ereignisse erwecken außerdem den falschen Eindruck, dass Dschihadismus und islamistische Gewalt im Kampf gegen Andersgläubige und »den Westen« geboren seien.

Letztendlich – die Geschichte des Wahhabismus zeigt es besonders deutlich – waren die Leidtragenden und vermutlich auch die Ziele der Gewalt zuallererst Muslime. Bei von Islamisten verübten Anschlägen im Irak, Algerien, Pakistan oder Afghanistan sterben jährlich um ein Vielfaches mehr Muslime als westliche Ausländer. Ihr Terror galt und gilt Gesellschaften, die nach ihrer Deutung einen falschen Islam leben oder eine falsche Regierung tolerieren. Auch die muslimischen Reinigungsarbeiter aus Bangladesch und Pakistan, die am Morgen des 11. September 2001 im World Trade Center die Mülleimer lehrten, standen offenbar auf der falschen Seite der Front – hatten sie ein frommes Leben geführt, so starben auch sie für die gerechte Sache und besaßen somit wenigstens Anspruch auf einen Platz im Paradies.

Weder heute noch zu irgendeiner anderen Zeit war der Dschihadismus in seiner radikalsten Form also nur Kampf gegen den Westen. Allerdings führte Ende des 19. Jahrhunderts ein Zusammenspiel dreier weltpolitischer Faktoren zu blutigen Konfrontationen, die diesen Eindruck mitverursachten: Imperialismus, Wahhabitentum und ein beachtlicher, wirtschaftlicher Globalisierungsschub. Europäische Mächte beherrschten die muslimischen Völker Süd- und Südostasiens, kontrollierten große Teile der arabischen Welt und Afrikas. Sie trieben Welthandel, Transport und Kommunikation voran, von denen auch die muslimischen Untertanen profitierten. Mit schnellen Dampfern und Eisenbahnen konnten nun jährlich Hunderttausende nach Mekka und Medina pilgern und dort Gläubige aus anderen Erdteilen treffen. Durch europäische Drucktechnik und Postbetriebe konnten sie sich vernetzen und aus Zeitungen erfahren, was andernorts geschah – zwischen Surabaya in Holländisch-Ostindien, Kalkutta, Kairo und Bengazi lagen keine Welten mehr. So, wie sich heutige Islam-Verbände und eben auch extremistische Gruppen das Internet zunutze machen, so zogen auch Muslime damals aus der Revolutionierung des Transportwesens ihren Vorteil. Am meisten profitierten davon städtische Bürger und Kaufleute, aber auch Prediger und Aktivisten zählten dazu. Sie setzten den Traum des Modernisierers al-Afghani, westliche Technologie zum Wohle des Islam zu nutzen, auf ihre Weise um – und nach ihrer Vorstellung davon, was gut für den Islam und die Muslime sei.

Zwischen 1880 und 1900 flammten auf allen Kontinenten mit muslimischer Bevölkerung Aufstände gegen die Kolonialmächte auf – sowohl nationalistische Befreiungskämpfe als auch blanker Terror gegen Zivilis-

»IM LANDE DES MAHDI«

von Georg Graffe

1896 veröffentlicht Karl May eine Romantrilogie unter dem Titel »*Im Lande des Mahdi*«. Sie gilt als das düsterste Werk des Dresdener Erfolgsautors. Denn der Schöpfer unsterblicher Heldenfiguren wie Winnetou, Old Shatterhand und Kara Ben Nemsi prangert darin den zur damaligen Zeit noch immer verbreiteten Sklavenhandel im Orient an. Die eindringlichen Beschreibungen der Opfer und ihrer Peiniger sprechen von der ehrlichen Wut des Autors über das schmutzige Geschäft mit der Ware Mensch.

Mit dem Titel knüpfte Karl May publikumswirksam an politische Ereignisse an, die damals in ganz Europa in aller Munde waren: der Aufstand des *Mahdi* im Sudan.

Die Bühne der aufsehenerregenden Ereignisse ist eine im Westen des Sudan gelegene Weltgegend, die bis heute durch politische Unruhen und unklare Machtverhältnisse von sich reden macht: die sudanesische Provinz Darfur. In den achtziger Jahren des 19. Jahrhunderts unterstand das Gebiet dem Khediven von

Der Schriftsteller Karl May, hier als seine eigene Romanfigur Old Shatterhand verkleidet, thematisierte in einer Romantrilogie den Mahdi-Aufstand, der gegen Ende des 19. Jahrhunderts von den Europäern gebannt verfolgt wurde.

Kairo, der nominell der Vizekönig des Sultans von Konstantinopel war. Der ägyptische Herrscher holte europäische – allen voran britische – Abenteurer ins Land. Mit ihrer Hilfe hoffte er, Ordnung in der Provinz zu schaffen, die von Bandenkriegen und Raubzügen arabischer Sklavenhändler erschüttert wurde. In diesen chaotischen Verhältnissen tritt um 1880 Mohammed Ahmed auf. Im Namen Allahs sammelt er unerschrockene Kämpfer und gebietet bald über ein gewaltiges Heer. Seine Anhänger sehen in ihm den von der islamischen Überlieferung verheißenen Erlöser, den *Mahdi*, der gekommen ist, das Volk Allahs zu befreien und das Joch der ägyptischen Herrschaft und ihrer europäischen Helfer abzuschütteln.

Der Aufstand des Mahdi ist der Anfang eines Phänomens, das die Welt heute mehr denn je in Atem hält: der islamische Fundamentalismus, der bewaffnete *Dschihad*, der seine Dynamik aus der religiösen Überzeugung seiner Kämpfer bezieht.

Die Schiiten glauben, dass der zwölfte legitime Nachfolger Mohammeds, der sogenannte Zwölfte Imam plötzlich von der Erde verschwunden und in den Himmel aufgenommen worden sei. Aber eines Tages werde Mohammed al-Mahdi (»der Verborgene«) zurückkehren und – nach einer Periode schrecklicher Kriege – als Erlöser von Not und Unterdrückung die Herrschaft über die Erde antreten.

Der sudanesische Messias schien tatsächlich die Prophezeiungen erstmals Wirklichkeit werden zu lassen. Seine militärischen Erfolge setzten die Welt in Erstaunen. Nur mit Stöcken und Lanzen bewaffnete Krieger machten mehrere weit überlegene britische Heere nieder. Dann griffen sie Chartum, die Provinzhauptstadt an. Die Verteidigung organisierte Charles George Gordon, ein legendärer britischer Haudegen, der sich schon im Opiumkrieg einen Namen gemacht hatte. Doch nur unzureichend mit Truppen und

Dieses Foto von ca. 1883 zeigt einen Sudanesen mit dem Abzeichen der Mahdisten auf seinem Gewand. Für einen Mahdi-Krieger typisch ist auch die Bewaffnung, die der Mann bei sich trägt: Teilweise nur mit einfachen Schwertern und Stöcken ausgerüstet, bezwangen die muslimischen Kämpfer die britischen Kolonialherren.

Material versorgt, konnte er Chartum nicht halten. Im Januar 1885, nach zehnmonatiger Belagerung, überwanden die Mahdisten die erschöpften Verteidiger. Chartum versank in einem furchtbaren Blutbad und Gordon fiel auf den Stufen des Gouverneurspalastes.

Der *Mahdi* war auf dem Höhepunkt seines Ruhmes angekommen, aber auch am Ende seines kometenhaften Aufstiegs.

Aber die religiöse Kraft, die hinter der Vorstellung des *Mahdi* steht, wirkt bis heute fort. das gilt vor allem im Iran. Für die Schiiten ist die mythische Figur des Zwölften Imam das einzige legitime Oberhaupt aller Muslime. In der Verfassung der Republik Iran wird er deshalb auch als das eigentliche Staatsoberhaupt bezeichnet. Die durch Ayatollah Chomeini begründete Herrschaft gilt praktisch nur als Interimslösung – bis der muslimische Messias wiederkehrt und das Paradies auf Erden errichten wird …

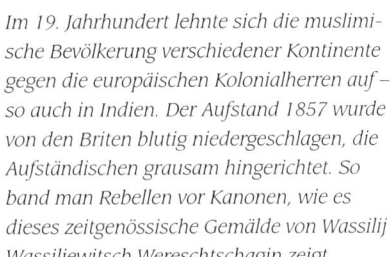

Im 19. Jahrhundert lehnte sich die muslimische Bevölkerung verschiedener Kontinente gegen die europäischen Kolonialherren auf – so auch in Indien. Der Aufstand 1857 wurde von den Briten blutig niedergeschlagen, die Aufständischen grausam hingerichtet. So band man Rebellen vor Kanonen, wie es dieses zeitgenössische Gemälde von Wassilij Wassiljewitsch Wereschtschagin zeigt.

ten. Viele selbst ernannte Mahdis, allen voran den gefürchtete Rebellenführer Mohammed Ahmad im Sudan, tauchten auf und verschwanden wieder.

Diese Kolonialkonflikte hatten regionale Ursachen und Eigenheiten, aber sie hingen auf gewisse Weise zusammen und lagen zeitlich auffällig nahe beieinander. Auch jenseits des Terrors und der militanten Rebellion entstand weltweit ein diffuses muslimisches Wir-Gefühl. Konnte man sich diese *umma*, die Gemeinschaft der Muslime, politisch nutzbar machen? Abdülhamid II., der 1876 als 34. osmanischer Sultan den Dolmabahce Serail bezogen hatte, witterte in dieser Überlegung eine Chance. Für sein eigenes Überleben und das seines angeschlagenen Imperiums.

Der rote Sultan

Die meisten Fotografien, die von Abdülhamid in Umlauf kamen, zeigen einen düster dreinblickenden Gesellen. Anders als die meisten seiner Vorfahren trug er einen schwarzen, frommen Bart, der aufgrund seines leicht vorgebeugten Kopfes die halbe Brust bedeckte. Das weiß gestärkte Hemd ist darunter kaum zu sehen – und nach Ansicht seiner europäischen Zeitgenossen passte die Farbe weiß auch nicht zu seinem Charakter. Man nannte ihn stattdessen »den Roten«, als Hinweis auf seine vermeintliche Blutrünstigkeit. Eine britische Karikatur aus den Jahren der Jahrhundertwende zeigt ihn mit gewetztem Krummschwert – »*the unspeakable Turk*« – »der unsägliche Türke« heißt es darunter. Der Cartoon bezieht sich auf die

Massaker an der revoltierenden armenischen Minderheit, für die Abdül-hamid verantwortlich zeichnete und über die sich die Öffentlichkeit in Großbritannien und Frankreich überaus empört zeigte.

Abdülhamid enttäuschte: Zu Beginn seiner Amtszeit hatten westliche Beobachter ihn für einen reformwilligen Sultan gehalten. In Begleitung von Journalisten war er in die Provinzen seines Imperiums gereist, um Bauernkindern eigenhändig Spritzen für die Pockenimpfung zu verabreichen. Mit der Einrichtung von Banken, Telegrafen und Eisenbahnlinien versuchte der Sultan, sofern es seinem nahezu bankrotten und vom Ausland abhängigen Staatshaushalt möglich war, Anschluss zu finden.

Von seinen Vorgängern hatte er eine schwere Hypothek geerbt: Das osmanische Reich war alt und krank, wie die ausländische Presse nicht aufhörte zu betonen, – doch schon damals ahnte man, dass man sich gerade deshalb vor ihm in Acht nehmen musste.

Europäische Mächte hatten es sich angewöhnt, ihren diplomatischen Forderungen im Osmanischen Reich dadurch Nachdruck zu verleihen, dass sie Kanonenboote an den Bosporus entsandten. Abdülhamid suchte nun Kontakt und Solidarität in anderen Erdteilen mit muslimischer Bevölkerung, denn immerhin war er nicht nur Sultan, sondern auch Kalif. Nur eine Wiederbelebung der islamischen *umma* konnte ihm helfen, den überall aufflammenden Nationalismus einzudämmen und den expansiven Europäern Paroli zu bieten.

Im Verlauf des 19. Jahrhunderts hatten viele tüchtige Beamte und Minister versucht, den osmanischen Staat zu erneuern. Nun nahm Abdülhamid reformwilligen Technokraten wichtige Kompetenzen weg. Er regierte autoritär und investierte in den Aufbau eines Geheimdienstapparates, der nur ihm Rechenschaft schuldig war. Damit demontierte er ein System, das trotz Korruption und vielen Fehlern Beachtliches geleistet hatte. Daraufhin wandte sich ein großer Teil der türkischen Militär- und Verwaltungselite, traditionell die wichtigste Stütze eines Sultans, gegen ihn.

1908 kam es in Konstantinopel und Saloniki zu Aufständen und schließlich zu einer veritablen Revolution: Die sogenannte jungtürkische Bewegung forderte eine Verfassung, ein Parlament und die Beschränkung der großherrlichen Macht.

In der Diskussion um die Rückständigkeit der islamischen Welt wird dieses Ereignis oft vergessen, doch es schuf die Voraussetzungen für die gewaltige Modernisierung, die die Türkei rund zwei Jahrzehnte später als Republik erfahren sollte. Abdülhamid tat zunächst, was Autokraten in der islamischen Welt bis heute praktizieren: Er suchte die Nähe zu konservativen, religiösen Gruppen und schuf paramilitärische Verbände, die ihm Gefolge leisteten. Panislamismus hieß seine Gegenideologie.

Abdülhamid war von 1876 bis 1909 Sultan des Osmanischen Reichs und eine höchst zwiespältige Figur. Einerseits versuchte er, sein marodes Imperium zu modernisieren, andererseits war er für die Massaker an der armenischen Minderheit verantwortlich. Von der jungtürkischen Bewegung wurde er schließlich abgesetzt.

In seiner Ablehnung der Jungtürken fand er auch im europäischen Ausland Verbündete – vor allem im deutschen Kaiserreich, aber auch in Großbritannien. Die Jungtürken kritisierten den Einfluss ausländischer Mächte, während Abdülhamid davon zu profitieren suchte. Das konnte man am besten, wenn man sie gegeneinander ausspielte, denn beide hegten vielfältige strategische Interessen im Vorderen Orient.

Während sich in Europa hoch gerüstete Industrienationen auf ein kiegerisches Kräftemessen vorbereiteten, ließ der Sultan mit deutschem Geld und deutschen Ingenieuren eine Eisenbahnlinie durch den Nahen Osten bauen. Die Bagdadbahn sollte vor allem den Transport der Truppen erleichtern, die gegen Aufständische vorgehen sollten, doch die Briten, die am Suezkanal und am Persischen Golf standen, fühlten sich dadurch bedroht. Durch eine Verkettung ebenso dramatischer wie schicksalhafter Ereignisse und Fehlentscheidungen stand das Osmanische Reich im Herbst 1914 aufseiten der Mittelmächte Deutschland und Österreich-Ungarn im Krieg.

Eine Gruppe vormals jungtürkischer Offiziere hatte die Macht an sich gerissen: Abdülhamids Herrschaft hatte dem Reich mit seiner Politik vermutlich mehr geschadet als gedient – an seinem Untergang trug er jedoch keine Schuld mehr.

Traumkönige

»Bei schönem Wetter stirbt man nicht«, besagt eine Faustregel aus Hollywood, die für den Kriegsalltag nicht gilt. Anfang August 1915, bei azurblauer See, Sonnenschein und 35 Grad im Schatten krepierten Tausende Soldaten an den Stränden der Halbinsel Gallipoli. Die anstürmenden Truppen kämpften tapfer und die osmanischen Verteidiger fochten heldenmütig um die Ehre oder das nackte Überleben. Selbst der anhaltende Westwind kam bald nicht mehr gegen den Gestank von Exkrementen und Verwesung in den Gräben an.

Der neun Monate währende Gallipoli-Feldzug, durch den Briten und Franzosen Konstantinopel erobern und das Osmanische Reich schachmatt setzen wollten, scheiterte. Bei manchen türkischen Soldaten und ihren alliierten Gegnern wuchs das Mitleid zuweilen über den Hass hinaus, sodass sie einander mit Wasser, Proviant und Zigaretten aushalfen. Von Gnade und Menschlichkeit wollte die Generalität nichts wissen: Kemal Pascha, der später unter dem Namen Atatürk Geschichte schrieb, drohte seinen Männern mit MG-Salven, wenn sie es wagen sollten sich zurückzuziehen. »Ich befehle euch nicht, zu kämpfen, sondern zu sterben«, lautete ein überliefertes *bon mot*.

Auch in der Wüste des Hedschas konnten die Mehmetschik – so nannte man die türkisch-osmanischen Rekruten – nicht mit Erbarmen rechnen. Denn dort führten ein britischer Offizier namens Thomas Edward Lawrence und die Familie des Scherifen Hussein aus Mekka im Sommer 1916 einen arabischen Aufstand gegen die Osmanen an. Im Kalkül der Briten sollte die mit viel Geld und Versprechungen vorbereitete Revolte eigentlich als Unterstützung der – zu diesem Zeitpunkt längst verlorenen – Gallipoli-Offensive dienen. Man rechnete kaum mit Erfolg, aber solange die Araber die Osmanen im Nahen Osten beschäftigt hielten, dienten sie der großen Strategie.

Umso größeres Erstaunen machte sich breit, als die Wüstenkrieger die Hafenstadt Aqaba einnahmen, nach Norden vorrückten und schließlich nahezu zeitgleich mit den Siegermächten in Damaskus einrückten. Der arabische Nationalismus gegen die Osmanen war bis dahin nicht stark genug gewesen, um das Imperium zu gefährden. Doch die Familie des Scherifen, die sogenannten Haschimiten, die ihre Abstammung auf die Verwandtschaft des Propheten zurückführten, beflügelte der Erfolg zum Traum von einem neuen arabischen Königreich – das Erbe der ersten Ummayaden, der ersten arabischen Kalifen, die auf der gleichen Route nach Syrien vorgedrungen waren erwachte kurzzeitig zum Leben.

Inwiefern die Haschimiten tatsächlich den Willen und das Mandat der Araber im Nahen Osten auf ihrer Seite hatten, ist schwer zu beurteilen. Doch sie hegten nun Ansprüche, die die Briten zwar genährt hatten, denen sie jedoch in der Stunde des Sieges nicht gerecht werden konnten. Whitehall hatte den französischen Verbündeten die Kontrolle über Syrien zugestanden – außerdem existierte eine schriftliche Erklärung zugunsten einer »nationalen Heimstätte« für die Juden in Palästina. Aus Sicht der Haschimiten zählten beide Gebiete zum historischen Kernland der Araber. Die Konkursmasse des Osmanischen Reiches drohte zum Zankapfel eines abermaligen Waffengangs zu werden.

Faisal, der ehrgeizigste unter den Scherifensöhnen, musste einsehen, dass der Traum vom arabischen Kalifat in Damaskus Illusion blieb. Die Briten machten ihn zum König über den Irak, und für den jüngeren Abdallah erfand man eigens einen Staat: Jordanien. Als einziger Besitz der Haschimiten blieb dieses kleine, von starken Nachbarn eingekreiste Wüstenreich bis heute bestehen – dank britischer und später amerikanischer Patronage und eines großen politischen Geschicks, das Abdallah seinem Sohn Hussein und seinem Enkel, der seinen Namen trägt, offenbar vererbte.

Auf einer Karte des Nahen Ostens fällt auf, dass Jordaniens Grenzen schnurgerade durch die Wüste laufen: Das liegt tatsächlich daran, dass sie von gewissenhaften britischen Ministerialbeamten mit dem Lineal gezogen wurden.

GRENZZIEHUNG MIT DEM LINEAL: DAS SYKES-PICOT-ABKOMMEN

von Georg Graffe

Sie gilt in der arabischen Welt bis heute als das Erzverbrechen der Europäer an den Völkern des Nahen Ostens: Die berühmt-berüchtigte Geheimvereinbarung vom Mai 1916, ausgehandelt von dem französischen Diplomaten Francois Georges-Picot und dem Engländer Mark Sykes.

Denn bei Kriegsausbruch vier Jahre vorher waren ganz andere Versprechungen gemacht worden, mit denen Vertreter des arabischen Nationalismus eine Vision Wirklichkeit werden sahen: die Schaffung eines selbstständigen Großarabiens zwischen Euphrat und dem Jemen. Die großzügigen Zugeständnisse der Briten waren freilich aus der Not der Stunde geboren, als türkische Armeen Ägypten und vor allem den Suezkanal, die Lebensader des Empire, bedrohten.

Als sich die militärische Lage später zugunsten der Alliierten wendete, dachten die Engländer nicht länger daran, den großen Kuchen ihren arabischen Waffenbrüdern zu schenken und einigten sich mit den Franzosen auf eine Aufteilung des Gebietes.

Betrachtet man eine Karte des Nahen Ostens, dann fällt der merkwürdig unorganische Grenzver-

Mark Sykes, britischer Politiker und Diplomat, gab zusammen mit François Georges-Picot dem Sykes-Picot-Abkommen seinen Namen. Jene Übereinkunft, die während des Ersten Weltkriegs zwischen den Briten und Franzosen abgeschlossen wurde, regelte die Einflusssphären ihrer beiden Staaten sowie Russlands im Nahen Osten.

lauf zwischen Irak, Syrien und Jordanien sofort ins Auge. Er ist einem Rohstoff geschuldet, der die Region bis heute zu einem Brennpunkt der Weltpolitik macht: dem Erdöl. Die riesigen Ölvorkommen von Mossul im nördlichen Irak waren bereits bekannt und zum Teil erschlossen. Der Lebenssaft der industrialisierten Welt floss schon damals durch eine Pipeline von dort nach Haifa am Mittelmeer. Um zu gewährleisten, dass diese Rohrleitung innerhalb des britisch kontrollierten Gebietes verlief, legten die Engländer Wert darauf, dass die Grenze zum französisch besetzten Norden in einigem Abstand parallel dazu verlief. Die Grenzziehung mit dem Lineal zerhackte die Heimat ganzer Völker, wie im Fall der Kurden, die bis heute auf drei Länder verteilt leben. Und mit dem Ende des Kolonialismus etablierten sich Nationalstaaten zwischen den künstlichen Grenzen, meist Diktaturen, die mit Gewalt die verfeindeten Völker und Religionen im eigenen Land zusammenhalten. Die kurzsichtigen Interessen der Europäer schufen am Ende des Ersten Weltkrieges in der Region ein Pulverfass, das noch 90 Jahre später die Welt in Atem hält.

Im Irak, der sich von Beginn an als ein Pulverfass ethnischer und politischer Konflikte offenbarte, hielt sich Faisal mit großen Mühen immerhin bis in die 1950er Jahre. Die kürzeste Amtszeit als Regent erlebte Scherif Hussein selbst, dem der Hedschas mit den Heiligen Stätten Mekka und Medina zugefallen waren. Denn auf dem Spielfeld der Männer und Mächte hatte ein weiterer Player Aufstellung bezogen: Abd al-Aziz ibn Saud, Nachfahre jener Wahhabitenscheichs, die den Nahen Osten schon mehrfach das Fürchten gelehrt hatten.

Rückkehr der Gefährten

Der Koran ist ein heiliges, geheimnisvolles und manchmal vieldeutiges Buch. Um aus seinen Suren Gottes Maßgaben für die Gesellschaft abzuleiten, sind umfassende Kenntnisse in Theologie und Sprachkunde vonnöten. Seit Jahrhunderten streiten Gelehrte über die richtige Interpretation einzelner Begriffe. Vermutlich wäre deshalb nicht einmal der Prophet Mohammed selbst – geschweige denn die Kalifen – auf die Idee gekommen, den Koran zur Verfassung zu erklären, denn eine solche sollte klar, eindeutig und für jedermann verständlich sein. Für seinen ersten islamischen Staat ließ Mohammed die sogenannte Verfassung von Medina anfertigen.

Die Wahhabiten, die sich offenbar für noch gottgefälliger als die Gefährten des Propheten hielten, störten sich nicht an derartigen Details: 60 Jahre lang, von der Gründung des Königreichs Saudi-Arabien bis zum Jahr 1992, als erstmalig eine staatliche »Grundordnung« verabschiedet wurde, galt der Koran als einziger Verfassungstext.

Ibn Saud, der zweifellos zu den bemerkenswertesten Persönlichkeiten der arabischen Geschichte überhaupt gehört, verfügte über einen schier unbändigen Ehrgeiz, politischen Instinkt und eine gehörige Dosis Glück. Letzteres vor allem deshalb, weil man in seinem Herrschaftsbereich auf Erdöl stieß, das schon damals die Weltwirtschaft antrieb und – im Zeitalter von Panzern und Turbinenschiffen – den Ausgang von Weltkriegen mitbestimmen konnte.

Als das Osmanische Reich stürzte und die Sieger um die Beute stritten, eroberte der Scheich der Saud mit seinen Kamelreitern im arabischen Hinterland eine Oasenstadt nach der anderen. Die wahhabitischen Bruderschaften, die in der Isolation der Wüste ihren radikalen Kultus eifrig gepflegt hatten, schlossen sich ihm an – freilich unter der Bedingung, dass Ibn Saud nach dem Vorbild seiner Ahnen dem »falschen« Islam den Kampf ansagte und sich bereit erklärte, mit den wahhabitischen Klerikern die Macht zu teilen.

Als das Osmanische Reich zerfiel, profitierte besonders ein Mann davon: Abd al-Aziz ibn Saud. Mit seinen Gefolgsleuten eroberte er eine Stadt nach der anderen und konnte auf diese Weise schnell seinen Landbesitz vergrößern.

Auch die Briten, die Ibn Sauds Treiben von ihren Marinebasen am Persischen Golf aufmerksam beobachteten, kamen zu der Überzeugung, dass er der verlässlichere und vor allem stärkere Herrscher für das strategisch brisante Arabien war. Nun wiederholte sich die Geschichte, allerdings mit einem glücklicheren Ausgang für das Haus as-Saud. Abermals fielen wahhabitische Reiter in Mekka und Medina ein und rieben die Haschimiten auf.

Ibn Saud erklärte sich zum Wächter über die Heiligen Stätten, doch anders als seine Vorfahren beschloss er, den nicht-wahhabitischen Muslimen den Zugang nicht zu verbieten, sondern seine Schlüsselposition zu nutzen, um internationalen Einfluss zu gewinnen: Das osmanische Kalifat war 1924 vom Parlament der neuen, türkischen Republik offiziell abgeschafft worden – nun zankten Ibn Sauds arabische Gegenspieler darum, wer den Titel als Statthalter des Propheten für sich in Anspruch nehmen dürfe: der von den Briten im Amt bestätigte Khedive von Ägypten, der sich nun selbst König nannte, oder ein Haschimit.

Ibn Saud nutzte das peinliche Theater, um seinerseits eine »islamische Konferenz« ins Leben zu rufen und das Vertrauen der Muslime fremder Länder zu gewinnen. In den kommenden Jahrzehnten sollten die Saud Prediger in alle Welt aussenden und wahhabitische Koranschulen errichten: in Indonesien, Afrika, Afghanistan und an die Nordgrenze der britischen Kolonie Indien – nach »NWFP«.

Bei den Europäern, denen das radikale Antlitz des Wahhabismus nicht verborgen bleiben konnte, startete Ibn Saud eine Charme-Offensive. Seine Fürsprecher, darunter Konvertiten wie der schillernde Ex-Diplomat Harry St. John Philby, verkauften den Wahhabismus als eine Art »islamischen Protestantismus«, der den verkommenen Volksislam von abergläubischen Elementen und Ritualen bereinigt habe. Den Umstand, dass Ibn Saud ein Land zum Familienbesitz erklärte und es sogar nach sich selbst benannte, empfanden Beobachter als Kuriosum und Zeichen beeindruckender Macht. Selbst Reichsdespoten wie Nadir Schah, Mohammed Ali oder Napoleon, denen es nicht an Selbstbewusstsein gemangelt hatte, wäre so etwas nicht eingefallen.

Auch die – damals nicht sehr zahlreichen – Skeptiker erlagen Ibn Sauds Faszination: ein Wüstenbeduine, der sich allein mit der Kraft seiner Überzeugung zum Weltpolitiker aufschwang. Er hielt sein einst von Stammesfehden zerrissenes Territorium mit harter Hand in Ordnung. Nach dem Zweiten Weltkrieg, als im Zeichen des Konflikts der Supermächte eine bipolare Welt entstand, sollte sich das Haus Saud als treuer Alliierter gegen den Kommunismus erweisen, der aus wahhabitischer Sicht nicht nur gottlos, sondern auch gleichmacherisch war. Außerdem besaß Ibn Saud etwas, das wichtiger war als jede Weltanschauung: schwarzes, flüssiges Gold.

Die Tage des britischen Empires im Nahen Osten waren gezählt und eine neue Supermacht bestimmte bereits die Geschicke der Weltpolitik, als Ibn Saud einen Pakt schloss, der den seiner Vorfahren mit den Wahhabiten an Bedeutung übertraf. Am 14. Februar empfing US-Präsident Franklin D. Roosevelt den saudischen Monarchen an Bord des Marinekreuzers

*Mit dem Öl, das man in seinem Herrschafts-
gebiet fand, erkaufte Ibn Saud sich den
Schutz der USA. Der diesbezügliche Pakt,
den er am 14. Februar 1945 an Bord der
»USS Quincy« mit dem US-Präsidenten Roosevelt schloss, hält bis heute – ohne dass
jemals ein offizieller Vertrag unterzeichnet
worden wäre.*

»USS Quincy«, der im Roten Meer kreuzte. Als der durch Arthrose gebrechliche Ibn Saud an Deck erschien, grüßte der Präsident ihn mit der
Bemerkung, er »beneide ihn um seine Beine«.

Roosevelt selbst saß im Rollstuhl und hatte eine Decke über den
Schoß gelegt. Die beiden Männer schienen sich auf Anhieb zu verstehen.
Amerikas Schutz für Öl und Bündnistreue: Der Deal, der an jenem Tag geschlossen wurde, erhielt nie die Form eines Abkommens zwischen Staaten. Trotzdem, oder vielleicht gerade deshalb, hielten sich beide Seiten
daran. Auch über 60 Jahre später ist er gültig. Und es scheint, als würde er
sogar »9/11«, Bin Laden und die Verwicklungen der Wahhabiten in den
islamistischen Terror überstehen.

Nassers Verheißung

»Ohne sich um behördliche Verordnungen zu kümmern, saß er rittlings
auf der Kanone Zam Zammah«, mit diesem Satz eröffnet Rudyard Kipling
einen Abenteuerroman, der so grandios ist wie sein Titel kurz: »Kim«. So
heißt auch dessen Held, ein kleiner, cleverer Herumtreiber aus der Mogul-
Stadt Lahore. Er ist ein Halbblut – zur Hälfte Engländer – und so ist es laut
Kipling folgerichtig, dass er das gewaltige, feuerspeiende Geschütz besetzt: »Wer die Zam Zammah hält, der regiert den Punjab, denn sie war
immer das Erste, was Eroberer in Besitz genommen haben.«

Wer den Punjab besitzt, dem gehört ganz Indien: Diese Regel mochte im
Zeitalter der Moguln gelten und womöglich noch 1901, im Erscheinungs-
jahr des Romans. Am 18. Januar 1936 aber, als Kipling wenige Wochen nach

Vollendung seines 70. Lebensjahres in London starb, wusste man, dass Gedeih und Verderb des britischen Kolonialreichs in Indien von einem ganz anderen Besitz abhingen, der keineswegs nur symbolisch war: Ägypten.

Der Suezkanal bildete die Arterie und damit die verwundbarste Stelle des Empire, und die britische Regierung trug diesem Umstand Rechnung, indem sie mit den Ägyptern 1936 einen Vertrag schloss: britische Militärpräsenz am Nil gegen Schutzgarantien für das Königshaus in Kairo.

Nominell war Ägypten seit 1922 unabhängig, faktisch regierten die britischen Kommissare und Konsuln das Land nach dem Vorbild der Klientelstaaten des Römischen Imperiums. 1941, als der Zweite Weltkrieg tobte und die deutschen Truppen versuchten, über Russland und die Ukraine zu den Ölfeldern des Kaukasus und zum Suezkanal vorzustoßen, fiel Ägypten eine strategische Schlüsselrolle zu: Schon oft hatten sich die Briten in die – durchaus lebhafte – Innenpolitik des Landes eingemischt. Mehrfach hatten sie den König dazu genötigt, nationalistische Politiker abzusetzen und wenn nötig einzukerkern. Aber als die Stimmung in Kairo sich immer offener gegen die Briten wendete, war es mit der subtilen, indirekten Machtausübung vorbei. Feldmarschall Erwin Rommel und das deutsche Afrikakorps rückten durch die Libysche Wüste immer näher heran, und der junge König Faruk weigerte sich offenbar, seinen Premierminister abzusetzen, obwohl dieser offen mit den Deutschen sympathisierte.

Sir Miles Lampson, britischer Botschafter in Kairo und »ein Berg von einem Mann«, wie Zeitgenossen ihn beschrieben, griff nun zu Mitteln, die in der klassischen Diplomatie als eher ungewöhnlich gelten: Mit einem geladenen Revolver in der Weste – vor dem Eingang zum Königspalast hatten britische Panzer Aufstellung genommen – überreichte er Faruk ein Schriftstück, das die Majestät von ihrer Regierungsverantwortung enthob. Bevor der wenig couragierte Nachfahre des großen Mohammed Ali begriff, wie ihm geschah, hatte er mit einem pompösen Federstrich seine eigene Entlassung unterzeichnet.

Um Faruks Macht wäre es nicht schade gewesen, und die Anekdote zählt gewiss nicht zu den großen Schicksalsmomenten der Nahostgeschichte. Dennoch steht sie sinnbildlich für das Verhältnis zwischen den europäischen Mächten und der arabischen Welt. Zivilgesellschaft, Unabhängigkeit und Demokratie, für die der Westen auch damals einstehen wollte, gerieten im Umgang mit der arabischen Welt zu diplomatischen Floskeln. Ob in Algerien, Ägypten, Syrien oder im Irak: Es gehörte zu den Konstanten der europäischen Nahostpolitik, sich von Despoten Verträge unterschreiben zu lassen und sich dann kaum um die weitere Entwicklung dieser Staaten zu kümmern. Auch die neuen Supermächte, Amerika und die Sowjetunion, die das Verhalten der alten Kolonialmächte oft lautstark kritisierten, sollten dieser Logik folgen.

Als Gamal Abdel Nasser – hier salutierend beim Abnehmen einer Militärparade in Kairo 1963 – im Jahre 1954 an die Macht kam, galt er den Ägyptern als Hoffnungsträger, da er für die Befreiung des Landes von den Kolonialherren kämpfte. Aus der Suezkrise ging er gestärkt hervor, das Ende der europäischen kolonialen Stellungen zeichnete sich langsam ab.

Zwischen den 1930er und 1950er Jahren, in einer Zeit also, da der Globus erst von einem Weltkrieg in Brand gesetzt wurde, um gleich darauf in die Froststarre eines Kalten Krieges zu verfallen, stand es um die arabische Welt gar nicht so schlecht. Politische Parteien, bürgerliche Stadtkultur, intellektuelles Leben – die Zutaten, die man für eine moderne Gesellschaft braucht, waren in ihrer Grundsubstanz vorhanden. Auch die großen politischen Utopien des 20. Jahrhunderts fanden ihren Niederschlag.

Ende der 1940er Jahre herrschte im Nahen Osten ein – aus heutiger Sicht recht kurioses – Gemisch der Ideologien: Ausgerechnet Israel, später einer der engsten Verbündeten der USA, entstand als sozialistische Demokratie, und nicht aus Washington, sondern aus Moskau kam Israels erste diplomatische Anerkennung. In Teheran, Bagdad, Amman oder Riad herrschten Monarchen, die dem Kommunismus eher mit Abscheu gegenüberstanden.

In Algerien etwa, damals noch immer eine Kolonie, erhob sich allmählich eine ebenso nationalistisch wie sozialistisch geprägte Rebellenbewegung, um die Franzosen zu vertreiben. Für alle weltpolitischen Akteure – gleich welcher ideologischer Couleur – gab es vielfältige Möglichkeiten, an den verschiedenen Stellen anzudocken und Einfluss geltend zu machen. Unter den städtischen Bevölkerungen der arabischen Staaten hielt sich die Euphorie über neue Ideen mit der Frustration über den mangelnden Handlungsspielraum die Waage: Wieder einmal standen die Zeichen günstig für einen Erlöser, der Sehnsüchte erfüllt.

Als Gamal Abdel Nasser am 2. November 1956 die Predigtkanzel der Kairoer al-Azhar-Moschee bestieg, hatte er gewiss nicht vor, eine religiöse Rede zu halten. Nasser, ein charismatischer Karrieresoldat, der sich vier Jahre zuvor mit der Gruppe der »freien Offiziere« an die Macht geputscht hatte, spürte dennoch, dass dies der richtige Ort für eine Kampfansage war. Denn sein Feldzug für die Freiheit Ägyptens und die Eroberung des Suezkanals aus den Händen der Imperialisten, kam einem wahrhaftigen Dschihad gleich: einem inneren, denn er verlangte Kühnheit und Mut – und einem äußeren, denn er kostete Opfer und Blut.

Die altehrwürdige Moschee von al-Azhar im islamischen Kairo hatte auch in Zeiten des Versammlungsverbots als Treffpunkt der Massen gedient: Nasser erkannte und nutzte die Symbolik, wie es die osmanischen Sultane früher getan hatten, wann immer sie einer christlichen Macht den Krieg erklärten. Nasser selbst hatte wenig Interesse am Islam, sondern wünschte sich ein sozialistisches, säkulares und blockfreies Ägypten. Was er schuf, war ein autoritäres Regime, das innere Gegner gewaltsam unterdrückte und das trotz seiner Beteuerung, das Wohl und die Freiheit der gesamten arabischen Welt zu verfolgen, von vielen Nachbarn als gefährlicher Störenfried empfunden wurde.

Auch Saudi-Arabien ging es so – deshalb ließen die wahhabitischen Herrscher nichts unversucht, um Nassers Pläne, die arabische Welt anzuführen, nach Kräften zu durchkreuzen. Die Saudis unterstützten nun eine islamistische Bewegung in Ägypten: Die »Muslimbrüder«, wie sich diese Gruppe nannte, hatten sich einst Seite an Seite mit den Nationalisten gegen die Briten und die Monarchie erhoben. Nun kämpften sie, zum Teil gewaltsam, gegen die neue Tyrannei. Der Präsident entlarvte sich in ihren Augen als gottloser Sozialist, der den Islam für seine Ziele instrumentalisierte – eine Einschätzung, mit der sie sich vermutlich nicht getäuscht hatten.

Die sogenannte Suezkrise, in deren Verlauf die denkwürdige Szene in der al-Azhar-Moschee über die Bühne ging, stärkte Nasser in seinen Ambitionen. Großbritannien, das mit französischer und israelischer Hilfe versuchte, den Kanal zurückzuerobern, wurde von den – für dieses Mal vereinten – Supermächten in die Schranken gewiesen und verlor seine Stellung in Ägypten. Ohnehin war der Nervenstrang des Empire zu dieser Zeit bereits abgestorben: Über der einstigen Kronkolonie Indien wehte längst nicht mehr der Union Jack, sondern das indische Sonnenrad und der Halbmond Pakistans.

Ein verratenes Vermächtnis

Wenn heute von einer »Islamischen Republik« die Rede ist, denken die meisten Menschen unwillkürlich an den Iran. Doch zumindest dem Namen nach war Chomeinis Utopie, ein streng islamisches und zugleich demokratisches Gemeinwesen zu errichten, keine Patenterfindung. Schon 1956 hatte sich Pakistan – im achten Jahr seiner Unabhängigkeit – zur »Islamischen Republik« erklärt. Dieser Schritt ging einher mit einer politischen Instrumentalisierung des Islam durch die Militärführung, die in Pakistan die eigentliche Macht in Händen hielt und dies zwei Jahre später durch einen Putsch unter Beweis stellte.

Fortan diente das Wort »Islam« immer mehr als Kampfparole, um gegenüber dem großen und aggressiven Nachbarn, der Indischen Union, Gebietsansprüche zu rechtfertigen. Die »Islamische Republik« offenbarte schon bald einen Systemfehler, der letztendlich einen Verrat an den Idealen des Staatsgründers nach sich zog: 1948 hatte Ali Jinnah, der Führer der All India Muslim League gemeinsam mit den Vertretern des Indischen Nationalkongresses und den Briten die Teilung Indiens ausgehandelt.

Angesichts der blutigen Konflikte zwischen Hindus und Muslimen – die Letzteren stellten eine Minderheit auf dem Subkontinent dar – hielt er einen eigenen, muslimischen Staat für unverzichtbar. Er sollte auf den mehrheitlich von Muslimen bewohnten Territorien entstehen.

Jinnah, der im Grunde die parlamentarische Demokratie befürwortete, wollte einen Staat für die Muslime und keinen »Gottesstaat«, in dem der Islam das politische System ersetzte. Diese Nuance klingt geringfügig und ist dennoch sehr bedeutend, wie sich am Beispiel der Vereinigten Staaten von Amerika erklären lässt: Neben der politischen und wirtschaftlichen Unabhängigkeit, die die Gründer der USA anstrebten, entstand die amerikanische Verfassung aus dem Bedürfnis, dass Menschen ihren Glauben unbehelligt von Diskriminierung und Repression leben konnten.

Als Pakistan geboren war, ging durch die intellektuellen Zirkel der islamischen Welt eine Welle sehnsüchtiger Anerkennung: Die Vereinbarkeit von Freiheit, Islam, Demokratie und Pluralismus schien ein für allemal belegt. Bedauerlicherweise hatte Pakistan vom indischen Subkontinent den schlechteren Part geerbt: Bengalen, den Punjab, die kaum kontrollierbaren und trotz großer Anstrengung nicht modernisierbaren Stammesgebiete im Nordwesten und in Belutschistan, sowie den armen, vom Feudalismus geknechteten Sindh. Millionen Pakistaner kamen als Flüchtlinge aus Indien, und bei den Alteingesessenen stießen sie nicht immer auf ein herzliches Willkommen. Soziale Spannungen waren unausweichlich.

Angesichts der zahlreichen Konflikte mit Indien erlagen die meisten Regierungen Pakistans der Versuchung, die »islamische Karte« auszuspielen. Radikal-islamistische Gruppen erwiesen sich als verlässlich, wenn es darum ging, entschlossene und kämpferische Systemträger zu rekrutieren.

Besonders in den 1980er Jahren pumpte man Millionen in religiöse Institutionen und Koranschulen, sogenannte Medressen, die den Wahhabismus predigten und junge, sozial benachteiligte Männer zum Dschihad gegen die Feinde des Islam anstachelten. Dabei taten sich vor allem die Mullahs der Deobandi-Bruderschaft hervor, die bald zur dominanten Strömung wurde.

Als Bastion des Antikommunismus konnte Pakistan auf militärische Unterstützung aus Washington zählen – die Finanzierung der Medressen besorgte ein anderer Freund, der nicht selten im Gespann mit Amerika auftrat: Saudi-Arabien. Es sollte Jahrzehnte dauern, bis die Verantwortlichen in Islamabad, Washington und Riad diese Politik bereuten. Denn die Geister, die ihre Vorgänger gerufen hatten, richteten sich nun gegen sie selbst – die Genese des Falles Bin Laden, der Aufstieg der Taliban und die Spielarten des islamistischen Terrors sind hinreichend bekannt.

Zu allen Zeiten der Geschichte der islamischen Welt hat es Bewegungen gegeben, die mit einer radikalen und aggressiven Deutung der koranischen Offenbarung Politik machten. Einige taten dies aus zynischem Machtkalkül – sie nutzten die Dschihad-Parole, um Menschen zu fanatisieren und als billiges, im Überfluss vorhandenes Kanonenfutter in die Schlacht zu schicken. Andere jedoch waren tiefgläubig und, so beschränkt

Pakistans Staatsgründer Ali Jinnah (hier links im Bild, zusammen mit Mahatma Gandhi) verfolgte den Plan, auf dem indischen Subkontinent eine Republik aufzubauen, in der die Muslime vor Verfolgung und Benachteiligung geschützt waren. Spätere Machthaber instrumentalisierten den Islam jedoch als politische Waffe in der Auseinandersetzung mit Indien.

einem aufgeklärten Menschen diese Weltanschauung auch erscheinen mag, von ihrer Mission bis zum Ende überzeugt. Welches Vergehen schwerer wiegt, liegt wohl im Auge des Betrachters.

Aber zu allen Zeiten der islamischen Geschichte hat es innerhalb jenes »grünen Gürtels«, der sich von Westafrika bis Südostasien erstreckt und heute geschätzte 1,3 bis 1,8 Milliarden Muslime beheimatet, auch das gegeben, was eine Religion – im eigentlichen Sinn des Wortes – gesellschaftsfähig macht: Pragmatismus, Pluralismus und Toleranz. Der Islam mag vielen Menschen im Westen Angst einflößen, aber er fasziniert im gleichen Maße. Anders lässt sich weder das große Medieninteresse an der islamischen Welt erklären, noch die Tatsache, dass viele Tausend Menschen jedes Jahr feierlich einen Satz aussprechen, der sie – unwiderruflich – zu Muslimen macht: »Es gibt keinen Gott außer Gott, und Mohammed ist sein Prophet.«

Wie sie danach ihren Glauben leben und welche Konsequenzen sie daraus für die Zukunft ihrer Gesellschaft ziehen, ist ihre eigene Entscheidung und oftmals eine verhängnisvolle Bürde. Denn, wie die Geschichte des »Dschihadismus« zeigt, waren es an erster Stelle Muslime, die zu allen Zeiten der Brutalität und Kompromisslosigkeit der Fanatiker zum Opfer fielen. Bei aller Angst, die der radikale Islamismus in der westlichen Öffentlichkeit verbreitet, sollte diese Tatsache nicht in Vergessenheit geraten. Anders als es hiesige »Islam-Kritiker« manchmal behaupten, ist die westliche Demokratie stark genug, um einer angeblichen muslimischen Unterwanderung oder »schleichenden Islamisierung« gelassen zu begegnen.

Muslime mögen, auf die verschiedensten Weisen, anders sein. Die natürlichen Feinde des Westens sind sie nicht. Und nicht der Westen muss sich vor dem islamischen Fanatismus fürchten, sondern die Muslime selbst.

»ES BRAUCHT EINE BEKEHRUNG DER HERZEN«

Hans Küng ist der einflussreichste katholische Theologe unserer Zeit. Der Professor aus Tübingen ist ein unerschrockener Kritiker des Papsttums und forderte immer wieder, den Reformstau in der katholischen Kirche anzugehen. Der 81-jährige Hans Küng ist heute Präsident der von ihm gegründeten »Stiftung Weltethos«, in der die gemeinsamen Werte der verschiedenen Religionen erforscht werden.

Hans Küng, warum ist der religiöse Fundamentalismus in der islamischen Welt so stark geworden?

Der Fundamentalismus ist ein Problem aller prophetischen Religionen. Es hat damit zu tun, dass für viele Menschen die Moderne im Grunde versagt hat. Im Kolonialismus und im Imperialismus hat man den Muslimen vorgegaukelt, sie müssten so werden wie wir. Das hat alles nicht funktioniert. Die arabischen bzw. muslimischen Ideen haben auch nicht funktioniert: Der Panislamismus, der Panarabismus oder der arabische Nationalismus sind gescheitert. Was bleibt da noch?

Also haben sich die Muslime gesagt: Wir müssen wieder zurück zu unseren alten Traditionen. Der Westen sei ja so dekadent – und man kann nicht bestreiten, dass er in vieler Hinsicht, nicht nur nach muslimischem Urteil, dekadent ist. Wir müssen wieder Werte und ethische Standards haben – also das, wonach man heute, in Zeiten der Wirtschaftskrise, mehr denn je verlangt.

Die ganze Frage ist, ob diese Erneuerung zusammengehen kann mit den Errungenschaften des Westens, also den Menschenrechten, der Demokratie und einer modernen Wissenschaft.

Viele Kritiker sagen, der Islam sei anti-demokratisch und anti-individualistisch.

Der Individualismus ist ein Produkt des späten Mittelalters, vor allem der Renaissance, in der der Mensch sich als Individuum bewusst wurde, nach dem Vorbild der Antike. Und dann – der Humanismus. Da hat man gemerkt: Das Individuum gilt etwas – und das ist etwas, das der Islam tatsächlich verpasst hat.

Aber ist er vereinbar mit Demokratie? Tja – die katholische Kirche zum Beispiel hat bis ins 20. Jahrhundert ein Problem mit den Menschenrechten gehabt. Die Menschenrechte sind von mehreren Päpsten rabiat verurteilt worden. Ich habe selber als Student an der päpstlichen Universität Gregoriana in Rom noch eine Staatsauffassung mitbekommen, die nur die katholische Religion als Staatsreligion geduldet hat. Erst seit Johannes XXIII. und dem Zweiten Vatikanischen Konzil haben wir Frieden geschlossen mit den Menschenrechten, mit der französischen Revolution, mit der Demokratie.

Wir müssen auch den Muslimen Zeit lassen. Denken wir an die Geschichte der Frau: Wie lange haben wir gebraucht, bis die Frau diese Position und Würde hatte, die sie jetzt bei uns besitzt. Sie können nicht erwarten, dass das im Islam alles über Nacht geschieht. Selbst in der schweizerischen Eidgenossenschaft hat man lang genug gebraucht, bis die Frauen Stimm- und Wahlrecht bekommen haben.

Dennoch: Oft heißt es, der Islam sei eine aggressive Religion.

Geschichtlich betrachtet ist der Islam nicht aggressiver als das Christentum. Schauen wir auf das Christentum nach Konstantin: Was da für Eroberungskriege geführt wurden, nicht nur Kreuzzüge, sondern der Kolonialismus – wir haben eine Zeitlang die ganze islamische Welt unter unsere Kontrolle gebracht.

In Bezug auf Eroberungen und Gewaltanwendung ist es also schwierig, zu urteilen. Es gibt aber einen wichtigen Unterschied: Die Botschaft Jesu war

Hans Küng, katholischer Theologe

ohne alle Zweifel eine Botschaft der Gewaltlosigkeit und des Friedens, gegen den Krieg!

Das war beim Propheten Mohammed nicht der Fall. Man muss aber den Unterschied sehen und gerecht sein: Mohammed wurde von Mekka nach Medina gerufen, um zwischen den Stämmen zu schlichten. Er musste einen Staat aufbauen. Er wurde von vornherein als Staatsmann erwartet und wurde dann Feldherr. Unter Umständen kann das der Grund dafür sein, dass Muslime eher auf Gewalt zurückgreifen – weil man sagt, Mohammed habe es auch getan. Aber auch die Botschaft des Friedens findet sich im Koran. Wir müssen

heute bei allen Religionen auf die weißen Seiten unserer Geschichte setzen und nicht auf die schwarzen. Auch im Alten Testament gibt es Heilige Kriege und Vernichtungskriege. Heute müssen wir unsere Religionen auf Frieden hin interpretieren, darin haben wir eine gemeinsame Aufgabe.

Gibt es den viel beschworenen »Kampf der Kulturen«, und wo liegen die Gründe für die Entfremdung zwischen Orient und Okzident?

Die Theorie vom Kampf der Kulturen trifft nicht zu – Kulturen überlappen sich, sie brauchen nicht feindlich zu sein. Wir haben in Cordoba, Istanbul, Sarajevo gemeinsame Kulturen gehabt. Wir haben alle voneinander gelernt und können weiterhin voneinander lernen.

Auf beiden Seiten haben wir guten Grund, unsere Gewaltgeschichte zu reflektieren. So geht es nicht weiter! Die Regierung Bush hat das alte Paradigma der internationalen Beziehungen noch einmal versucht: des Prestiges, der Machtpolitik, des Militarismus. Das geht nicht. Ein Mann wie Barack Obama hat das sehr wohl erfasst. Es ist jetzt die Frage: Wie kommen wir aus Irak, aus Afghanistan wieder heraus? Wie können wir endlich, endlich das Palästina-Problem lösen? Das geht nur mit den friedlichen Mitteln der Diplomatie, des Handels, der Verknüpfung von Interessen und der religiösen Verständigung. Es ist eine große Aufgabe der Religion, diesen Prozess zu unterstützen. Es braucht eine Bekehrung der Herzen.

Interview: Georg Graffe

FRAUEN IN DER
ISLAMISCHEN
GESCHICHTE

Fallstricke des Teufels und Glanz im Auge des Propheten – Frauen in der islamischen Geschichte

von Daniel Gerlach

Aus dem Geschäft wird Liebe

Es war eine arrangierte Ehe – allerdings nicht im herkömmlichen Sinn. Denn Chadidscha bint Chuwailid war bekannt dafür, dass sie die Dinge selbst in die Hand zu nehmen pflegte. Das Speditionsunternehmen, das sie von ihrem verstorbenen Mann übernommen hatte, warf satte Dividenden ab. Chadidscha war weit über die Grenzen ihrer Heimatstadt hinaus für ihr betriebswirtschaftliches Geschick bekannt. Ihre Partner schätzten sie, weil sie Wort hielt, Kontakte zu einflussreichen Funktionären pflegte, pünktlich lieferte und zahlte. Aus denselben Gründen war sie bei der Konkurrenz gefürchtet.

Zwei Männer wussten besser als alle anderen, dass Chadidscha nicht geneigt war, sich etwas vorschreiben zu lassen: Ihr Vater Chuwailid bin Asad und ihr Assistent Mohammed bin Abdallah bin Abd al-Mutallib bin Haschim. Chadidscha lebte in einer Welt, in der ein Geschäft nur durch ein Wort besiegelt wurde, in der alles von persönlichen Kontakten abhing und Transportunternehmen täglich damit rechnen mussten, von Banditen ausgeraubt zu werden – wobei die eigenen Mitarbeiter nicht selten verdächtig waren, dabei mit zu kassieren. Folglich zeichneten Sorgfalt, Integrität und Vertrauenswürdigkeit einen Angestellten höher aus als Bildung und wirtschaftlicher Sachverstand.

Vermutlich war jener Mohammed bin Abdallah ein attraktiver Bursche – nicht auszuschließen ist, dass er sogar Humor besaß. Aber darauf kam es Chadidscha nicht an, als sie beschloss, ihn zum Gemahl zu nehmen. »Nehmen« im wahrsten Sinne des Wortes, denn in der Chronik des berühmten arabischen Historikers at-Tabari, die die Anbahnung der Ehe sehr detailreich wiedergibt, ist keine Rede davon, dass sie ihn nach seiner Meinung fragte. »Du weißt, dass ich eine angesehene Frau bin und keinen Ehemann brauche«, erklärte die 15 Jahre ältere Chadidscha dem damals 25-Jährigen, »ich habe alle vornehmen Männer, die um meine Hand baten,

Das Bild auf der Doppelseite zuvor wurde im Jahr 2003 im Kabuler »Garten der Frauen« aufgenommen.

Chadidscha war die erste und bis zu ihrem Tod Mohammeds einzige Ehefrau – und eine gewiefte Unternehmerin: Sie besaß eine florierende Karawanenspedition. Ihre Kamele brachten die verschiedensten Waren sicher durch die Wüste. Dieses Relief zeigt eine Karawane und stammt aus Palmyra, einer antiken Oasenstadt in Syrien.

wieder nach Hause geschickt. Allerdings kommen mir in letzter Zeit zu viele Dinge abhanden, und ich brauche jemanden, der sie zusammenhält. Geh also zu deinem Onkel Abu Talib und sag ihm, dass er bei meinem Vater für dich um meine Hand anhalten soll.«

Während Mohammed gehorchte, protestierte Väterchen Chuwailid, der andere Mann in Chadidschas Leben. Er habe ja nicht allen edlen Herren aus dem Stamme der Quraisch, die in dieser Angelegenheit an ihn herangetreten waren, Absagen erteilt, um seine Tochter nun an einen kleinen Angestellten loszuwerden. Er habe nichts persönlich gegen diesen Mohammed, zeterte Chuwailid, denn dieser sei ja auch ein Quraischite, allerdings eine Vollwaise, der bei seinem Onkel lebe und kaum Mitgift beizusteuern hatte.

Natürlich war Chadidscha auf diesen Einspruch vorbereitet. Gegen die Tradition einer arrangierten Hochzeit, die beiden Parteien zu Ansehen und Geld verhalf, hatte sie per se nichts einzuwenden.

Sicher liebte sie Chuwailid mit seinen altmodischen Ansichten nicht weniger als er sie. Aber sie wusste, dass er noch eine zweite große Schwäche hatte: Am Abend, den sie für ein Treffen mit Mohammed und seinem Onkel auserkoren hatte, gab sie acht, dass der Becher des Alten immer gut gefüllt blieb. Geschäftsabschlüssen nachzuhelfen, indem man sein Gegenüber schlichtweg abfüllte, war gängige Praxis im hemdsärmligen Speditionswesen. Da diese Ehe ein Geschäft war, scheute sich Chadidscha nicht, mit ihrem Vater in gleicher Weise zu verfahren.

Als Chuwailid, wie es sich für einen frisch gebackenen Brautvater gehörte, am nächsten Morgen leicht verkatert in einem Bett aus Safran und

Die Vielehe, die bis heute in einigen muslimischen Ländern praktiziert wird, wurde vom Propheten gewissen Regelungen unterworfen. Ob Mohammed seinen Glaubensbrüdern jedoch tatsächlich eine unbestimmte Anzahl oder nur so viele Frauen zugesteht, wie seine Erstfrau ihm erlaubt, bleibt bis heute ein Streitthema der Koranauslegung. Allerdings stellen die Befürworter der unbegrenzten Zahl der Eheschließungen eine Minderheit unter den Muslimen dar – wer die Vielehe gutheißt, beschränkt sich zumeist auf vier Gattinnen. Die Haremsfantasie, in der der Maler des Gemäldes »Le harem«, Fernand Cormon, schwelgt, beruht also lediglich auf einem Orient-Klischee, das im 19. Jahrhundert weitverbreitet war.

parfümierten Kräutern erwachte, dämmerte ihm, was geschehen war. Er drohte, die Ehe wieder aufzulösen. Chadidscha bügelte ihn zärtlich ab: »Jeder weiß doch, dass ich keine Leidenschaft für Mohammed empfinde, also werden die Leute sagen, dass du deinem Freund Abu Talib einen Freundschaftsdienst erwiesen hast. Wenn du allerdings einen Skandal daraus machst, wird man schlecht über mich reden.« So in etwa zitiert der Chronist at-Tabari Chadidschas Worte.

Es blieb dabei. Mohammed erhielt – 15 Jahre bevor der Erzengel Gabriel mit einer göttlichen Offenbarung an ihn herantrat und ihn zu einem der bedeutendsten Männer der Weltgeschichte machen sollte – die Prokura für Chadischas Karawanenspedition. Aus der Zweckehe wurde laut at-Tabari eine aufrichtige Freundschaft und vermutlich echte Liebe.

Trotz ihres reifen Alters gebar Chadidscha ihm die Töchter Zainab, Roqayya, Umm Kulthum und Fatima, des Weiteren drei Söhne, die jedoch noch im Kindesalter starben. At-Tabari weist darauf hin, dass Mohammed während seiner Ehe mit Chadidscha, die bis zu ihrem Tod immerhin 25 Jahre währte, keine weiteren Frauen nahm – für einen arabischen Mann des frühen 7. Jahrhunderts schien dieser Umstand besonders, also erwähnenswert. At-Tabari behauptet, dies sei aus Liebe zu Chadischa geschehen. Es gäbe jedoch einen naheliegenderen Grund: Chadidscha wäre eine zweite oder dritte Frau nicht ins Haus gekommen, solange sie die Heizkosten bezahlte.

Die Regel, dass die Erstfrau eines Mannes weiteren Eheschließungen und deren Modalitäten zustimmen muss, hat Einzug in das islamische Recht gefunden. Ob sie in den Ländern, in denen bis heute die Vielehe erlaubt ist, auch berücksichtigt wird, ist eine andere Frage. Wir wissen jedenfalls nicht, ob sie schon vor Mohammed im Hedschas, der arabischen Heimat des Propheten, gebräuchlich war. Vieles spricht dafür, dass diese islamische Ehepraxis eine sinnvolle Neuerung darstellte: Mohammed ließ regulieren, was zuvor eher nach Gutdünken der Männer abgewickelt wurde. Unter bestimmten Umständen sollte es einem Muslim gestattet sein, »eine, zwei oder drei oder vier« Frauen zu heiraten. Spitzfindige Ausleger der Schrift meinen, dass diese Aufzählung anders zu verstehen sei: Nicht maximal vier Frauen seien gemeint, sondern eine unbestimmte Vielzahl – der Prophet habe sagen wollen: »so viele Ihr wollt und versorgen könnt.«

Nach dem Vorbild des Propheten

Vielehe, arrangierte Hochzeit, häusliche Gewalt gegen Frauen und die Ehe mit Minderjährigen – diese Themen sind heute Steine des Anstoßes in der Islamkritik. Die Frage, ob der Islam als Religion der Frau grundsätzlich eine niedrigere Stellung als dem Mann zuweist und sie seiner Verantwortung – unter Umständen auch seiner Willkür – ausliefert, erhitzt heute mehr denn je die Gemüter.

Die eine Partei in der Debatte versucht, im Koran und in den prophetischen Traditionen Belege für die Frauenfeindlichkeit des Islam zu finden, die andere gibt sich Mühe, diese durch gegensätzliche Aussagen zu widerlegen. Eine Sure gibt dann die andere: Es heißt, dass die Frau dem Mann gleichgestellt sei, anderswo, dass man sie schlagen, aussperren oder im Bett meiden solle, wenn sie nicht gehorche. Am Ende dieser Auseinandersetzung steht oft die Frage, wie Mohammed selbst mit seinen Frauen umging.

Das Eheleben des Propheten sagt nichts über heutige Rollenbilder unter den Geschlechtern aus – es kann also nicht erklären, wie die Situation der Frauen in der islamischen Welt im Allgemeinen und im Besonderen aussieht. Dennoch ist das Beispiel Mohammeds geeignet, um die ethischen Werte zu beschreiben, auf denen das islamische Familien- und Personenrecht beruht.

Es ist dabei zweitrangig, ob die von at-Tabari geschilderte Beziehung Mohammeds zu Chadidscha historisch authentisch ist. Entscheidend ist, dass sie in dieser Form in die islamische Überlieferung einging und für nachahmenswert und gut gehalten wurde. Denn was der Prophet tat, sagte, guthieß oder stillschweigend geschehen ließ, konnte nur gottgefällig sein. Spätere Generationen von Schriftgelehrten studierten sehr genau Mohammeds Umgang mit Frauen – sie verglichen die dogmatischen Aussagen des Korans mit den Berichten vom Leben des Propheten und entwickelten daraus eine Fülle von Empfehlungen, Vorschriften und Rechtsgutachten für Ehe- und Scheidungsrecht.

Als sich die großen, bis heute prägenden, islamischen Rechtsschulen herausbildeten, war der Prophet bereits seit mehreren Generationen tot. Muslime lebten nicht mehr nur in Stammesverbänden auf der Arabischen Halbinsel, sondern in Städten und Dörfern des Nahen Ostens und am südlichen Mittelmeer.

Bereits damals konnte es vorkommen, dass die Maßgaben aus Koran und Hadith nicht umgesetzt wurden, da diese sich zu einem erheblichen Teil auf die gesellschaftlichen Zustände unter den Hedschas-Arabern bezogen. Dennoch blieb das Beispiel Mohammed – bis heute – ein nachahmenswertes, gleichgültig, unter welchen sozialen Bedingungen Muslime lebten. Allerdings war es nicht nur der Prophet selbst, an dessen Leben man sich ein Beispiel nehmen sollte, sondern auch die Altvorderen, seine treuen Begleiter und Nachfolger wie Abu Bakr, Umar, Uthman oder Ali.

Gleiches hätte auch für seine Frauen gelten sollen. Aber es scheint, als wäre über die Jahrhunderte in Vergessenheit geraten, was für selbstständige, energische und emanzipierte Frauen die Anfänge des Islam mitprägten. Starke Frauen tauchen im Umfeld des Propheten nicht als isolierte Phänomene auf – er begegnete ihnen ständig und spricht von ihnen mit Respekt und Anerkennung.

Rebellin auf dem Schlachtkamel

Zu diesen herausragenden Persönlichkeiten zählt auch Aischa bint Abu Bakr, die dritte und jüngste Frau Mohammeds, die nach seinem Tod sogar zu den Waffen griff, um ihre Interessen durchzusetzen. Im ersten innerislamischen Konflikt, der als »Fitna« in die Chroniken einging, standen sich mächtige Clans aus dem Hedschas gegenüber und fochten um die Führung der Gläubigen. Auf der einen Seite der Front stand Mohammeds Cousin und Schwiegersohn Ali ibn Abu Talib, der aufgrund seiner verwandtschaftlichen und freundschaftlichen Nähe zum Propheten den Anspruch auf das Kalifat legitimieren konnte. Die andere Partei führte damals Aischa an, ein Beleg dafür, dass eine Frau in einer arabischen Gesellschaft des 7. Jahrhunderts durchaus als Politikerin und Meinungsmacherin auftreten konnte.

Gewiss gab es unter den Quraisch-Clans, die in der Fitna gegeneinander kämpften, mächtige Männer und Strippenzieher im Hintergrund. Inwiefern sie geplant hatten, Aischa als Schlüssel zur Macht zu verwenden, lässt sich nur vermuten. Doch Aischa machte ihnen einen Strich durch die Rechnung, denn in der entscheidenden Stunde, die als Kamelschlacht von Basra in die Geschichte eingehen sollte, riss sie die Zügel an sich. Der Showdown zwischen Alis und Aischas Truppen im Dezember des Jahres 656 endete in einem scheußlichen Gemetzel. Aischa unterlag und geriet in Gefangenschaft, wurde schließlich begnadigt und nach Medina gebracht.

Der Prototyp des zänkischen Weibes, das letztendlich für allen Zwist der Weltgeschichte verantwortlich gemacht wird, war ein für allemal gebändigt – so hätten es wohl arabische und europäische Historiker einhellig dargestellt, wenn die Betreffende nicht Aischa gewesen wäre, der Glanz im Auge des Gesandten Gottes. So aber kam Aischa in der Geschichtsschreibung noch einmal glimpflich davon.

Denkt man daran, wie grausam das europäische Mittelalter mit Frauen verfuhr, die sich erdreisteten, Männer in die Schlacht zu führen, wirkt das Urteil Alis über die Rebellin Aischa geradezu gemäßigt. Im merowingischen Frankenreich hätte man zu dieser Zeit wohl ein Exempel statuiert, sie gedemütigt, entblößt, mit den Haaren an ein Pferd gebunden und zu Tode geschleift – so jedenfalls endete im Jahr 613 die Prinzessin Brunehaut, die es gewagt hatte, ihre männlichen Rivalen um den Thron herauszufordern.

An Aischas starkem und ehrgeizigem Charakter lässt die muslimische Überlieferung kaum Zweifel. In der westlichen Islamkritik ist sie allerdings eher als minderjähriges Opfer einer arrangierten Ehe bekannt. Denn zum Zeitpunkt ihrer Hochzeit mit Mohammed war sie vermutlich nicht einmal ein Teenager, sondern ein kleines Mädchen. Ein Grund für viele Publizisten, den Propheten des Islam der Pädophilie zu beschuldigen. Dagegen zu argumentieren wäre ein sehr fruchtloses Unterfangen. Gewiss wählte Aischa ihren Mann nicht selbst, sondern ihr Vater Abu Bakr as-Sidiq. Mit der Eheschließung besiegelten er und Mohammed eine schlagkräftige Allianz, die Abu Bakr später eine herausragende Position in der islamischen Geschichte sicherte: Nach dem Tod des Propheten führte Abu Bakr die Muslime als erster »rechtgeleiteter« Kalif. Aischa war zunächst nicht mehr als Pfand und Siegel dieses Bündnisses. Es ist schwer vorstellbar, dass Aischa ihren »ehelichen Pflichten« im Alter von neun Jahren aus freien Stücken nachkam – nicht mehr und nicht weniger gibt es dazu zu sagen.

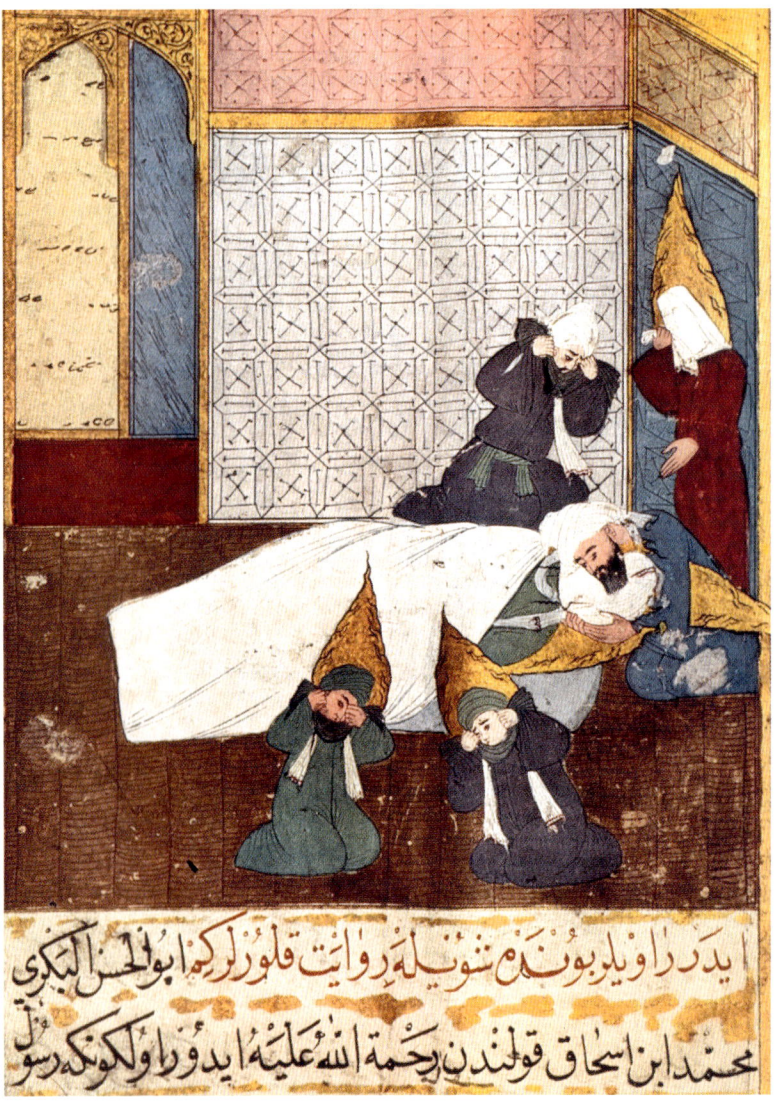

Abu Bakr wurde nach Mohammeds Tod dessen Nachfolger und war der erste der vier rechtgeleiteten Kalifen. Die persische Miniatur zeigt ihn am Sterbebett des Propheten.

Es kann sicher als Gipfel des Zynismus gelten, wenn zu Beginn des 21. Jahrhunderts, wie unlängst geschehen, ein marokkanischer Religionsgelehrter verkündet, dass ein Mädchen in Aischas Alter ebenso gut sexuell aktiv sein könnte wie eine erwachsene Frau, und dass deshalb nichts gegen eine Kinderehe einzuwenden sei. Scheich Mohammed bin Abderahman al-Maghraoui, der sich so äußerte, wurde völlig zu Recht von westlichen Medien heftig kritisiert. Auch das marokkanische Königshaus, das sich durch die Angelegenheit blamiert fühlte, reagierte scharf und verkündete: Kinderheirat bleibt verboten und wird strafrechtlich verfolgt.

Aischas Eheleben glich über weite Strecken einer Erziehung, was dazu führte, dass sie von allen Muslimen wohl diejenige war, die am meisten durch Mohammed geprägt und beeinflusst wurde. Allein deshalb gilt sie in vielen Überlieferungen, den sogenannten Hadith oder Ahadith, wie der arabische Plural lautet, als zuverlässige Gewährsfrau. Allein die Schiiten, die sich auf Alis Kalifat berufen, hegen große Vorbehalte gegen die Frau, die sich mit Schwert und scharfer Zunge gegen Ali stellte.

Vertrauensvorschuss in der Ehe

Schon früh musste Aischa erleben, was männliche Bigotterie und üble Nachrede anrichten können. Mit 14 Jahren reiste sie mit einer Beutekarawane, kampierte abseits des Lagers, schlief ein und blieb hinter dem Zug zurück. Was auch immer dieses schöne und neugierige Mädchen in jener Nacht erlebte – als sie wieder zur Karawane stieß, zerrissen sich die Beduinen über sie die Mäuler. Unzucht habe sie getrieben.

Beim Ausmalen erotischer Delikte sind männliche Denunzianten zu allen Zeiten sehr erfinderisch gewesen. Man brauchte, so hieß es, nur in ihre großen, dunklen Augen zu sehen, um sich vorzustellen, wie Aischa sich hingegeben hatte – Fantasie und Vorwurf ersetzten jeglichen Beweis. Doch nicht nur Aischa riss nun der Geduldsfaden, auch der Prophet selbst sah sich herausgefordert.

Heute sind die Zeitungen in der muslimischen Welt voller Berichte über Gräueltaten, die aus verletzter Eitelkeit, aus bloßem Verdacht des Ehebruchs und zur Wiederherstellung der Ehre begangen werden.

In Pakistan schütten Gehörnte auf den bloßen Verdacht hin ihren Frauen Säure ins Gesicht, in Jordanien verstoßen Väter ihre Töchter wegen unsittlichen Lebenswandels und in Berlin wurde unlängst eine junge Türkin von ihren Brüdern hingerichtet, weil sie sich mit Männern traf »wie eine Deutsche«. Gerechtfertigt wird so etwas mit dem Islam – ein Psychoanalytiker würde die Ursachen dieses Verhaltens wohl in Männlichkeitskomplexen und Kastrationsängsten verorten. Wenn die angeblich so frommen Muslime, die derartige Schandtaten begehen, auf das Beispiel – und vor allem auf die Werte – ihres Propheten schauten, müssten sie sich in Grund und Boden schämen.

Mohammed lehrte keine Laxheit in Sachen Ehebruch, sondern Vertrauensvorschuss in der Liebe. Denn es ist gewiss kein Zufall, dass ihm kurz nach dem Vorfall von Aischas angeblicher Unzucht eine Sure offenbart wurde, die mit Denunzianten hart ins Gericht geht: »Die unter Euch, die eine anständige Frau bezichtigen, aber keine vier Zeugen vorbringen können, gehören mit 80 Schlägen bestraft und niemand soll je wieder auf ihr Zeugnis hören, denn sie sind die wahrhaft Unanständigen« – in etwa diesem Wortlaut lässt sich der Vers aus Sure 24 übersetzen.

Der schlaueste Staatsanwalt hätte heute seine liebe Not, wenn er vier Zeugen finden müsste, die eine stattgefundene Penetration mit eigenen Augen gesehen haben. Für eine einwandfreie Beweisführung bedürfte es, mit Verlaub, der Umstände eines Swingerklubs. Es ist daher anzunehmen, dass das Gros der Urteile, die in den vergangenen Jahrhunderten über unzüchtige Frauen und Ehebrecherinnen gefällt wurden, ungesetzlich und wegen Verfahrensfehlern zu revidieren wäre. *In dubio pro reo* – auch die islamische Rechtstradition kennt diese Regel, aber in der Praxis ist der Verdacht noch immer über den Beweis erhaben.

Am besten hat es wohl der Dichter und Universalgelehrte al-Dschahis, genannt »der Glupschäugige«, auf den Punkt gebracht. Im Bagdad des 9. Jahrhunderts wurde er Zeuge eines Verfahrens, in dem ein Mann des Alkoholkonsums beschuldigt wurde, weil man bei ihm leere Weinschläuche gefunden hatte. Wissbegierig fragte al-Dschahis nach, ob denn die Rechtsgelehrten jenes Instrument besäßen, mit dem man Ehebruch begeht.

Schahryars Albtraum

Womöglich hätte dem Prinzen Schahryar eine Unterhaltung mit dem glupschäugigen Dicherfürsten al-Dschahis gut getan. Vielleicht hätte sie einige Dutzend Jungfrauen vor dem Tod bewahrt – einem Tod, der einzig und allein dazu diente, Schahryars urmännliche Ängste und seine krankhafte Eifersucht zu besänftigen. Vom Trauma des Betrogenwerdens nahezu um den Verstand gebracht, nahm er sich täglich eine Jungfrau, um sie nach vollzogenem Akt am nächsten Morgen hinzurichten, damit sie ihn nicht hintergehen konnte.

Allah sei Dank, dass es sich bei Schahryar nur um eine Märchenfigur handelt, obgleich diese durch zahlreiche reale, nicht weniger brutale Herrscher inspiriert wurde. In einer Nacht trifft der Prinz auf eine Frau, die ihm nicht nur ebenbürtig, sondern haushoch überlegen ist. Scheherezade weiß, welches Schicksal ihr bevorsteht, wenn es ihr nicht gelingt, Schahryar mit spannenden, seltsamen und erotischen Geschichten zu unterhalten und ihn dabei vergessen zu lassen, dass der Morgen bereits angebrochen ist.

Scheherezades Erzählungen aus Tausendundeiner Nacht kamen im 9. Jahrhundert über Indien und den Iran ins Abbasidenreich. Neue Charaktere und Motive gingen in die Sammlung ein. Und obwohl die Geschichten aus Tausendundeiner Nacht in der arabischen Welt lange Zeit als Trivialliteratur verachtet wurden, gelten sie heute – neben dem Koran – als berühmtestes Literaturwerk des islamischen Orients. Diese Erkennt-

Das hierzulande wohl bekannteste arabische Märchen handelt von Scheherezade, die dem Prinzen Schahryar 1001 Nacht lang eine Geschichte erzählt, um ihren Kopf zu retten.

nis setzte sich in der arabischen Welt jedoch erst durch, als im Jahr 1704 der Franzose Antoine Galland eine – von sexuell anstößigen Passagen bereinigte – Übersetzung anfertigte. Die Vorgeschichte von Tausendundeiner Nacht weist gewisse Parallelen zum Sophokles-Drama »Ödipus« auf, der wahrscheinlich ältesten Kriminalgeschichte des Abendlands. Auch hier geht der eigentlichen Story ein traumatisches, schicksalhaftes Ereignis der Vergangenheit voraus, dessen Konsequenzen den Lauf der Dinge maßgeblich bestimmen werden.

Denn Schahryar war nicht immer jener blutrünstige Mädchenschlächter, als den Scheherezade ihn kennenlernte. Als Junge erlebte er vieles, was der Entwicklung eines gesunden Verhältnisses zur eigenen Sexualität im Wege stand: Eine Frau, die ihren Gemahl mit einem schwarzen Sklaven betrog, und eine Schönheit, die – selbst Sklavin eines Flaschengeistes – ihn und seinen Bruder zum Beischlaf zwingt und damit prahlt, ihren Gebieter schon hundertfach gehörnt zu haben.

Oft hat Schahryar angesichts dieser Erfahrungen an Selbstmord gedacht, doch nun beschließt er, das weibliche Geschlecht für alles bezahlen zu lassen, was ihm widerfahren ist.

Man kann sich keinen besseren Stoff als Tummelplatz der Psychoanalyse vorstellen als den aus Tausendundeiner Nacht. Doch erst spät, in den 1970er Jahren, nahmen sich die Fachleute des armen Schahryar an und verfassten psychoanalytische Deutungen dieses Märchenstoffes. Die Lösung des Problems hatte ihm schon Scheherezade beschert, indem sie am Leben blieb und Schahryars Ehefrau wurde – und zwar nicht nur für eine Nacht. »Eine besonders kluge Frau muss her – des Mannes eigene, verdrängte, weibliche Seite – und ihm jede Nacht Geschichten erzählen, in denen er sich selbst erkennt«, fasst die Islamwissenschaftlerin und Literaturjournalistin Elisabeth Knoblauch das Therapieergebnis zusammen: »Der König aus Tausendundeiner Nacht hat durch die Heirat – also die Vereinigung – mit der klugen Frau den Schritt zur gesunden Persönlichkeit gemeistert.«

Eine Prinzessin in der Hansestadt

Auch wenn ihr deutscher Name das Gegenteil vermuten lässt, war Emily Ruete eine exotische Erscheinung und wirkte nicht gerade wie eine brave deutsche Maid: Emily war die Tochter des Sultans Said von Sansibar und seiner tscherkessischen Haremskonkubine.

1844, im Jahr ihrer Geburt, gehörte die Nelkeninsel Sansibar vor der Ostküste Afrikas zum arabischen Sultanat Oman. Mit 22 lernte Sayyida bint Said, wie Emilys Mädchenname lautete, den Hamburger Kaufmann Heinrich Ruete kennen – eine folgenschwere Liaison. Als sich der Verdacht

Emily Ruete war die Tochter des Sultans von Sansibar, kam durch die Heirat mit einem Deutschen nach Hamburg und wurde zum Spielball der Diplomatie.

Der malerische Strand von Stone Town. Diese Stadt liegt auf Unguja, der Hauptinsel Sansibars. Von Sansibar flüchtete Emily Ruete einst mit ihrem Liebhaber nach Europa.

einer ungewollten Schwangerschaft erhärtete, floh das Liebespaar auf einem britischen Kriegsschiff nach Aden und ließ sich schließlich in der Hansestadt nieder, wo Heinrich nur vier Jahre später von einer Straßenbahn überrollt wurde und starb.

Aus Angst vor Schande und Strafe hatte Emily ihrer Insel einst den Rücken gekehrt – heute erweist Sansibars arabische Hauptstadt Stone Town ihrer mutigen Tochter durch ein Museum Reverenz.

Da sich das Deutsche Reich in den 1880er Jahren auf der Suche nach kolonialen Besitzungen in Afrika befand, wurde Emily schnell zur politischen Figur: Zweimal reiste sie, inzwischen christlich getauft und eingebürgert, in Begleitung deutscher Staatsbeamter nach Sansibar, um sich die nach ihrer Flucht enteigneten Besitztümer zurückzuholen. 1890, als die Deutschen im Rahmen des Helgoland-Sansibar-Vertrags ihre Ansprüche auf das Nelkenparadies aufgaben, hatte sie ausgedient als Instrument der Großmachtpolitik.

In ihren Memoiren, die sie 1896 veröffentlichte (immerhin 23 Jahre vor Einführung des Frauenwahlrechts im Deutschen Reich), gab sie sich große Mühe, gegen Klischeevorstellungen anzugehen, die in Deutschland über die muslimische Welt kursierten: »Die muslimische Frau braucht das Mitleid nicht, mit dem man sie in Europa übergießt – es ist falsch zu glauben, dass die Orientalin weniger gesellschaftliche Achtung genieße als ihr Ehemann.« Solche Sätze mussten die deutschen Leser überraschen. Ohne Zweifel erwuchsen sie einem gewissen Rechtfertigungsdruck. Der Orient hatte ein schlechtes Image. Die unterdrückte Frau, die es galt, aus ihrem Gefängnis, dem Harem, und aus den Händen willkürlicher Männer und archaischer Gesetze zu befreien, war schon damals ein stetig wiederkehrendes Motiv in Literatur und Medien.

Einerseits ergötzten sich die Europäer an orientalischen Fantasien. Reisende wie die Fotopioniere Lehnert und Landrock oder Autoren wie der Orientalist Richard Francis Burton zeichneten ein Bild melancholischer Sinnlichkeit. Andererseits maß das bürgerliche Europa auch damals schon die Rückständigkeit der muslimischen Welt an ihrem Umgang mit den Frauen. So gesteht Emily Ruete in ihren Memoiren zu, dass Araberinnen oft ein zurückgezogenes Leben führten, ihr Gesicht verbergen müssten und sich kaum allein in der Öffentlichkeit zeigen dürften. Gegen die Kritik an der »extravaganten« Kleiderordnung der Orientalinnen wendet sie jedoch ein, dass das europäische Modell da keine Besserung verspreche: »Die Ballkostüme hierzulande stellen doch noch eine schlimmere Übertreibung dar – allerdings in die andere Richtung!«

Emily Ruetes Memoiren sind weder eine Abrechnung mit Deutschland noch eine verklärte Schilderung ihrer paradiesischen Heimat. Sie zeugen vielmehr von scharfsinnigen Beobachtungen und enthalten Reflexionen über das Verhältnis von Gesellschaft und Religion und – vor allem – über Schein und Sein. In jedem Fall berichtete sie aus einem sehr traditionell geprägten Teil des Orients, denn im Gegensatz zu den Völkern des Maghreb oder Südostasiens standen die Omanis auf der Insel Sansibar für eine besonders traditionelle Auslegung islamischer Sitten.

Emily Ruete wusste allerdings, das diese Sitten sehr vom sozialen Stand einer Frau abhingen. Eine Prinzessin genoss Respekt und Macht, gleichzeitig musste sie in besonderer Weise auf traditionelle Rollenbilder achten. Eine arme Frau, die durch Arbeit zum Lebensunterhalt der Familie beitragen musste, konnte sich derartige Sitten nicht leisten. Sie musste das Haus verlassen, ohne ihren Mann zu fragen, Einkäufe erledigen und das Familienleben organisieren. Auch bei der Feldarbeit war ein Gesichtsschleier hinderlich. »Wenn man eine dieser Frauen fragt, wird sie antworten, dass diese Regeln nicht für die Armen gemacht wurden«, stellte Emily Ruete fest.

Hinter dem Schleier

Die heutige Diskussion um die Rolle der Frau in der islamischen Welt dreht sich auch um ein Kleidungsstück, von dem Emily ihren Lesern zu berichten wusste: Kein Textil ist derartig politisch aufgeladen wie der Hedschab. Für viele europäische Kritiker der islamischen Kleiderordnung ist es dabei unerheblich, ob vom Gesichtsschleier, der Burka, dem iranischen Tschador oder einem schlichten Kopftuch, das nur die Haare bedeckt, die Rede ist.

Das Kopftuch ist in allen muslimischen Ländern verbreitet – auch in laizistischen Staaten wie Tunesien oder der Türkei, wobei Letztere sich derzeit in einem wahren Kulturkampf um die Frage befindet, ob man es in Staatsgebäuden oder Universitäten tragen darf. Denn dort wird es – wie in Europa – als politisch-religiöses Statement angesehen.

Die Mehrheit der muslimischen Theologen leitet aus dem Koran eine Pflicht für Frauen ab, sich züchtig zu kleiden und ihre Haare zu bedecken. Es gibt aber auch Schriftkundige, die zumindest letztere Vorschrift für überflüssig halten. Der Gesichtsschleier jedenfalls ist in der islamischen Welt ein eher seltenes Phänomen, das eher bei vornehmen strenggläubigen Familien in Syrien, vor allem aber auf der Arabischen Halbinsel anzutreffen ist. Bereits in vorislamischer Zeit – antike Reliefs aus der arabischen Wüstenstadt Palmyra belegen es – verbargen edle Frauen ihr Antlitz in der Öffentlichkeit, um ihre Herkunft zu bezeugen. Für einfache Frauen galt das nicht. Der Schleier, der das Gesicht verdeckt, ist keine Erfindung des Islam. Der Koran widmet ihm zwar Teile einer Sure, die jedoch nichts mit Frauen zu tun hat: In der Sure *an-nur* – »das Licht« finden sich Anspielungen auf einen Schleier, der die Welt Gottes von der des Menschen trennen kann.

Heutzutage erregen Kopftuch und Gesichtsschleier die Gemüter in der islamischen wie christlichen Welt. Ist es die Pflicht einer frommen Muslima, ihr Haar oder ihr komplettes Gesicht zu verhüllen? In vorislamischer Zeit war es nur unter den bessergestellten Frauen der arabischen Gesellschaft Mode, sich zu verschleiern.

Man kann durch ihn hindurchblicken, doch die ganze Wahrheit sieht man erst, wenn er gelüftet wird. Kein anderer als der bereits erwähnte Gelehrte al-Ghazali schrieb einen bewegenden Surenkommentar: Es sei die Aufgabe des Weisen, hinter diesen Schleier zu blicken, heißt es darin.

In Ägypten, das ein eher konservativ muslimisches Land ist, besteht keine Kopftuchpflicht. Dennoch scheint man dieses Kleidungsstück in den vergangenen Jahren immer häufiger auf den Straßen anzutreffen – insbesondere in der Millionenmetropole Kairo ist diese Entwicklung augenfällig. Viele junge Frauen greifen zum Kopftuch, weil sie die Erfahrung gemacht haben, dass es sie vor den Annäherungsversuchen des männlichen Gesindels auf der Straße schützt.

Einer Frau mit Kopftuch stellt man keine Gesinnungsfragen. Ist nun das Kopftuch die Folge einer schleichenden Islamisierung? Man könnte den Eindruck gewinnen, dass nicht der Islam, sondern das lausige Benehmen der Männer daran schuld ist. Dass in vielen Städten der islamischen Welt eine sittliche Verrohung stattfindet, dass Jugendliche schlecht oder gar nicht mehr zu respektvollem Betragen erzogen werden.

In Deutschland macht sich diese Entwicklung an Teenagern bemerkbar, die einen Rentner in einer Münchner U-Bahn zusammenschlagen, sich vormittags betrinken und mit Gewaltvideos betäuben. In Kairo belästigen sie junge Frauen – aufgeheizt von Komplexen und unerfüllten Fantasien. Sie nehmen sich das Recht, einem Mädchen ohne Kopftuch nachzustellen oder es als Schlampe zu beschimpfen. Ist der Islam an diesem Zustand schuld? Wenn ja, so hätte es in den 1960er Jahren in Ägypten oder Algerien wohl keine Musliminnen gegeben, die unbehelligt im Minirock übers Trottoir flanierten. In jener Zeit der »Euphorie des Fortschritts«, wie der Nahost-Historiker Helmut Mejcher die Stimmung der arabischen Welt in den 1950er, 1960er und frühen 1970er Jahren beschreibt, flammten im Orient sogar Zeichen einer Bewegung auf, die Europa sehr nachhaltig veränderte: der Feminismus. Er stand jedoch unter etwas anderen Vorzeichen.

Die Heilige im Palastverlies

Zaynab al-Ghazali tat etwas, das für eine muslimische Frau undenkbar schien: Sie ließ sich von ihrem Mann scheiden, weil die Ehe ihren beruflichen Aktivitäten im Wege stand. Al-Ghazali war weder Filmstar noch Bankdirektorin, sondern die Begründerin der »Vereinigung Muslimischer Frauen« in Ägypten – eine religiös-karitative Bewegung, die den islamistischen Muslimbrüdern nahestand. Als solche befasste sich al-Ghazali mit Fundraising, politischem Aktionismus und hielt regelmäßig Vorlesungen an der Kairoer Ibn-Tulun-Moschee. Bis zu 3000 Menschen, meist Frauen, sollen wöchentlich ihren Worten gelauscht haben.

Als politisch interessierte Frau hatte sie kurzfristig in der »Feministischen Union Ägyptens« mitgewirkt, um dann zu der Einsicht zu gelangen, dass es falsch war, sich für die Befreiung der Frau einzusetzen. Denn durch den Koran sei sie bereits befreit und müsse nur ihren Platz in der Gesellschaft besetzen. Sie berief sich auf starke Frauen aus der Frühzeit des Islam, wie die berühmte Nusaybah bint Ka'ab, die Seite an Seite mit den Altvorderen für den Propheten in die Schlacht gezogen war. Al-Ghazali blieb kinderlos, die islamische Mission war ihre einzige Erfüllung. Sie ließ sich schließlich scheiden – und zwar aus dem einzigen für sie legitimen Grund: den Kampf für eine islamische Gesellschaft, Seite an Seite mit den Muslimbrüdern.

Von der Regierung des sozialistisch eingestellten Präsidenten Gamal Abdel Nasser wurde sie als ebenso große Gefahr erkannt wie die männlichen Islamisten – womöglich zu Recht. Al-Ghazali hielt Nasser für einen Feind des Islam. Auch wenn sie sich direkt keine Attentate zuschulden kommen ließ, war sie Teil des Untergrundnetzwerkes der Islamisten, die sich in den 1960er schwere Kämpfe mit der Polizei lieferten. 1964 löste die Regierung ihre Frauenbewegung auf, ein Jahr später wurde al-Ghazali zu 25 Jahren Zuchthaus verurteilt.

Auch sie verfasste Memoiren. In *Ayyam min Hayati* – »Tage meines Lebens« schildert sie detailreich die Folter und zum Teil sexuellen Demütigungen, durch die ihre Peiniger versuchten, ihre Überzeugung zu brechen. Das

In der westlichen Welt wird die Verschleierung heute oft als ein Indiz für die Unterdrückung der Frauen angeführt. Besonders die Burka, der blaue Ganzkörperschleier, der v.a. in Afghanistan und Pakistan verbreitet ist und der lediglich einen minimalen Augenschlitz unverhüllt lässt, wurde zu einem Symbol der Abwertung.

HAREM –
GARTEN DER LÜSTE
ODER SCHLANGENGRUBE?

von Georg Graffe

Das Wort Harem leitet sich vom arabischen *Haram* ab. Es bedeutet so viel wie »verboten« oder »gesperrt« – aber auch »heilig«. Das Verbot, Schweinefleisch zu essen, gehört für Muslime ebenso zur Sphäre des Haram wie die Heiligen Stätten von Mekka und Medina. In vielen islamisch geprägten Ländern sind die Häuser in zwei Bereiche unterteilt: einen, in dem man Gäste empfängt, und einen anderen, der Haram ist und in dem kein Fremder etwas verloren hat. Dort ist das Reich der Frauen.

Der Koran gestattet einem Muslim, bis zu vier Frauen zu heiraten. Im alten Orient war dies nichts Ungewöhnliches. Auch die jüdische Bibel kennt die Institution der Polygamie. Der Verlust an jungen Männern durch häufige Kriegszüge hatte einen Frauenüberschuss zur Folge. Die Vielehe war damit vor allem eine soziale Institution. Das zeigt auch der Kontext der entsprechenden Koranstelle: »Und wenn ihr fürchtet, ihr würdet nicht gerecht gegen die Waisen handeln, dann heiratet Frauen, die euch genehm dünken, zwei oder drei oder vier; und wenn ihr

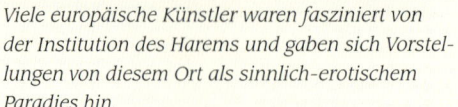

Viele europäische Künstler waren fasziniert von der Institution des Harems und gaben sich Vorstellungen von diesem Ort als sinnlich-erotischem Paradies hin.

fürchtet, ihr könnt nicht billig handeln, dann heiratet nur eine …« (Sure 4, 3). Auch heute noch steht in islamischen Staaten, die die Vielehe gestatten, der Versorgungsaspekt im Vordergrund. In Marokko etwa muss ein Mann nachweisen, dass er in der Lage ist, für jede Frau einen eigenen Haushalt zu unterhalten und für die Kinder zu sorgen. Es liegt auf der Hand, dass die Polygamie schon aus diesem Grund in den meisten islamischen Ländern ein Ausnahmefall ist. Oft gilt sie dort, wo sie gestattet ist, inzwischen als altmodisch, provinziell oder sogar anrüchig. Ausnahmen bilden die Staaten Westafrikas, allen voran der Senegal, wo nach Schätzungen auch heute noch fast 40 Prozent der Frauen in polygamen Ehen leben.

Die verbotene Welt des Harems hat die Fantasie der Europäer schon immer beflügelt. Bereits im 18. und 19. Jahrhundert entstanden Gemälde von überquellender Sinnlichkeit – mit üppigen, gelangweilten Frauen, die sich nackt im Bad räkeln und sich gegenseitig mit kostbaren Ölen massieren. Der Harem erscheint auf diesen Bildern als eine Art erotisches Schlaraffenland, in dem unzählige schöne Frauen darauf warten, einen einzigen Mann zu verwöhnen. Neben den Erzählungen aus Tausendundeiner Nacht lieferten die Berichte europäischer Diplomaten am Hof der Sultane den Stoff für diese Szenarien.

Zwischen drei- und fünfhundert Frauen lebten im Harem eines osmanischen Sultans – außer den legitimen Ehefrauen allesamt Sklavinnen. Die einzigen nichtweiblichen Wesen, die außer ihm im Harem verkehrten, waren die Eunuchen. Sie bewachten die Frauen und Mädchen nicht nur, sie erteilten ihnen auch Unterricht und nahmen Verwaltungstätigkeiten wahr.

In der Hierarchie des Harems war die Sultansmutter, die Valide, bis weit ins 18. Jahrhundert hinein die Schlüsselfigur. Auch einige Konkubinen im Harem nutzten ihre Nähe zum Herrscher, um die Politik des Palastes zu beeinflussen. Zwischenzeitlich waren die Frauen im Topkapi so mächtig, dass Historiker von »Weiberherrschaft« oder dem »Zeitalter der Favoritinnen« gesprochen haben. Die Valide konnte als einzige

Dem Istanbuler Topkapi-Palast, Sitz der osmanischen Herrscher, war ein Harem angegliedert. Die meisten der Bewohnerinnen waren Sklavinnen, die dem Sultan geschenkt wurden und den Rest ihres Lebens in dem luxuriösen Gefängnis verbrachten.

Frau den Harem jederzeit verlassen und Kontakte nach außen unterhalten. Die meisten Haremsdamen dagegen waren im Mädchenalter als Sklavinnen – oft als Geschenk an den Sultan – in den Palast gelangt und verbrachten den Rest ihrer Tage im noblen Gefängnis. Die meisten unter ihnen bekamen ihren Gebieter selten oder gar nie zu Gesicht.

Der Harem des Topkapi-Palastes war alles andere als eine Märchenwelt aus Tausendundeiner Nacht. Ganz im Gegenteil. Die große Kinderzahl und die unklare Nachfolgeregelung im Osmanischen Reich machten den Harem zu einer gefährlichen Schlangengrube, einer Hölle aus Eifersucht, Intrigen, Nachstellungen und sogar zum Tatort von Massenmorden. Sultan Mehmed III. etwa ließ am Tag seiner Amtseinsetzung im Jahr 1595 neunzehn seiner Brüder töten. Und auch für die Konkubinen, die von seinem verstorbenen Vater schwanger waren, war es der letzte Lebenstag. Mit den erotischen Fantasien europäischer Maler und Schriftsteller hatte der Harem tatsächlich wenig zu tun.

Die Lebenssituation der Frauen in der islamischen Welt lässt sich nicht auf einen Nenner bringen – die typische muslimische Frau gibt es nicht. Das drückt sich bereits in den unterschiedlichen Trachten dieser beiden Muslima – der Kopftuch tragenden Chinesin und der tief verschleierten Nomadin aus der ägyptischen Wüste Sinai (unten) – aus.

Werk erschien später unter dem englischen Titel *Return of the Pharaoh* – »Die Rückkehr des Pharao« und wurde mithilfe saudischer Gelder mehrfach aufgelegt und verbreitet. Der Titel legt nahe, dass al-Ghazalis Kampf für den Islam auch ein Kampf gegen das Heidentum, gegen die neue, moderne Staatsideologie Nassers war, denn in der islamischen Tradition steht der Pharao für einen gotteslästerlichen, grausamen Herrscher, der seinen Willen zum Gesetz gemacht hat.

Das Buch trägt eindeutig hagiografische Züge – es liest sich zum Teil wie die Legenden der Heiligen Katharina oder Agnes, deren Martyrium die Gläubigen erbauen soll. Die Zustände in ägyptischen Gefängnissen der 1960er Jahre müssen so entsetzlich gewesen sein, dass wenig Anlass zu der Vermutung besteht, al-Ghazalis Schilderungen seien übertrieben. Wenn man sie schlug, ihr Nahrung und Schlaf entzog, Mäuse und Ratten in ihre Zelle brachte und sie fortwährend mit dem Tod bedrohte, so gehörte dies sicher zu den humaneren Methoden im Repertoire der Folterknechte.

Entscheidend ist jedoch die Dramaturgie dieser »Auto-Hagiografie«, dieser Selbstverklärung: Das Gebet, das Wachen für die Brüder und Schwestern ihrer Bewegung und schließlich ihre Traumvisionen verliehen ihr nach eigenem Bekunden jene Kraft, mit der sie später versuchen sollte, anderen Islamisten Kampfesmut einzuflößen.

Zum eigentlichen Martyrium kam es nicht. 1971 ließ Präsident Anwar as-Sadat – sein glückloser Vorgänger Nasser war derweil an den Folgen eines Herzinfarkts gestorben – die tapfere Islamistin frei. Sadat wollte damit nicht nur sein Interesse an einer Aussöhnung mit den konservativen Kräften im Land bekunden, sondern auch verhindern, dass al-Ghazali unter seiner Verantwortung tatsächlich zur Märtyrerin würde. Aus der Sicht ihrer Anhänger freilich verdankte die Frau ihr Leben nicht Sadats Gnade, sondern ihrem Glauben und dem Beistand Gottes.

Sadat fiel 1981 dem Anschlag einer radikalen, militanten Untergruppe der islamistischen Bewegung zum Opfer. Al-Ghazali starb 88-jährig am 8. August 2005 – sie ist heute eine Berühmtheit. Soziologen betrachten sie als Pionierin des islamischen Feminismus. Hiesigen Feministinnen mag es schaurig vorkommen, dass einer Frau mit ihren Ansichten eine solche Auszeichnung zuteil wurde. Aber letztendlich machte sie die Frau zum zentralen Thema eines gesellschaftspolitischen Programms – das ist ihre große historische Leistung.

Weder Chadidscha, Aischa noch Scheherezade, Emily Ruete oder Zaynab al-Ghazali können erklären, wo Frauen in der islamischen Welt heute stehen. Aber alle Frauen, deren Lebensläufe hier skizziert wurden, waren stark und selbstbestimmt und wurden in der Vergangenheit auch als solche wahrgenommen. Typische Frauenrollen wird man in der islamischen Welt vergeblich suchen – denn die »typisch« islamische Welt gibt es nicht.

In vielen islamischen Ländern erkämpfen sich Frauen Freiräume, wie etwa Zugang zu Bildung, in manchen Staaten wird dies heute explizit gefördert.

Mancherorts wächst der gesellschaftliche Einfluss von Frauen, während sie anderswo immer stärker drangsaliert werden. Handelt es sich dabei um ein letztes Aufbäumen des Patriarchats, wie das Magazin *zenith – Zeitschrift für den Orient* kürzlich in einem Schwerpunkt zum Thema »Männer im Islam« vermutete?

In einem – in vielerlei Hinsicht extremen – Land wie Saudi-Arabien gibt es inzwischen rund 5000 Unternehmerinnen und sogar ein Businesszentrum, das nach Chadidscha bint Chuwailid benannt ist. Zugleich dürfen Frauen nicht am Steuer sitzen, obwohl sogar eine wissenschaftliche Studie jüngst bestätigte, dass dies keinerlei Gefahr für die Sicherheit des Verkehrs bedeuten würde. Wahrscheinlich müssen die Männer es erst satthaben, ihre Frauen und Töchter überall hinzufahren, oder zu arm sein, um sich einen Chauffeur leisten zu können. Dann werden sie damit beginnen, ihre wahhabitische, wörtliche Koran-Auslegung zeitgemäßer zu gestalten.

Freiheit haben sich die Frauen zu allen Zeiten der Geschichte selbst erkämpfen müssen. Die geschilderten Beispiele können immerhin belegen, dass starke, selbstbestimmte Frauen die muslimische Kultur entscheidend geprägt haben, und dass ihr Leben keinen Widerspruch zu den Werten ihrer Religion darstellte. Ob der Islam an der mitunter desolaten Lage der Frauen schuld ist?

Er wird in diesem Fall zumeist als Hauptverdächtiger gehandelt. Aber wollte man zu einem derart komplexen Problem einen Prozess eröffnen, so müsste wohl nicht der Islam, sondern das männliche Geschlecht auf der Anklagebank sitzen – die Tatbestände Gewalt, Heiliger Krieg und Terrorismus könnten dabei gleich mitverhandelt werden. Ein solcher Prozess wäre kurz und das Urteil bereits abzusehen: Bewährung – vorausgesetzt, der Delinquent ist einsichtig und begibt sich umgehend in psychologische Behandlung.

Diese jungen Türkinnen flanieren unverschleiert durch Istanbul. Im Hintergrung ist die Ortaköy-Moschee zu sehen.

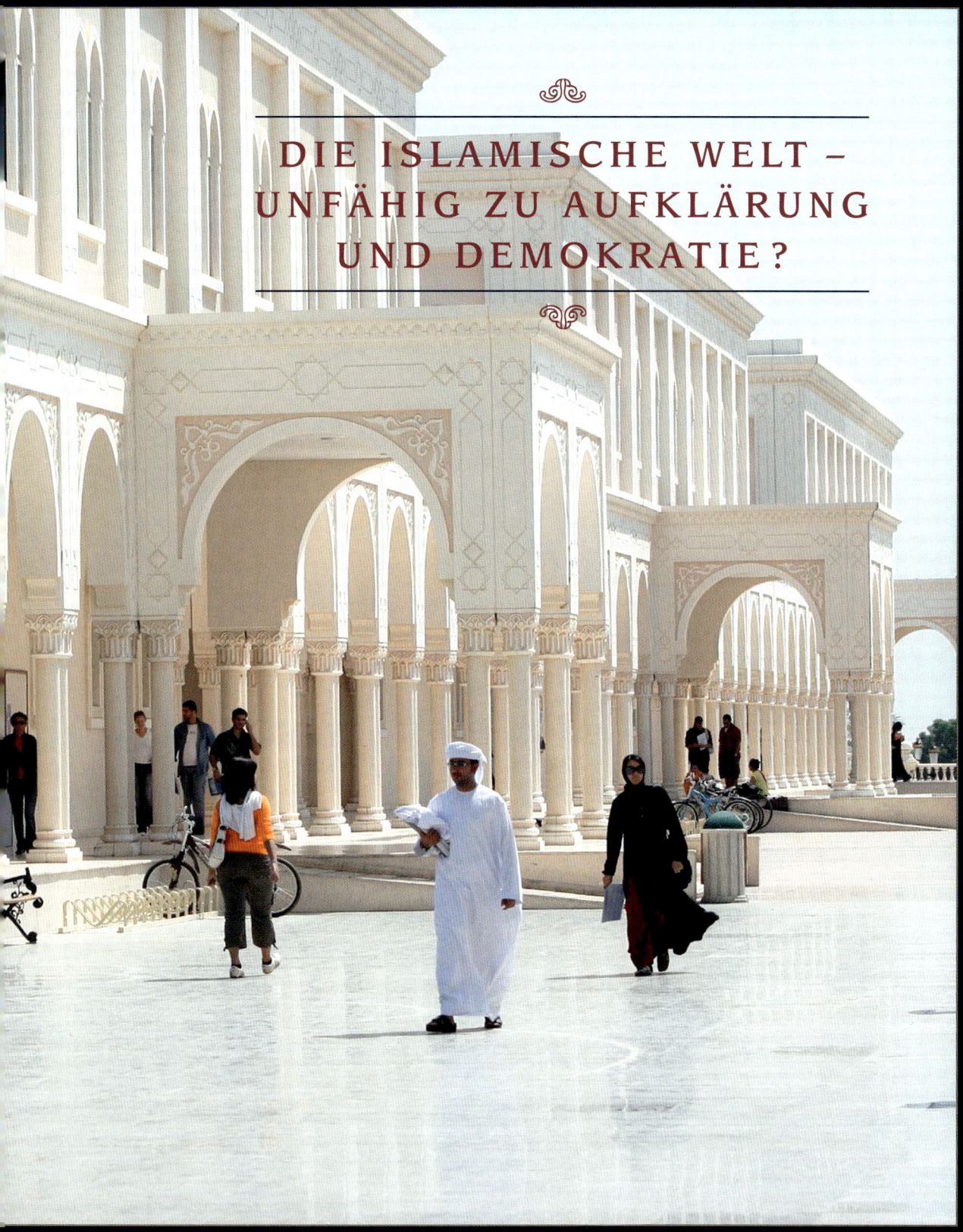

DIE ISLAMISCHE WELT – UNFÄHIG ZU AUFKLÄRUNG UND DEMOKRATIE?

Die islamische Welt – unfähig zu Aufklärung und Demokratie?

von Gernot Rotter

Der Holzschnitt von Jacques Callot aus dem Jahr 1592 zeigt die Gräuel des Dreißigjährigen Kriegs. Dieser kostete Abertausenden das Leben, bereitete aber auch den Boden für die Aufklärung in Mitteleuropa.

Das Bild auf der Doppelseite zuvor zeigt die »American University« in Schardschah, die 1997 von Scheich Sultan bin Mohammed al-Qassimi III. gegründet wurde (vgl. S. 222).

Der islamischen Welt wird vieles vorgeworfen: Muslime hätten keine Aufklärung gehabt und würden nie eine haben. Sie missachteten die einfachsten Menschenrechte; ihre Religion schreibe es ihnen vor. Und sie seien unfähig zur Demokratie. Gewaltherrschaften, Terroranschläge und Kriege im Nahen und Mittleren Orient erhalten in unseren Medien täglich breiten Raum und scheinen diese Argumente immer wieder zu bestätigen. Ein genauerer Blick jedoch zeigt, dass jeder, der sich dieser Argumentation bedient, es sich zu einfach macht.

Orientalische Aufklärung von oben?

In Mitteleuropa mussten sehr viele einzelne Entwicklungsaspekte in Politik, Gesellschaft und Kultur zusammentreffen und sich derart aneinander reiben, dass die dabei entstehenden Funken das Feuer der Aufklärung am Ende des 17. Jahrhunderts entzünden konnten. Ohne die vorausgegangene »Wiederentdeckung der Antike«, der Renaissance, und die damit einhergehende Idee des Humanismus, und ohne die Exzesse der Inquisition, ohne die Hexenverfolgung und den interkonfessionellen Dreißigjährigen Krieg wäre es wohl kaum zu unserer Aufklärung gekommen. Vor allem die katholische Kirche wehrte sich noch zu Beginn des 19. Jahrhunderts heftig gegen die Prinzipien der Aufklärung, die da waren: autonome Vernunft, individuelle Freiheit und Gleichheit. Sie konnte sich aber nicht mehr durchsetzen.

Unter dem Kalifat des Ma'mun unternahm die islamische Welt im Irak schon im 9. Jahrhundert den Versuch, mit der *mu'tazila* eine Aufklärung durchzusetzen – fast ein Jahrtausend, bevor diese im christlichen Mitteleuropa Fuß fasste. Natürlich sind die historischen Gegebenheiten, die im Nahen Osten dazu führten, nicht mit jenen vergleichbar, denen wir unsere Aufklärung verdanken, doch lohnt es sich dennoch, nach Parallelen zu suchen. Dem europäischen Renaissance-Humanismus könnte man – bei allen Unterschieden im Einzelnen – durchaus die im 8. Jahrhundert einsetzende und dann im 9. Jahrhundert von al-Ma'mun gezielt geförderte Erforschung der antiken Quellen gegenüberstellen. Und auch gewisse freidenkerische Tendenzen, die den Humanismus bei uns gelegentlich schon ab dem 14. Jahrhundert in Gegensatz zur Kirche geraten ließen, lassen sich vergleichbar bei arabisch-islamischen Autoren des 9. und 10. Jahrhunderts finden. Vor allem aber war es das Interesse an Naturwissenschaften, das ab dem 9. Jahrhundert sowohl in der arabisch-islamischen Welt erwachte, als auch im 14. Jahrhundert in Europa lebendig wurde. Hier wie dort versuchten sich Menschen dem Anspruch der Religion auf die alleinige Lehrautorität zu entziehen.

Auf den ersten Blick ist man versucht, auch die interkonfessionellen Auseinandersetzungen zwischen Katholiken und Protestanten in Europa und zwischen Sunniten und Schiiten im Orient bei unserer Ursachenforschung für die Entstehung der Aufklärung bzw. der *mu'tazila* mit einzubeziehen. Tatsächlich war ja al-Ma'mun tatkräftig, wenn auch vergebens bemüht gewesen, den interkonfessionellen Gegensatz zu entschärfen, und die Mu'taziliten deuteten schon durch ihren Namen – »die, die sich heraushalten« – an, was sie von diesen Streitereien hielten. Doch hier liegt vielleicht ein ganz wichtiger Unterschied zwischen Europa und dem Orient. Denn in Europa entlud sich der interkonfessionelle Gegensatz unter anderem im Blutbad des Dreißigjährigen Krieges – eine Erfahrung, die das Bewusstsein wesentlich gestärkt haben dürfte, dass man mit Religion »keinen Staat machen konnte«. Der islamischen Welt blieb eine vergleichbare Auseinandersetzung bis heute erspart, so sehr sich Sunniten und Schiiten auch gegenseitig misstrauten und – im wahrsten Sinne des Wortes – gegenseitig verketzerten und auch heute noch verketzern.

Dass im Orient der Aufklärung in Gestalt der *mu'tazila* kein nachhaltiger Erfolg beschieden war, ist bei näherer Betrachtung auch dadurch bedingt, dass sie zu früh kam, um auf fruchtbaren Boden zu fallen, sie sich auch nur für kurze Zeit gegen konservative Theologen durchsetzen konnte, und außerdem von oben, nämlich vom Kalifen, verordnet wurde.

Vor allem in den Naturwissenschaften einschließlich der Medizin blieb der individuelle Forscherdrang zwar lebendig, ja, noch bis ins 12. und 13. Jahrhundert hinein wurden große Entdeckungen gemacht, doch dann versank der Vordere Orient bis zur Kolonialzeit weitgehend in einer eigenartigen geistigen Erstarrung, aus der nur wenige eigenständige Geistesgrößen, wie z. B. der Geschichts- und Gesellschaftsphilosoph Ibn Chaldun (gest. 1411), herausragten.

Auch in der Religion bzw. in der Theologie zeichnete sich bis zum Ende des 18. Jahrhunderts keine nennenswerte reformerische Weiterentwicklung mehr ab. Eine »Reformation« wie im Christentum gab es nicht einmal im Ansatz. Im Gegenteil.

Die geistigen Werkzeuge hatten die frühen Theologen dafür allerdings durchaus bereitgestellt. So hatten sie vor allem für die Fälle, in denen Fragen und Probleme auftauchten, für die sich im Koran und den weiteren Überlieferungen über Mohammed, den Hadithen, keine Antworten und Lösungen fanden, die Erlaubnis zum *idschtihad* gegeben, d. h. zur »selbstständigen Entscheidung einer Rechtsfrage auf der Grundlage der eigenen Interpretation der religiösen Quellen«. Doch etwa ab der Jahrtausendwende setzte sich die Vorstellung durch, dass »das Tor des Idschtihad« geschlossen sei, da alle relevanten theologischen und rechtlichen Fragen inzwischen hinreichend geklärt seien. Fortan sei nur der *taqlid*, die schlichte »Nachahmung« erlaubt. Lediglich ganz wenigen, besonders herausragenden Theologen, meist gerade den konservativsten, sprach man das Recht zu, den *idschtihad* noch praktizieren zu dürfen.

Paradoxerweise war es dann die Zeit der großen Entdeckungen und der heraufziehenden Aufklärung in Europa, die im Vorderen Orient die geistige Stagnation zunächst noch verstärkte und nicht etwa aufbrach. Waren vorher nämlich die wichtigsten Handelsverbindungen von Indien und China über den Vorderen Orient nach Europa verlaufen, so liefen sie nun auf dem Seeweg um Afrika herum, und der größte Teil des islamischen Orients fand sich wirtschaftlich und kulturell weitgehend abgeschnitten von der übrigen Welt wieder.

Erst als der Nahe Osten in der Zeit von Kolonialismus und Imperialismus in die unmittelbare Abhängigkeit von Europa gezwungen wurde oder sich selbst Europa öffnete, wurde der islamischen Welt schmerzhaft die neue europäische Überlegenheit bewusst, und man fragte sich nach den Ursachen. Ägypten erlebte Napoleons Einmarsch im Jahre 1798 zunächst als einen Schock. Der osmanische Gouverneur Mehmet Ali Pascha (offiziell ab 1805, gest. 1849) zog dann jedoch entscheidende Schlussfol-

gerungen. Er bemühte sich, eine europäisch ausgebildete Elite zu schaffen, die ihm half, Armee, Verwaltung und Wirtschaft zu modernisieren. Dafür holte er sich europäische (meist französische) Berater und förderte die Entsendung junger ägyptischer Intellektueller nach Europa. Unter Letzteren befand sich auch der Absolvent der theologischen Hochschule al-Azhar und geschätzter Lehrer Rifaat Tahtawi, der ab 1825 fünf Jahre lang in Paris lebte. Seine Eindrücke und Erlebnisse schilderte er danach eingehend in einem Buch. Auch empfahl er seinen Landsleuten, die europäischen Errungenschaften zu übernehmen, solange diese nicht islamischen Vorstellungen eindeutig widersprachen. Trotz dieser Einschränkung ist sein Wirken – nicht zuletzt die Übersetzung französischer Werke ins Arabische und die von ihm betriebene Errichtung einer Übersetzerschule – zugunsten einer Öffnung der Gesellschaft und vor allem eines modernen Schulsystems, das auch die schulische Ausbildung für Mädchen vorsah, nicht hoch genug einzuschätzen.

Männer wie Tahtawi setzten im arabischen Nahen Osten eine Bewegung in Gang, die dann als *nahda* bezeichnet wurde, was wörtlich »Erwachen«, »Aufstehen« bedeutet, heute bei uns aber meist mit »Renaissance« wiedergegeben wird. Profilierte Vertreter der *nahda* fanden sich sowohl

Napoleons Einmarsch 1798 in Ägypten und die darauf folgenden militärischen Niederlagen führten den Arabern die neue europäische Überlegenheit vor Augen und beförderten den Wunsch, aus der eigenen wirtschaftlichen und kulturellen Stagnation auszubrechen.

im literarischen als auch im religiösen Bereich. Hauptziel war die Rückbesinnung auf die frühen Jahrhunderte des Islam. Doch die Schlussfolgerungen, die man aus dieser Rückbesinnung zog, waren nicht nur unterschiedlich, sondern teilweise sogar diametral entgegengesetzt. Auf der einen Seite erwuchs daraus der Stolz auf die einstige Blütezeit der arabischen Welt in Literatur und Wissenschaft, was zu einer Reinigung und Weiterentwicklung der vielfach im Formelhaften erstickten arabischen Sprache und politisch zur Entstehung eines arabischen (bzw. eines türkischen) Nationalismus führte. Nicht zuletzt die führende Rolle, die dabei die arabischen Christen vor allem im Libanon und in Syrien spielten, sorgte dafür, dass die Religion in dieser Entwicklung eine völlig untergeordnete Rolle spielte. In der Türkei gelang es Kemal Atatürk, den Frankreich und Deutschland auf seinen Reisen sehr beeindruckt (und beeinflusst) hatten, sogar, einen strikt säkularen Staat durchzusetzen.

Auf der anderen Seite standen die Religiösen, die eine Rückbesinnung auf den Islam forderten, wie er zur Zeit Mohammeds und der ersten vier Kalifen bestanden hatte, wobei sie diese Zeit allerdings in völlig unhistorischer Weise idealisierten. Von ihnen wurde auch die Vorstellung verbreitet, dass die islamisch-arabische Hochkultur gegenüber dem Westen deshalb ins Hintertreffen geraten sei, weil die Muslime die einstigen religiösen Werte verraten hätten. Sie nannten und nennen sich *salafiyyun*, »Anhänger der Altvorderen«. Aber auch unter ihnen, besonders unter den Älteren, gab es einige, die wahrhafte Reformtheologen waren, wie Mohammed Abduh (1849–1905).

Abduh, der auch einige Jahre in Paris verbracht hatte und die Anwendung des dem Menschen von Gott verliehenen Verstandes (*Aql*) forderte (so, wie auch Kant forderte: »Sapere aude! – Wage es, deinen Verstand zu nutzen!«), gab in Ägypten den entscheidenden Anstoß für eine Modernisierung des Schulwesens. Er war es auch, der damit begann, einen modernen Korankommentar zu verfassen und stückweise in einer Zeitschrift zu veröffentlichen. Seine Interpretation des Korans stieß aber in konservativen Kreisen auf heftige Kritik. Im Gegensatz zu den Reformtheologen entwickelten sich danach viele Salafiten genau ins andere Extrem, nämlich hin zu einem radikalem Hanbalismus (vgl. S. 80 f.), dem in Saudi-Arabien auch die Wahhabiten, die ideologischen Wegbereiter des dortigen Königshauses, folgten. Und in eben diesem salafitischen Umfeld in Ägypten gründete in den zwanziger Jahren des letzten Jahrhunderts der Volksschullehrer Hasan al-Banna (1906–49) die »Gesellschaft der Muslimbrüder«, die Keimzelle aller heute im Nahen Osten aktiven islamistischen Gruppen, sowohl der friedlichen als auch der militanten. Ihre eigentliche Ideologie erhielten die Muslimbrüder allerdings erst in den fünfziger Jahren des letzten Jahrhunderts durch den Ägypter Sayyid Qutb, der sich nach

Im 19. Jahrhundert setzte in der arabischen Welt eine der europäischen Aufklärung vergleichbare Bewegung ein, deren Ziel die Rückkehr zu einem weltoffenen Islam war, der sich westlichen Errungenschaften nicht verschloss. Kemal Atatürk setzte in der Türkei eine umfassende Modernisierung durch, wobei er sich europäische Staaten zum Vorbild nahm.

einem Aufenthalt in den USA von der westlichen Lebensweise derart abgestoßen fühlte, dass er danach in seinen Schriften zu einem Dschihad gegen den Westen und alle westlichen Einflüsse aufrief.

Damit war die Pervertierung dessen eingetreten, was im 18. und 19. Jahrhundert einst unter der Bezeichnung *nahda*, »Renaissance«, begonnen hatte.

Vom Kalifat über das Sultanat zur Demokratie?

Zu den gesellschaftlichen Konzepten der europäischen Aufklärung zählten auch die Grundsätze von Gleichheit, Toleranz und individueller Freiheit, aus denen heraus sich die modernen Demokratien entwickelten. Die USA betrachten sich heute als die Schutzmacht der Demokratie schlechthin. Als die Begründungen, die die Bush-Regierung für ihren Angriff auf den Irak zunächst vorgebracht hatten, sich als unhaltbar erwiesen, blieb ihr als Argument nur noch die Behauptung, man müsse dem Irak und den Irakern die Demokratie bringen.

Doch auch in Europa dauerte es nach der Aufklärung noch lange, bis sich – gerade in Deutschland – das Prinzip der Demokratie durchsetzen konnte. Der Schluss liegt nahe, dass Demokratie schwerlich von außen und mit Gewalt verordnet werden kann, sofern nicht vorher in dem betreffenden Staat bereits demokratische Verhältnisse geherrscht haben. Und das Beispiel Deutschland zeigt, dass ein gewisses Maß an Aufklärung zwar als geistige Voraussetzung für Demokratie notwendig zu sein scheint, aber noch nicht automatisch zur Demokratie führt. In Europa kam es ja zunächst zu Übergangsformen wie vor allem dem sogenannten »aufgeklärten Absolutismus«, für den sich heute auch im Nahen Osten noch Beispiele benennen lassen (z. B. Marokko, Jordanien).

Eine Grundvoraussetzung für eine Demokratie ist einerseits die Trennung von Religion und Staat und andererseits der Schutz aller im Staat praktizierten Religionen und Konfessionen, sofern diese bzw. ihre Anhänger nicht Grundsätze des demokratischen Staates bzw. allgemeine Menschenrechte verletzen. Konservative muslimische Theologen beharren dagegen auch heute noch strikt auf dem Grundsatz, dass Religion und Staat, *din* und *daula*, eine untrennbare Einheit bilden oder zumindest bilden sollten, lehnen also einen säkularen Staat ab. Selbst in der Türkei, wo nach dem Ersten Weltkrieg Kemal Atatürk diese Trennung und damit den Säkularismus durchsetzte, zeigen die aktuellen Entwicklungen, dass islamistisch gesinnte Kreise weiterhin bestrebt sind, die Trennung zugunsten einer engen Verbindung von Religion und Staat wieder rückgängig zu machen.

Der Theologe Muhammed Abduh steht mit seiner Aufforderung an die Menschen, ihren Verstand zu benutzen, ganz in der Tradition des europäischen Aufklärers Immanuel Kant und gilt als einer der wichtigsten Reformer des Islam in der Neuzeit.

Je länger man sich mit der Situation von Demokratie und Menschenrechten in islamisch geprägten Staaten im Vergleich zu christlich geprägten Staaten in Europa beschäftigt, desto stärker rückt die unterschiedliche historische Entwicklung von Herrschaftsvorstellungen, bzw. des Verhältnisses von Religion und Staat in Mitteleuropa und dem Nahen Osten ins Blickfeld.

Herrschaft wurde im Islam nach dem Tode Mohammeds von den Kalifen als den politischen Vertretern des Propheten auf Erden und als »Beherrscher der Gläubigen« wahrgenommen. Die Entwicklung der Institution des Kalifen in den ersten beiden Jahrhunderten islamischer Geschichte (von der Mitte des 7. bis zur Mitte des 9. Jahrhunderts) wurde bereits an anderer Stelle aufgezeigt. Die anfänglichen Versuche, den Kalifen als *chalifatu allahi*, »Vertreter Gottes« aufzuwerten, statt ihn nur als *chalifatu rasuli allahi*, »Vertreter des Propheten Gottes« zu bezeichnen, konnten sich nicht durchsetzen. Eine überzeugende logische Begründung für die Ablehnung einer solchen Vorstellung gibt meines Erachtens der Geschichtsphilosoph Ibn Chaldun – allerdings erst im 14. Jahrhundert –, der schreibt: »Man kann einen Vertreter für jemanden haben, der abwesend, aber nicht für jemanden, der anwesend ist«. Und »abwesend« ist für Ibn Chaldun, auch wenn er es hier nicht ausdrücklich sagt, natürlich der Prophet, immer anwesend dagegen Gott.

Die Aufgaben des Kalifen waren klar definiert. In Bezug auf die Religion bestanden diese vor allem im Schutz der Gläubigen und der Bewahrung sowie Ausbreitung des Glaubens – in erster Linie mittels des Dschihad. Nicht in seine Kompetenz fielen hingegen Entscheidungen zu Glaubensfragen, die zu beantworten allein herausragenden Theologen zustand. Ein Recht, *ex cathedra* zu entscheiden, besaß er nicht. In den ersten beiden islamischen Jahrhunderten war der Kalif somit tatsächlich ein rein machtpolitischer Herrscher wie andere Herrscher seiner Zeit auch.

Der Kalif hatte eben nicht die Funktionen eines Papstes, eine Vorstellung, die in Europa ja selbst heute noch gelegentlich auftaucht. Es gab und gibt keinen islamischen Papst, keine Zweigewalten- oder Zweischwerterlehre. Es gibt nicht einmal ein Priestertum und damit auch keine Priesterhierarchie, keinen Klerus. Als Vorbeter oder Prediger kann jeder fromme Gläubige fungieren. Eine eigene Weihe dafür gibt es nicht. Entsprechend gibt es auch keine Bischöfe und keinen Papst als obersten Bischof. (Bei den Schiiten liegen die Verhältnisse etwas anders, worauf aber hier nicht näher eingegangen werden kann.)

Als der Kalif al-Ma'mun im 9. Jahrhundert versucht hatte, die aufklärerischen Thesen der Mu'taziliten gegen die Vorstellungen der traditionellen Theologen durchzusetzen, hatte er damit seine Kompetenzen überschritten. Und als Sieger aus diesem Streit gingen die Theologen mit Ahmad bin

1979 kehrte Ayatollah Chomeini aus dem Exil in den Iran zurück und setzte sich an die Spitze der islamischen Revolution im Land, die die Aufhebung der Trennung von Staat und Religion und die Errichtung eines Gottesstaates zum Ziel hatte.

Hanbal, ihrem konservativsten Vertreter und Begründer des Hanbalismus, hervor. Ob und inwieweit diese Niederlage auch am Niedergang des Kalifats in den folgenden Jahrhunderten eine Mitschuld trägt, wird sich kaum genau bestimmen lassen. Erstaunlich ist aber, dass parallel zum langsamen Niedergang des Kalifats, die arabisch-islamische Welt ihre höchste kulturelle Blütezeit erlebte.

Erst als der individuelle Entdecker- und Forscherdrang außerhalb von Religion und Theologie im Nahen Osten versiegte, also im 13. Jahrhundert, erfuhr auch das Kalifat von Bagdad endgültig seinen Todesstoß. Der Kalif, einst als »der Beschützer der Gläubigen« und als politischer »Vertreter des Propheten« auf Erden das einigende Symbol des Reiches und der Religion, wurde ab dem 9. Jahrhundert in einem sich über ca. 500 Jahre hinziehenden Prozess völlig demontiert. Die Ursachen dafür sind so vielfältig, wie es die sozialen Veränderungen, ethnischen Verschiebungen etc. in diesem halben Jahrtausend waren.

Werfen wir zuerst einen Blick auf das Heer und vor allem auf die zahlenmäßig ständig anwachsende Kalifengarde, die wichtigste militärische Stütze des Kalifen. Unter den frühen Abbasiden setzte sich diese vor allem aus Söldnern zusammen, die aus Churasan im Nordosten Persiens stammten, wo ja einst die Abbasiden ihren Aufstieg erlebten. Um dem wachsenden Einfluss dieser Soldateska am Hofe etwas entgegenzusetzen, begründete der Kalif al-Mu'tasim (833–842), Halbbruder und Nachfolger al-Ma'muns, eine 4000 Mann starke Garde aus türkischen Sklaven aus Zentralasien, deren Zahl durch weitere Importe noch anwuchs. Diese Sklaventruppe wurde sowohl für die Einwohner Bagdads als auch für den Kalifenhof wegen ständiger gewaltsamer Übergriffe, Plünderungen und Mord schnell zu einer unerträglichen Belastung, was den Kalifen schließlich bewog, den Herrschersitz für einige Jahrzehnte nach Samarra zu verlegen, wodurch sich die Verhältnisse aber nur verschlimmerten.

Das erste dunkle Jahrhundert des abbasidischen Kalifats brach an. Der jeweilige Chef der Garde, vom Beginn des 10. Jahrhunderts an *Amir al-Umara* (»Emir der Emire«, »oberster Befehlshaber«) genannt, wurde zum eigentlichen Herrscher. Tatsächlich bestimmten sie nun die Kalifen und setzten sie ab. Der Tiefpunkt dieser Ära war erreicht, als Mitte des 10. Jahrhunderts drei Kalifen hintereinander von der eigenen Soldateska geblendet wurden und dann bettelnd durch Baghdad zogen. Zur gleichen Zeit eigneten sich nicht nur die Ummayaden in Spanien selbst den Kalifentitel an, sondern auch die schiitischen Fatimiden in Ägypten, sodass es damals gleichzeitig drei rivalisierende Kalifen gab, zwei sunnitische und einen schiitischen.

Doch die Degradierung des abbasidischen Kalifen in Bagdad hatte damit noch kein Ende gefunden. Im Jahre 945 hieß der Kalif in Bagdad

WAS BEDEUTET EIGENTLICH SCHARIA?

von Georg Graffe

Scharia bezeichnet ursprünglich den »Weg zur Wasserstelle«. Dahinter steht die Vorstellung, dass die Befolgung der Vorschriften des Korans den Menschen auf den rechten Weg zu Gott führt.

Außerhalb der islamischen Welt ist der Begriff Scharia ausgesprochen negativ besetzt. Die schockierenden Berichte über Steinigungen und Auspeitschungen von Frauen wegen Ehebruchs geben dem islamischen Recht den Beigeschmack rückständiger Barbarei. Allerdings werden die Strafrechtsbestimmungen aus dem Koran nur in wenigen islamischen Ländern tatsächlich angewendet. Die meisten Staaten richten sich heutzutage nach bürgerlichen Gesetzbüchern oder besitzen eine juristische Mischform wie etwa Ägypten.

Tatsächlich ist die Scharia eine hoch komplizierte und auch für Muslime selbst unklare Angelegenheit. Denn das islamische Recht beansprucht, die Anweisungen Gottes in der Welt umzusetzen. Aber nur etwa ein Zehntel der Koranverse enthalten konkrete Handlungsanweisungen, die sich größtenteils auf den religiösen Bereich er-

Die Rechtsgelehrten der al-Azhar-Universität veröffentlichten 2006 eine Fatwa, die die weibliche Genitalverstümmelung als unislamisch ablehnt. Dieses Rechtsgutachten wurde auch außerhalb der islamischen Welt begrüßt.

strecken. Wie aber besteuert man im Sinne des Korans ein Unternehmen? Sind Aktiengesellschaften gottgefällig? Und hat Gott etwas gegen Falschparker? Es liegt in der Natur der Sache, dass ein Text aus dem 7. nachchristlichen Jahrhundert nicht die Fülle gesetzlicher Regelungen enthalten kann, die eine permanent in Veränderung begriffene Welt erfordert. Daher bildeten sich schon sehr früh in der Geschichte des Islam Rechtsschulen heraus, die versuchten, mit der Zeit Schritt zu halten und auf anfallende juristische oder ethische Fragen im Geist des Korans Antworten zu finden. Diese Schulen existieren bis heute konkurrierend nebeneinander und kommen zu durchaus unterschiedlichen Antworten auf dieselben Fragen. In der Praxis bedeutet das, dass ein gläubiger Moslem nur einer bestimmten Schule folgt, da er sonst möglicherweise mit widersprüchlichen Rechtsgutachten – arabisch: *Fatwa* – konfrontiert ist. In der Gegenwart genießen vor allem die Geistlichen der Kairoer al-Azhar-Universität im Bereich der Sunniten eine gewisse Autorität.

*Die Stadt Schiraz im Iran diente dem schii-
tischen Usurpator Ahmad ibn Buwayh als
Hauptstadt seines Herrschaftsgebiets und
zieht mit ihrer Schönheit auch heute noch
jeden Besucher in ihren Bann. Jedes Jahr
besuchen viele Schiiten das Schah-Tsche-
ragh-Mausoleum, eine ihrer wichtigsten
Pilgerstätten.*

den schiitischen Usurpator Ahmad ibn Buwayh willkommen, der sich mit
seinen beiden Brüdern und seinen Kriegern aus der Region Daylam am
Kaspischen Meer bereits den Westen des Iran unterworfen und Schiraz zu
seiner Hauptstadt erkoren hatte, und verlieh ihm den Titel »Emir der
Emire«. Die türkischen Garden, die den Kalifen hätten schützen sollen,
waren beim Herannahen der Daylamiten aus der Stadt geflohen. Ahmad
ibn Buwayh begründete die Dynastie der Buwayhiden oder Buyiden, die
weiter von Schiraz aus regierten, aber nun auch Bagdad und damit den
Kalifen kontrollierten.

Aufschlussreich sind die Titel, die sich diese Usurpatoren zulegten
bzw. von den Kalifen verleihen ließen. Wie die Kalifen so trugen auch sie
eigene Herrschaftsnamen. Ahmad ibn Buwayh ließ sich seit seiner Übernahme des Emirats offiziell *Mu'izz ad-daula* nennen, »der, der dem Staat
Macht verleiht«. Und er fand ein weiteres Mittel, um ganz ungeniert auch
öffentlich klarzustellen, dass der Kalif nur noch die halbe Macht im Staat
besaß: das Freitagsgebet. Mit der Nennung des Kalifen im Freitagsgebet
wurde im Reich stets dokumentiert, dass man den Kalifen uneinge-

schränkt anerkannte. Ließ ein Statthalter in seiner Provinz den Kalifen nicht mehr im Freitagsgebet nennen, sagte er sich damit vom Reich los. Zwar wagten die Buyiden es nicht, so weit zu gehen, doch bestanden sie darauf, dass ihr Name gleichzeitig mit dem des Kalifen im Freitagsgebet auftauchte. Entsprechend erscheint auch auf Münzen ihr Name neben dem der Kalifen, wobei sie sich Emir, aber auch – ein weiteres Novum in der islamischen Geschichte – *malik*, »König«, nannten.

Um keinen falschen Eindruck zu erwecken: Diese persisch-schiitischen Usurpatoren waren keine ungebildeten Unholde. Im Gegenteil. So war der zweite Buyide im Irak, nämlich der von 949 bis 983 herrschende Adud ad-Daula (»Stärke des Staates«), nicht nur ein außergewöhnlich fähiger Staatsmann, sondern auch ein großzügiger Förderer der Kultur im weitesten Sinne. Zwar ließ er über dem Grab Alis ein aufwendiges Mausoleum errichten, doch war er auf religiöse Toleranz bedacht, was vielleicht auch dem Umstand zu verdanken war, dass ihm ein fähiger christlicher Wesir zur Seite stand. Aufschlussreich ist ebenfalls, dass er nicht nur eine Tochter des Kalifen heiratete, sondern diesem auch eine eigene Tochter zur Frau gab, möglicherweise um anzuzeigen, dass er gern eine eigene abbasidische Erblinie geschaffen und damit das Kalifat in seiner eigenen Nachkommenschaft verankert hätte. Faktisch war der Kalif zwar inzwischen und nicht zuletzt gerade auch durch die Buyiden völlig bedeutungslos geworden, doch seine Symbolkraft übte selbst auf Schiiten noch immer eine gewaltige Anziehung aus.

Im Innern des Mausoleums befindet sich der Schrein Mir Ahmads, eines Bruders des von den Schiiten hochverehrten Imam Reza. Die Kuppel über dem Schrein ist kunstvoll mit Glasstückchen und farbigen Kacheln verziert.

Mitte des 11. Jahrhundert mussten auch die Buyiden neuen Eroberern das Feld überlassen, nämlich den Seldschuken. Diese waren keine Iraner, sondern Türken, genauer gesagt nomadische Oghuz-Türken, die noch als Heiden aus den kirgisischen Steppen Zentralasiens aufgebrochen waren. Im Umkreis von Bukhara kamen sie mit dem sunnitischen Islam in Berührung, zu dessen eifrigsten Verfechtern sie bald wurden. In der ersten Hälfte des 11. Jahrhunderts eroberten sie Schritt für Schritt den Iran und schon 1055 stand Tughril Beg, einer ihrer Anführer, mit seinen Kämpfern vor den Toren Bagdads, wo ihn der abbasidische Kalif – die Buyiden und ihre Besatzung hatten die Stadt verlassen – wie einen Befreier willkommen hieß. Und nicht nur dies. Viel mehr wog für die Zukunft, dass der Kalif ihm offiziell den Titel *sultan* verlieh.

Das Wort *sultan* bedeutete ursprünglich im Arabischen »Macht«, »Herrschaft«. Im Koran erscheint es mindestens drei Dutzend Mal und bedeutet dort meist »Vollmacht«, die von Gott an bestimmte Personen zu einem bestimmten Zweck vergeben wird (z. B. an Moses gegenüber dem Pharao). Nie erscheint es im Koran in personifizierter Bedeutung als »Herrscher« oder »Machthaber«. Als Ehrenbezeichnung für Lokalherrscher kam es dann offenbar im Persien des 10. Jahrhunderts in Mode. Doch mit der Ver-

leihung durch den Kalifen im 11. Jahrhundert an die Seldschuken wurde es zum offiziellen Herrschaftstitel, der nun bis zum Ersten Weltkrieg die europäische Vorstellung von orientalisch-islamischer Machtentfaltung prägte.

Der Kalif selbst erfuhr durch die Seldschuken, die ja eifrige Sunniten waren, zunächst nochmals eine gewisse Aufwertung, doch reale Machtausübung blieb ihm weiterhin versagt. In die Geschichte eingegangen sind die Seldschuken in erster Linie deshalb, weil sie die türkische Eroberung und Besiedlung Kleinasiens durch weiter aus Zentralasien zuwandernde nomadische Türken einleiteten. Voraussetzung dafür war die Schlacht von Manzikart nördlich des Van-Sees 1071, in der Alp Arslan, Tughrils Nachfolger als Sultan, den byzantinischen Kaiser vernichtend schlug und Anatolien für eine türkische Besiedlung öffnete. Alp und sein Sohn und Nachfolger Malikschah bildeten den politischen und kulturellen Höhepunkt der seldschukischen Sultane. Auch Syrien und Palästina gliederten sie ihrem Reich ein, sodass dieses schließlich von Zentralasien bis ans Mittelmeer reichte, wobei allerdings Jerusalem im Ersten Kreuzzug schon wieder verloren ging (1099).

Auch wenn die ersten seldschukischen Sultane wahrscheinlich Analphabeten waren, entfaltete sich vor allem unter Malikschah (1071–92) ein reiches Kulturleben. Nun etablierte sich auch das Persische als Schriftsprache wieder fest. Eine der treibenden Förderer dieser Entwicklung war der ausgesprochen fähige persische Wazir Nizam al-Mulk (»die Ordnung des Reiches«), der auch selbst literarisch aktiv war und ein Werk mit dem Titel »Siyasatnamah« (»Politikbuch«) verfasste, in dem er die Grundlagen von Herrschaft und Verwaltung beschrieb und u. a. bekräftigte, dass auch der Sultan ausschließlich dem religiösen Recht (und nicht etwa dem Kalifen) unterworfen sei. Auf sein Betreiben berief der damalige Kalif al-Qa'im einen Kongress von Astronomen an seinem neuen Observatorium in Bagdad ein, und mit der nach ihm benannten Nizamiyya begründete er in Bagdad die bedeutendste theologische Hochschule seiner Zeit.

Schon im 12. Jahrhundert begann sich das Seldschukenreich dann in einzelne regionale Dynastien aufzulösen. Auch einige aus türkischen Militärsklaven rekrutierte Prinzenerzieher, sogenannte *atabegs*, machten sich selbstständig und begründeten eigene Dynastien. Diese Schwäche der Seldschuken erleichterte es den Kreuzfahrern, sich Jahrzehnte lang in Palästina und Syrien festzusetzen. Es bedurfte einer politischen und militärischen Ausnahmeerscheinung unter den Muslimen, um das Blatt zu wenden. Diese kam in der Gestalt Salah ad-dins (Saladin), eines kurdischen Offiziers im Dienste des Zangiden Nur ad-Din (reg. 1146–1173). Letzterer war als Regent in Syrien der unmittelbare Gegner der Kreuzfahrer. Dieser Nur ad-Din entsandte Saladin zunächst nach Ägypten, um dort

Der Legende nach liegt in der Blauen Moschee von Mazar-e-Sharif in Afghanistan Ali, der Schwiegersohn des Propheten Mohammed, begraben.

die bereits brüchige Herrschaft der schiitischen Fatimiden zu beenden. 1169 gelang dies, und zwei Jahre später ließ Saladin in Ägypten in der Freitagspredigt den Namen des damaligen abbasidischen Kalifen al-Mustadi (1170–1180) als Kalifen nennen, wodurch die Rückkehr Ägyptens in den Kreis der Sunniten auch öffentlich dokumentiert wurde. Damit war die Schiitisierung des Nahen Ostens, die im 10. Jahrhundert mit den buyidischen Emiren in Bagdad und den fatimidischen Kalifen in Ägypten begonnen hatte, weitgehend beendet und die sunnitische Konfession gewann wieder – bis heute – die Oberhand.

Nachdem Sultan Saladin dann auch Syrien übernommen, in der Schlacht von Hattin (1187) die Kreuzfahrer entscheidend geschlagen und ihnen Jerusalem wieder entrissen hatte, schickte er einen Teil der Beute zum Kalifen an-Nasir nach Bagdad, um ihm seine Loyalität zu zeigen. Dies und die gleichzeitige Zerrissenheit der Seldschuken schufen die Basis dafür, dass der abbasidische Kalif an-Nasir (1180–1225), der 34. Kalif dieser Dynastie, dem Kalifat letztmals etwas Glanz und Ansehen verschaffen konnte, auch wenn seine eigene Macht kaum über Bagdad hinausreichte. Und in Zentralasien, diesem offenbar unerschöpflichen Reservoir an türkischen und mongolischen Völkerschaften, hatte sich bereits Dschingis Khan mit seinen mongolischen Heerscharen in Bewegung gesetzt, um den Nahen Osten sowie Ost- und Mitteleuropa in Angst und Schrecken zu versetzen. Angeführt von Hulagu (auch Hülegü u. Ä.), einem Enkel Dschingis Khans, eroberten sie Anfang 1258 Bagdad, töteten den größten Teil der Bevölkerung und fast die gesamte abbasidische Familie inklusive des letzten Kalifen al-Musta'sim. Schädelpyramiden wurden errichtet und die Stadt wurde den Flammen preisgegeben. Dies ist der Hauptgrund dafür, dass aus dem Bagdad der Kalifenzeit keinerlei bedeutende Zeugnisse erhalten blieben. Doch nicht nur Bagdad versank in Schutt und Asche, sondern auch weite kultivierte Teile des Zweistromlandes wurden derart verwüstet, dass sie sich bis ins 20. Jahrhundert hinein nicht mehr erholten. Anschließend wütete Hulagu in Syrien und schlachtete in Aleppo Zehntausende ab. Noch bevor Damaskus das gleiche Schicksal erlebte, konnten die Mameluken aus Ägypten in Palästina das mongolische Heer entscheidend schlagen und Syrien vor weiteren Verwüstungen bewahren.

Sogar als Atatürk 1922 das Sultanat offiziell abschaffte, zögerte er noch bis 1924, bevor er das Gleiche auch mit dem Kalifat tat. Erstmals seit rund 1300 Jahren war damit der sunnitische Islam ohne Kalif – und ist es bis heute geblieben. Einen Aufschrei der Gläubigen erlebte die islamische Welt damals aber nicht. Zwar wurde die Frage einige Zeit vor allem in Theologenkreisen durchaus diskutiert, und schon 1924 versuchte sich der damalige König des Hedschas, der ja aus derselben mekkanischen Sippe der Banu Haschim stammte wie einst der Prophet und des-

Hulagu, der Enkel des Dschingis Khan, versetzte als Anführer des fürchterlich wütenden mongolischen Heeres den Nahen Osten und Ost- und Mitteleuropa gleichermaßen in Angst und Schrecken. Im syrischen Aleppo richtete er ein Blutbad an. Im Lauf der Zeit konnte sich die Stadt jedoch von diesem Massaker erholen, gegenwärtig leben dort sogar mehr Menschen als in der Hauptstadt Damaskus. Touristen besuchen Aleppo vor allem wegen der Zitadelle, die, auf einem Hügel gelegen, die gesamte Stadt überragt.

halb zumindest eine gewisse genealogische Legitimation besaß, den Titel Kalif beizulegen, doch fand er in der islamischen Welt nur geringe Zustimmung. Im Jahr darauf wurde er bereits vom saudi-arabischen König mit militärischem Druck mitsamt seiner Sippe aus dem Hedschas vertrieben, und unter seinen modernen Nachkommen im jordanischen Königshaus ist man heute weit davon entfernt, derartige Ansprüche noch einmal anzumelden.

So ist das Kalifat letztlich sang- und klanglos aus der sunnitisch-islamischen Welt verschwunden. Zwar hörte man dort zuweilen aus dem Munde extremer islamistischer Geister die Forderung nach Wiederbelebung des Kalifats, doch selbst das halbe Dutzend in den vergangenen Jahrzehnten erschienener und etwas ernster zu nehmender Verfassungsentwürfe für einen künftigen islamischen Staat verzichtet völlig auf eine solche Forderung. Die Vorstellung, die nach einem zeitgenössischen arabischen Geschichtsschreiber noch unmittelbar vor der Ermordung des letzten abbasidischen Kalifen 1258 in Bagdad gängig war und besagte, dass »im Falle der Ermordung des Kalifen die Ordnung der Welt ins Wanken geraten, die Sonne sich verbergen, kein Regen mehr fallen werde und keine Pflanzen mehr wachsen würden«, – diese Vorstellung hatte weder Hulagu davon abgehalten, den Kalifen zu töten, noch konnte sie 1924 den »normalen« muslimischen Gläubigen noch erschrecken. Das Kalifat war tot.

Dass das Kalifat derart sang- und klanglos aus der islamischen Gesellschaft verschwinden konnte, hat mehrere Ursachen. Die Wichtigste, die ja kurz angeschnitten wurde, war die fehlende Entscheidungsbefugnis in religiösen Fragen. Da diese Befugnis im Grunde bei allen Gläubigen, in der Praxis letztlich aber allein bei den Theologen lag und liegt, die Theologen jedoch – zumindest bei den Sunniten – keine klare und institutionalisierte Entscheidungshierarchie kennen, war und ist es geschickten, aber theologisch bestenfalls halbgebildeten Demagogen immer wieder ein Leichtes, abstruse und auch extremistische Thesen unter leichtgläubigen Menschen zu verbreiten – was ja gerade heute wieder ein besonderes Problem darstellt.

Ein weiteres Defizit der Institution des Kalifats war, dass seine Bestimmung nur ungenügend geklärt war. Fest stand nur, dass er seine genealogische Abstammung in männlicher Linie auf die Quraisch, den Stamm des Propheten Mohammed, zurückführen können musste. Ferner musste er männlich, geistig und körperlich gesund sein und als fromm gelten. Geklärt wurde aber nie, wer diese Person bestimmen und wie dieser Prozess ablaufen sollte, zumal die Zahl der möglichen Kandidaten immer unüberschaubarer wurde. Schon die ersten vier Kalifen waren jeder auf andere Weise an die Macht gekommen, bevor dann Ummayaden und Abbasiden das dynastische Erbprinzip praktizierten.

Betrachtet man die Entwicklung der wichtigsten Etappen vorderorientalischer Herrschaft bis in die ersten Jahre des 20. Jahrhunderts, so fällt auf, dass demokratische oder vordemokratische Ansätze fehlen. Zwar gab es auch keinen Adel nach europäischem Muster, und es ließen sich zahlreiche Beispiele anführen für den Aufstieg Einzelner sogar aus dem Sklavenstand in hohe Positionen, doch in Europa kam es bereits im Spätmittelalter vor allem in größeren Städten zur Herausbildung von Räten, in denen neben niederem Adel auch bereits reiche Bürger und Beamte vertreten waren; Letztere, sogenannte Ministeriale, waren zumindest nominell sogar noch Leibeigene. Demokratisch gewählt wurden diese Räte zwar noch lange nicht, sondern einzelne Bürger wurden jeweils vom Rat kooptiert, doch es wuchsen in einem langen Prozess Strukturen heran, die demokratische Vorstellungen langsam reifen ließen (z. B. Parlamente in Großbritannien), auch wenn man sie noch nicht so nannte. Dennoch dauerte es bis zu allgemeinen, geheimen, freien und demokratischen Wahlen noch lange. Von den philosophischen Grundlagen, die in Europa in der Zeit der Aufklärung gelegt wurden, waren viele Zwischenstufen und Revolutionen notwendig, bis z. B. in Deutschland am Beginn der Weimarer Republik 1919 die ersten wirklich demokratischen Wahlen im modernen Sinne stattfanden.

Im Nahen Osten sind demokratische Ideen erst durch den Einfluss Europas gewachsen, sei es durch muslimische Reisende, die Europa selbst kennenlernten (z. B. Atatürk) oder vor allem durch England und Frankreich, die im 20. Jahrhundert ihre Kolonien als Demokratien in die Unabhängigkeit entließen. Dass aus diesen Staaten in recht kurzer Zeit meist Diktaturen wurden (z. B. Irak, Syrien, Tunesien), liegt nicht zuletzt daran, dass diese Demokratien nicht aus sich selbst heraus entstanden waren wie in Europa und den USA.

Heute hat im Zusammenhang mit der Diskussion um Demokratie speziell in der arabischen Welt rückblickend die Wahl des dritten Kalifen Uthman durch die sogenannte *shura* eine besondere Beachtung gefunden. Der Begriff bedeutet wörtlich »Rat«, »Beratung«, was heute besonders unter religiösen Muslimen zuweilen als gleichbedeutend mit *dimuqratiya* (Demokratie) benutzt wird.

Sieht man sich aber die personelle Zusammensetzung der ursprünglichen *shura* im 7. Jahrhundert an, so stellt man fest, dass es sich dabei um nichts anderes als um einen Rat der Chefs der einzelnen quraischitischen Sippen handelte, also nur eine Fortführung des vorislamischen mekkanischen Stammesrates (*mala'*) war, der dann aus seiner Mitte den Sprecher des Stammes bestimmte.

Dass diese ursprüngliche Stammesdemokratie nicht auf das islamische Reich anwendbar war und schon gar nicht auf einen modernen demokratischen Staat anwendbar ist, liegt auf der Hand. Schon die mittelalterlichen arabischen Staatsrechtler haben dieses Problem durchaus gesehen und den Stamm bzw. die Stammesältesten als Repräsentanten in der *shura* durch einen Personenkreis ersetzt, den sie als *ahl al-aqd walhall*, »Leute des Bindens und Lösens« bezeichneten. Heute würde man sie vermutlich Entscheidungsträger nennen. Die Funktion eines Parlaments, Senats oder einer ähnlichen Institution haben diese Leute aber in der Praxis nie übernommen.

Heute besitzen mehrere arabische Staaten am Golf *shura*-Gremien, um sich eine islamisch-demokratische Legitimation zu verleihen. Es ist wohl kein Zufall, dass man heute gerade in den in der arabischen Welt lange als besonders rückständig geltenden Golfstaaten mit diesem alten *shura*-Konzept in modernem Gewand experimentiert. Schließlich sind die Golfstaaten noch am stärksten von beduinischen Stammestraditionen geprägt. Als eines der diesbezüglich fortschrittlichsten gilt das Sultanat Oman, wo wie auch in Kuwait die Frauen sowohl das aktive als auch das passive Wahlrecht besitzen. Der *shura*-Rat hat das Recht, Minister zu befragen und die Regierung, d. h. den Sultan mit seinem Apparat, in ökono-

Der Oman gilt als eines der im Hinblick auf die demokratische Entwicklung fortschrittlichsten arabischen Länder. Die Omaner – und Omanerinnen – wählen den sogenannten »shura«-Rat, der dem Sultan beratend zur Seite stehen darf. Eine besonders idyllische, am Fuße des Hadschar-Gebirges gelegene omanische Stadt ist Nizwa.

mischen und sozialen Fragen, nicht aber in Bereichen der Inneren Sicherheit, der Landesverteidigung und der Außenpolitik zu beraten. Entscheiden kann er nichts und legislative Funktionen hat er ohnehin nicht. Auch Kritik am Sultan selbst ist ihm nicht gestattet. Wohlmeinende Beobachter sehen darin dennoch einen ersten Schritt zur Demokratisierung des Staatswesens.

Letztlich wird in derartigen *shura*-Räten nur die Minimalforderung erfüllt, wie sie in zwei Koranversen anklingen (3, 159; 42, 36–39) und in folgendem Prophetenwort zum Ausdruck kommt: »Gott und sein Prophet benötigen keine Beratung (*shura*), aber für meine Gemeinde hat Gott sie zu einer Barmherzigkeit gemacht, denn wer sich in ihr berät, dem wird die Rechtleitung nicht fehlen, und wer sie unterlässt, dem wird es an Irrtum nicht mangeln.«

Vor diesem Hintergrund ist auch die häufig gerade von Islamisten zu hörende oder auch zu lesende Behauptung zu verstehen, dass »der Islam die Demokratie erfunden« habe. Begründet wird diese Behauptung stets mit dem Verweis auf die historische *shura* unter dem Kalifen Umar im

7. Jahrhundert. Befasst man sich dann jedoch etwas eingehender mit modernem islamistischem Schrifttum, erkennt man sehr schnell die absolute Unvereinbarkeit von westlichem und islamistischem Demokratieverständnis: Für uns ist der Souverän des Staates das Volk, für Islamisten ist es Gott. In Westeuropa gilt das Prinzip der Trennung von Religion und Staat, für Islamisten gilt das Prinzip der Verbindung von *din* und *daula*, Religion und Staat.

Der Nahe Osten und die islamische Welt insgesamt haben noch einen längeren Weg vor sich, um nicht nur die technologischen Errungenschaften nachzuahmen und blind zu kopieren, sondern sich auch von einengenden traditionellen politischen, gesellschaftlichen und religiösen Zwängen zu befreien – sich von der Fiktion von der Einheit von *din* und *daula* loszusagen. Der Westen kann und muss – nicht zuletzt aus eigenem Interesse – seine Hilfe dabei anbieten. Gewalt und Ausbeutung dürfen dabei keine Mittel und Arroganz kann kein Lehrer sein. Die Türkei, die nie Kolonie gewesen ist, und der Libanon mit seinen zahlreichen Religionen bzw. Konfessionen sind heute rühmliche, aber immer noch gebrechliche Demokratien. Dass in der Türkei inzwischen ein aufgeklärtes Bürgertum existiert, das die demokratischen Errungenschaften vehement verteidigt und auszubauen bestrebt ist, sollten wir als Ansporn sehen, weiter an den geistigen Brücken in den Vorderen Orient zu bauen.

»WIR SIND WIE EIN TROPFEN IM OZEAN«

Scheich Sultan bin Mohammed al-Qassimi III. ist Historiker, Dichter, Dramatiker und Emir. Seit 1972 regiert er das Emirat Schardschah am persischen Golf und gilt als großer Förderer von Bildung, Kunst und Wissenschaft. Kann das kleine Land Impulse für die arabische Welt heute geben?

Hoheit, während in Ihren Nachbaremiraten Dubai und Abu Dhabi Wolkenkratzer aus dem Boden schießen, bauen Sie in Schardschah eine Universitätsstadt. Können Ihre Hörsäle und Bibliotheken denn mit Banken, Börsen und Luxushotels konkurrieren?

Es ist wichtig, nicht nur die materielle Seite des menschlichen Daseins zu entwickeln. Wir in der arabischen Welt haben in dieser Hinsicht noch viel zu tun. Die arabische Welt liegt weit zurück. Wenn wir zu den anderen Nationen aufschließen wollen, brauchen wir das nötige Handwerkszeug. Deshalb müssen wir die Menschen Demokratie lehren. Hier in Schardschah fangen wir mit den Kindern an. Wir haben Kinder- und Jugendparlamente eingerichtet. In ein paar Jahren werden die Jugendlichen erwachsen sein. Dann stellen sie die Öffentlichkeit. Ohne Bildung für die Jugendlichen kann man keine Kultur entwickeln. Wir sind froh um unsere Universitäten. Schardschas Akademie für Wissenschaft und Forschung verfügt über zehn bis zwölf Colleges, eines davon läuft in Zusammenarbeit mit Deutschland.

Schardschah macht im Vergleich einen eher konservativen und islamischen Eindruck. Hier wird kein Alkohol ausgeschenkt und man sieht mehr Moscheen als in den anderen Golfstaaten.

Nun, wir sind Muslime. Der Islam ist unser Glaube und dieser Glaube schreibt zuallererst vor, keinen anderen zu zwingen. Der Islam befiehlt uns, mit den anderen Religionsgruppen, die wir »Völker des Buches« nennen, respektvoll zu verfahren. Wenn wir diskutieren, dann in aller Höflichkeit. Der Islam wird heutzutage für politische Zwecke benutzt. Grundsätzlich sollten wir, wenn wir das Bedürfnis haben, zu mahnen und zu korrigieren, mit uns selbst beginnen.

In vielen arabischen Ländern herrschen ehemalige Militärs oder Berufspolitiker. Sie sind Historiker. Hilft Ihnen das Studium der Geschichte in der Politik?

Wenn Ihr Kopf voll ist mit den Erfahrungen anderer Menschen, die Sie studiert haben, fallen Ihnen manchmal ganz gute Dinge ein. Leider sind die Menschen sehr mit Geld und Reichtümern beschäftigt. Wenn ich nur an Ägypten denke! Ich bin dort zum Teil aufgewachsen. Was für ein Kulturreichtum, der leider nach und nach verschwindet.

Vor 1000 Jahren war die arabische Welt führend in Kultur und Wissenschaft. Heute wird das Knowhow vor allem aus Europa, Amerika und Asien importiert.

Ich sage Ihnen: Kultur kann man nicht kaufen. Man kann niemanden zur Kultur zwingen oder sie einfach aus dem Boden stampfen. Kultur ist Information, die über viele Jahre gesammelt wurde. Wenn wir kulturell vorankommen wollen, sollten wir bei den Kindern anfangen. Gebt den Büchern eine Chance, lasst die Menschen lesen und sprechen, ohne dass sie dabei zittern müssen! So gibt man Freiheit.

Warum steht die arabische Welt politisch im internationalen Vergleich denn so schlecht da?

Wir haben ein sehr ursprüngliches Problem. Das arabische System ist das einer Stammesgesellschaft. An der Spitze des Stammes steht ein Mann, der denkt und das Essen verteilt, der befiehlt und dem es zu gehorchen gilt. Das hat die Araber zurückgeworfen. Die Stammesgesellschaft zu reformieren war eigentlich eines der Ziele des Islam. Wir brauchen eine Gesellschaft, in der ein Einzelner nicht seinen Clanchef um Essen bitten muss, sondern in der er frei ist und den Schutz des Gesetzes genießt. Sie werden jetzt einwenden: In Damaskus und Kairo herrschen ja gar keine Stämme. Aber ich sage Ihnen: Auch dort haben Familien und Parteien das Sagen, die zum Teil noch schlimmer als Stämme sind. Ich glaube, dass wir so in der arabischen Welt nicht vorankommen.

Scheich Sultan bin Mohammed al-Qassimi III.

Glauben Sie, dass Sie die Araber voranbringen können?

Ich rede, aber natürlich kann ich wenig tun. Wir sind ein Tropfen in einem Ozean. Aber wir können ein Beispiel geben und zeigen: Hier sind wir. Unser Ziel ist Respekt zwischen den Nationen und friedliche Beziehungen der arabischen Welt zu ihren Nachbarn. Wir versuchen auch, die Rolle der Frauen zu stärken. In »Ladies Clubs« wird Theater gespielt, musiziert und Sport getrieben. Die Frauen benötigen ihren eigenen, geschützten Raum, um sich zu entfalten.

Familien- und Rollenbilder scheinen sich auch in der arabischen Welt zu ändern. Diese Entwicklung hat sicher auch Positives.

Ja. Aber wir müssen die Erziehung der Kinder selbst in die Hand nehmen. In den Emiraten lassen das viele Leute heute von ihren Hausmädchen aus Indien oder Ostasien erledigen. Die Mütter kümmern sich zu wenig um ihre Kinder.

Vom wem wurden Sie erzogen und was hat Sie in Ihrer Kindheit entscheidend geprägt?

Ich wurde in diese Herrscherfamilie hineingeboren. Mein Onkel, dessen Namen ich trage, hat sich um mich gekümmert. Ich habe meine Kindheit in Bibliotheken verbracht. Mit 13 stand ich zum ersten Mal auf einer Theaterbühne. Mit 19 hatte ich mein eigenes Theater und habe ein politisches Stück inszeniert, das die Briten, die damals hier das Sagen hatten, wohl beleidigte. Deshalb haben sie das Theater zugemacht. Ich glaube immer noch, dass Worte stärker sein können als Waffen.

Interview: Daniel Gerlach

Sachregister
(ausgewählte Begriffe)

Personenregister

Ortsregister

Bildnachweis

akg-images

akg-images 57, 75, 89, 113, 118, 127, 205

akg-images/RIA Nowosti 91

akg-images/British Library 96

akg-images/Lessing 109

akg-images/Degeorge 183, 214

akg-images/Forman 217

akg-images/Bildarchiv Steffens 58

akg-images/Maillard 67

Laif – Agentur für Photos und Reportagen

Hemis/laif 8/9

Grabka/laif 47

REA/laif 200/201

DOZIER Marc/hemis.fr/laif 192

Tueremis/laif 199

Eshraghi/laif 180/181

ullstein bild

ullstein bild/Granger Collection 123

ullstein/ullstein bild 22

ullstein bild/Archiv Gerstenberg 188

bpk Bildarchiv Preußischer Kulturbesitz

bpk/Museum für Islamische Kunst, SMB/Karin März 56

bpk 23, 163, 164, 191

Associated Press

Associated Press/Anand 68

Associated Press 172, 173, 176

Friedrich Klütsch

10, 16/17, 41, 42, 87, 93, 97, 99, 103, 107, 110, 119, 120, 197

Getty Images

Umschlagfoto, vorn

Krecichwost 82/83

Nowitz 81

AFP/Getty Images 38/39

Astrid Fischer-Leitl

53, 62, 73, 85, 106, 134, 170

dpa Picture-Alliance

Picture alliance/dpa 19, 26, 31, 139, 140, 209, 211

picture-alliance/Godong 198

picture-alliance/Bildagentur Huber 198

Daniel Gerlach

25, 45, 66, 128/129, 137, 148, 155, 194, 196, 212, 213

Fotolia

Fotolia/frawa 220

Fotolia/Ahmad Faizal Yahya 50

Corbis

Lissac/Godong/Corbis 24

Carl & Ann Purcell/CORBIS 158

Süddeutsche Zeitung Photo

Süddeutsche Zeitung Photo/ SZ Photo 190

Otfried Lieberknecht 121, **Calvero** 125, **Jean-no** 202, **Danyalov** 206, **Stanmar** 207, **Humus sapiens** 7, **Jörg Schäffer** 223, **Neuceu** 48, **Magopi** 49, **Bjorgen** 70, **Riana** 78, **Gryffindor** 79, **Marcel Mettelsiefen** 195, **Wilfried Dechau** 37 (aus: Wilfried Dechau: »Mosques | Moscheen«. Verlag Wasmuth, Tübingen 2009. 24,80 Euro, ISBN 978-3-8030-0702-5), **Pitchford** 29, **Esseh** 34, **Staszek99** 184, **Tille** 130, **Jansoon** 133, **Praefcke** 144, **Enguerrant** 151, **Kelson** 152, **Executioner** 159, **Tamarin** 162, **Tekstman** 166, **Rotational** 168, **Muesse** 179

Bibliografie

Der Koran. Übersetzt von Rudi Paret. Stuttgart 2006.

Überblick:

Reza Azlan: Kein Gott außer Gott. Der Glaube der Muslime von Muhammad bis zur Gegenwart. München 2006.

Michael Borgolte: Christen, Juden, Muselmanen – die Erben der Antike und der Aufstieg des Abendlandes 300–1400. München 2006.

Suraya Faroqhi: Herrscher über Mekka – die Geschichte der Pilgerfahrt. Düsseldorf, Zürich 2000.

Ulrich Haarmann, Heinz Halm: Die Geschichte der arabischen Welt. München 2004.

Hans Küng: Der Islam. Geschichte, Gegenwart, Zukunft. München: 2004.

Bernard Lewis: Stern, Kreuz und Halbmond. 2000 Jahre Geschichte des Nahen Osten. München 1997.

Ilija Trojanow und Ranjit Hoskote: Kampfabsage. Kulturen bekämpfen sich nicht, sie fließen zusammen. München 2007.

Die Geburt des Islam:

Hugh Kennedy: The Great Arab Conquest. Philadelphia 2007.

Tilman Nagel: Mohammed – Leben und Legende. München 2008.

Gernot Rotter (Übers.): Das Leben des Propheten Mohammed, von Ibn Ishaq. Lenningen 2004.

Das »Goldene Zeitalter« des Islam:

Mamoun Fansa und Karen Ermete (Hg.): Kaiser Friedrich II. (1194–1250). Welt und Kultur des Mittelmeerraums. Mainz 2008.

Peter Milger: Die Kreuzzüge – Krieg im Namen Gottes. München 1988.

Christian Rohr: Kompass, Papier und Schießpulver – zum Technologietransfer zwischen Orient und Okzident und seinen Auswirkungen auf die abendländische Gesellschaft im Spätmittelalter. Salzburg 2003.

Gernot Rotter (Übers.): Usama Ibn Munqidh, Ein Leben im Kampf gegen Kreuzritterheere. Lenningen 2004.

Marco Schöller (Hg.): Al-Nawawi – Das Buch der vierzig Hadithe. Frankfurt am Main 2007.

Fuat Sezgin: Wissenschaft und Technik im Islam. Frankfurt am Main, 2003.

Gotthard Strohmaier: Avicenna. München 2006.

Herman Zotemberg (Hg.): Chronique de Tabari – Histoires des Pophètes et des rois. Paris 2006.

Die Neuzeit:

Heiner Bielefeld: Das Islambild der Deutschen. Zum öffentlichen Umgang mit der Angst vor dem Islam. Berlin, Deutsches Institut für Menschenrechte, 2008.

Gilles Kepel: Das Schwarzbuch des Dschihad – Aufstieg und Niedergang des Islamismus. München 2004.

Bernard Lewis: Der Untergang des Morgenlandes. Warum die islamische Welt ihre Vormacht verlor. Bergisch Gladbach 2002.

Bernard Lewis: Die Welt der Ungläubigen. Wie der Islam Europa entdeckte. Frankfurt am Main, Berlin 1987.

Helmut Mejcher: Die Politik und das Öl im Nahen Osten. Stuttgart 1980.

Bahman Nirumand: Der unerklärte Weltkrieg. Akteure und Interessen in Nah- und Mittelost. Berlin 2007.

Emily Said Ruete: Memoirs of an Arabian Princess of Oman and Zanzibar. Neuauflage Coventry 2008.

Reinhard Schulze: Geschichte der Islamischen Welt im 20. Jahrhundert. München 2002.

Karl Stowasser (Hg.): Rifa'a al-Tahtawi – ein Muslim entdeckt Europa. München 1988.

Die Autoren

Bernhard von Dadelsen ist Redakteur für die Reihe »Terra X« beim ZDF. Er wurde 1955 in Tübingen geboren, studierte Geschichte, Politik und Amerikanistik in England und den USA und arbeitet seit 1985 als Kulturreporter, u. a. bei »aspekte«. Er ist Autor und Regisseur einer Reihe von Kulturdokumentationen über die Globalisierung und entwickelt nun die großen historischen Asien-Projekte des ZDF.

Gernot Rotter studierte Islamwissenschaften, Afrikanistik und Vergleichende Religionswissenschaften in Würzburg, Bonn und Köln. Er war wiss. Assistent in Beirut und Tübingen, nach seiner Habilitation Direktor des Orient-Instituts in Beirut 1980–1984, dann bis zu seiner Pensionierung 2003 Professor an der Universität Hamburg. Seine Forschungsschwerpunkte sind die frühe islamische Geschichte und Sozialgeschichte, arabische Literatur, der Islam in Schwarzafrika und die moderne arabische Politik.

Georg Graffe wurde am 23. November 1957 in Bad Kreuznach geboren. Nach dem Abitur in Bingen am Rhein studierte er Philosophie und Geschichte in Mainz und Edinburgh, 1985 Staatsexamen. Seit 1987 ist er Mitarbeiter der IFAGE-Filmproduktion in Wiesbaden und Autor bzw. Regisseur zahlreicher Fernsehdokumentationen, u. a. mehrerer Folgen der ZDF-Serien »Terra X«, »Imperium«, »Bibelrätsel« und der ARD-Reihen »Schauplätze der Weltkulturen« und »2000 Jahre Christentum«.

Friedrich Klütsch ist Autor und Filmregisseur mit Schwerpunkt auf dramatisierten Dokumentationen zu historischen Themen. Er ist maßgeblich an den großen Doku-Serien der öffentlich-rechtlichen Fernsehanstalten in Deutschland beteiligt (»2000 Jahre Christentum«/ARD; »Die Deutschen«/ZDF). Zu seinem erweiterten Arbeitsfeld gehören auch Museumsinstallationen und Filme im Großbildformat (IMAX).

© Marcel Mettelsiefen

Daniel Gerlach, geboren 1977 in Wuppertal, studierte Geschichte und Orientalistik (Islamwissenschaft) an den Universitäten Hamburg und Paris IV Sorbonne, zu seinen Interessenschwerpunkten zählte die moderne und Zeitgeschichte des Vorderen Orients. Er arbeitet heute als freier Journalist und Autor von Fernsehdokumentationen, vornehmlich zu Themen des Nahen Ostens und der islamischen Welt. Gerlach ist Mitgründer des Deutschen-Levante-Verlags und des Film-Labels Oriental Tiger Film sowie Mitherausgeber des Magazins »zenith – Zeitschrift für den Orient«. Seit 2005 lebt er in Berlin.